徐光啓全集

朱維錚　李天綱　主編

# 徐光啓詩文集

［明］徐光啓　撰

李天綱　編

上海古籍出版社

**圖書在版編目(CIP)數據**

徐光啓詩文集 / (明) 徐光啓撰;朱維錚,李天綱主編;李天綱編. —上海:上海古籍出版社, 2020.5
(徐光啓全集)
ISBN 978-7-5325-9556-3

Ⅰ.①徐… Ⅱ.①徐… ②朱… ③李… Ⅲ.①徐光啓(1562-1633)—文集 Ⅳ.①Z424.8

中國版本圖書館 CIP 數據核字(2020)第 059999 號

徐光啓全集
**徐光啓詩文集**
[明] 徐光啓 撰
李天綱 編
上海古籍出版社出版、發行
(上海瑞金二路 272 號 郵政編碼 200020)
(1) 網址: www.guji.com.cn
(2) E-mail: guji1@guji.com.cn
(3) 易文網網址: www.ewen.co
安徽新華印刷股份有限公司印刷
開本 890×1240 1/32 印張 14.125 插頁 5 字數 288,000
2020 年 5 月第 1 版 2020 年 5 月第 1 次印刷
印數: 1—700
ISBN 978-7-5325-9556-3
I·3471 定價: 88.00 元
如有質量問題,請與承印公司聯繫

# 徐光啓詩文集

〔明〕徐光啓 撰
李天綱 編

# 編校説明

自徐光啓之子徐驥編訂《徐文定公集》始，編輯徐光啓詩文集歷經坎坷。徐驥的《徐文定公集》在徐光啓生前已經開始編輯，不少著作如《徐氏庖言》等，都爲徐光啓自訂。該文集收集最早，也最爲完整，惜未及時刊刻，致有後悔。清順治二年（一六四五）清兵破南京，上海、嘉定一帶出現民變，大户人家奴僕，群起索回田契、賣身契，毆殺及火焚主家。徐光啓家族未能倖免，太卿坊宅大部被焚，藏書與手稿損失殆盡。從此，編訂《徐光啓詩文集》益發困難。

徐光啓去世後五年，學生陳子龍編輯《明經世文編》（一六三八），有《徐文定公集》六卷，收録了《敷陳末議以殄凶酋疏》以下共三十三篇，是徐光啓著作首次結集面世。限於「經世文」的體例和篇幅，該集並不完整。清代以後，徐氏後裔收集各類刻、刊、抄、稿本，再編《徐文定公集》。康熙二年，徐光啓第四孫爾默發願編《徐文定公集》，曾請業師梁存邃代爲整理。徐爾默、梁存邃「窮搜博訪，僅購什一」，文集編定，終因「家業荒涼，餬口不給。壽諸梨棗，河清難俟」(《徐氏宗譜·文定公集引》),没有刊刻。徐爾默《徐文定公集》之外,徐氏家族其他後裔也努力收集、刊刻徐光啓遺著。徐光啓七世孫徐如璋在道光年間重刻之《農政全書》題記中稱:徐光啓著述有「《後樂堂集》未刻」,他親見並查考過《後樂堂集序》,可見道光年間《後樂堂集》存稿還未散失。

光緒丙申年(一八九六),耶穌會士南匯李杕(問漁)神父新編《徐文定公集》(上海慈母堂),「録徐氏家乘,暨《明史》、《疇人傳》等,「都爲一編」,「得像贊三,原道一,行述四,序與書各二,外有奏稿如干」(李杕《徐文定公集序》),共二十七篇文章。受法國耶穌會士高鎬鼎神父寫成中國傳教史的啓發,李杕起意編輯《徐文定公集》。春天發願,秋天完稿,倉促之間,李杕連《明經世文編·徐文定公集》也没有參考,留有遺憾。李杕自己也承認:「讀者興歎闕如,不見全豹」(李杕《增訂徐文定公集序》),然而畢竟是徐光啓文集第一次結集後單獨刻印,有草創之功。

光緒戊申年(一九〇八),徐光啓第十一世孫徐允希神父增訂李杕《徐文定公集》(上海慈母堂),「披家乘,又得章奏及屯鹽疏數萬言。無何,有友自泰西來,言奥國額克薩頓藏華籍甚富,或有文定公遺書存焉。允希聞之甚喜,致書西友,果得舊刻《聖教規箴》一卷,《治曆疏稿》數十篇」(徐允希《增訂先文定公集敍略》)。徐允希從《徐氏宗譜》和歐洲圖書館藏書中收集遺文，成《增訂徐文定公集》五卷，得文六十三篇，漸成規模。

一九三三年，教內外舉行徐光啓逝世三百周年紀念，徐光啓第十二世孫，耶穌會徐家匯藏書樓主任徐宗澤神父再次增訂《徐文定公集》（徐家匯天主堂藏書樓）。此次增訂《徐文定公集》，全書得遺文八十九篇，《徐文定公集》更加豐滿。

一九六二年，徐光啓誕辰四百周年之際，北京大學圖書館學系王重民教授據上海圖書館、北京圖書館等館藏資料，在歷次編訂的《徐文定公集》基礎上，重新輯校了《徐光啓集》（一九六三年，中華書局上海編輯所）。全書分上、下兩册，共得文二〇四篇，詩十四首，令徐光啓著述之面目更加清晰。經王重民、梁家勉兩先生的收集考證，徐光啓著述各篇之版本、繫年、流傳和內容都更加精確了。一九八三年，徐光啓逝世三百五十周年之際，方行、顧廷龍、胡道靜、朱維錚等專家學者主持編輯《徐光啓著譯集》，大規模影印出版徐光啓未刊、已刊的遺著，由上海市文物保管委員會出資，上海古籍出版社出版。《徐光啓著譯集》注重保存徐光啓著述的原貌和原稿，過去未曾發現的刻、抄本著作，如《毛詩六帖講意》、《詩經傳稿》、《農書草稿》、《兵機要訣》、《考工記解》等，過去未曾入集的翻譯著作，如《幾何原本》、《泰西水法》等，也都一并收入。《徐光啓著譯集》的印行，使學者可以讀到更完整的徐光啓著述，大大推動了徐光啓研究。可惜《徐光啓著譯集》以宣紙線裝本影印，限量發行，流傳不廣，利用不便。

近年來，徐光啓的歷史地位被確認，徐光啓的多重身份也有揭示，他對明末以來中西文化交流事業的貢獻，尤其得到中外人士交口讚譽。編輯一部更加完整的徐光啓詩文集，讓讀者全面認識徐光啓，是學術界衆多人士的心願。自王重民編《徐光啓集》出版已近五十年，自上海市文物保管委員會編《徐光啓著譯集》也已三十年。這三五十年中，國內外學者在徐光啓研究方面取得很大進展。徐光啓在科技史、政治史上的重要地位已屬無疑，而在文化史、思想史和宗教史領域的突出貢獻，也受到越來越多的肯定，徐光啓的佚文也陸續有發現。惟因如此，在王重民《徐光啓集》的基礎上，編輯整理一部《徐光啓詩文集》，有需要，也有可能。

這次新編的《徐光啓詩文集》，是上海古籍出版社《徐光啓全集》出版計劃中的一部分。由於王重民《徐光啓集》在整理和考訂方面的成績爲學界公認，故本次新編仍以《徐光啓集》爲基礎，儘量吸收王先生的校勘成績，但對有關篇章作了一些必要的删定； 對《徐光啓集》一些不當處理的可疑文章在作了必要説明後重新收入； 另外，對一些近年來發現的，確屬徐光啓的佚文予以增補。 具體情況，説明如下：

一、删定： 因爲編輯《徐光啓全集》，原來收入徐光啓文集的序跋文字，這次都回到原書的位置。如《泰西水法序》、《甘藷疏序》、《簡平儀説序》、《刻幾何原本序》、《題幾何原本再校本》、《題測量法義》、《勾股義序》、《勾股義緒言》、《測量異同緒言》等，都因爲在《全集》中有整書收入，《詩文集》就不再重複收入。

二、重收： 王重民編《徐光啓集》時認爲：「李杕、徐允希、徐宗澤所收徐光啓的宗教論文，多出後人僞託，今亦酌爲删去」(《徐光啓集·凡例》)。所謂「宗教論文」，爲李杕、徐允希、徐宗澤《徐文定公集》曾收，王重民《徐光啓集》不收。所涉篇目有《耶穌像贊》、《聖母像贊》、《正道題綱》、《聖教規誡箴贊》等。這其中一些文章，或可存疑，但「宗教論文」已爲徐光啓同時代人認定，一九四九年以前馬相伯、方豪先生曾經辨析，教會認其爲典禮作品，在教論教，應該算作徐光啓的作品。王先生删除這些作品，和他文獻學家的一貫風格不符，因「宗教」而顧忌的成分居多。這次在篇目下做出必要説明後，重新收入。

三、增補： 近三十年來，中外溝通，教學合作，一大批中西文化交流文獻得以披露，其中有不少關係徐光啓的作品。繼徐家匯耶穌會士在歐洲找到《徐氏庖言》孤本之後，近年來比利時、法國、中國臺灣和内地學者在巴黎、羅馬、里斯本、臺北發掘明清天主教文獻，新發現一批屬於徐光啓的作品，如：《闢釋氏諸妄》、《造物主垂像畧説》、《對尊敬的樞機主教貝拉爾米諾致中國全體基督徒書的回覆》(譯)、《致澳門尊敬的耶穌會巡按使神甫書》(譯)、《捍衛葡人疏》（譯）。這批文獻的回歸，對研究徐光啓與天主教會、澳門和歐洲的關係，有了更充分的依據。歐洲之外，學者在國内各大圖書館，也發現徐光啓的一些詩文佚文，如：《穀城先生四然齋集序》、《明文簡公像贊》、《擬講讀官請皇太子暑月宫中視學箋》、《續文德論》、《賦得冬嶺秀孤松》、《秋祀恭謁長陵》、《憶江南梅花》（四首）、《賦得霜前白雁》（二首）、《玉河新水》、《致翁臺》、《與某同年》等，這次都一并編入。

王重民先生以文獻整理爲職志，在巴黎、華盛頓和北京閲書很多，《徐光啓集》是其力作。讀其「校記」，可以勘誤，可以明異，故予以整理保留。本次新編，編者的意見和考查，只在「增訂者按」中交代。書中未注明的「校記」均來自王重民《徐光啓集》，但文字上編者根據《全集》體例作了少量技術性處理。經删定、重收和增補之後，《徐光啓詩文集》的劃類分卷需要作出調整，不過仍然以著述編年爲序，大致延續《徐光啓集》的分卷次序，對類名稍作改動。

《徐光啓詩文集》編輯過程中，鄭誠、湯開建、孫尚揚、董少新、王成義、賈雪飛等先生，或提供原件，或提示線索，幫助找到了不少新資料；　張湛、張旭輝參與了部分整理工作；　鐘鳴旦、杜鼎克、黄一農、祝平一、魏明德等編輯的明清天主教文獻，爲編輯提供的便利；　業師朱維錚，友人卜正民、古偉瀛、周振鶴、江曉原、陳衛平於徐光啓研究深有造詣，在編輯過程中給予了積極的意見；　上海古籍出版社王興康社長、吕健副總編和諸位編輯，以及前副總編張曉敏、王立翔爲新編《徐光啓詩文集》做了大量工作。還有，已故的王元化、陳樂民、張芝聯先生，在《徐光啓全集》的籌備階段就一直支持這項工作，曾很多次地給予鼓勵。於此，一并致謝，不敢稍忘。

李天綱

二〇一〇年十一月十五日

上海陽光新景寓所

# 目録

卷十　詩贊……三九八

# 卷一　論説策議

## 擬緩舉三殿及朝門工程疏①

臣竊聞：聖王制世，事舉其中。事者興造工役之類皆是也；中之爲言，則是量度於國計民命之間，權衡其贏詘多寡之數。即體統所關，勢不獲已，而其間事期緩急，不可不斟酌調劑。故自古工役之事謂之經營；經營者度其時則宜，計其用則備，不如是不輕舉也。伏覩三殿未建，於今有年，鳩工營造，已有期日，臣子之心豈不願即日成功，以快瞻黼御？顧度以方今時勢，實有萬難速就，似宜以從緩爲便者。蓋工程估計數至千萬，部寺儲蓄業已罄懸。自兩

① 據上圖藏明刻本（上海圖書館藏明萬曆三十四年《新刻甲辰科翰林館課》本）卷三迻録。增訂者按：中科院藏明刻本（中國科學院圖書館藏明刻《甲辰科翰林館閣試草》本）此疏題下有小字「乙巳六月下旬館課」八字，則爲萬曆三十三年所作。

宫告成，所未發商人工役輩金錢以百萬計，目前補苴尚不免捉衿之苦，大工繼起，豈能爲無米之炊？且一木一石動至千金，川貴湖湘道經萬里，兵燹之餘，採取既難，河未安流，綱運多阻。其他即素稱易辦，亦未免出自商人，前價既未放支，後料何由上納？且一時鼎建，萬世基圖，若物力既虚，又求速就，一切物料所需，未免得寸則寸，豈能一一精好？臣之愚見，欲望少寬其期，以待諸司庫藏稍有存積，諸色材料稍有次第，然後興工，一舉而就。於事既便，於費亦省，比之作而不繼，終致遷延，其爲利益，相去甚遠，此臣以國計度之，謂未宜速就者也。又《春秋傳》有言：「民勤於力則工築罕，民勤於食則百事廢」，自去歲至今，天災流行，民窮無告，仰荷皇恩賑恤，幸獲更生。然麥秋尚遠，物價騰湧，道多餓殍，野多棄子，古聖王遇之，則是大禹卑宫室而盡力溝洫，成湯宫室崇與六事自責之日也。今三輔愚民迫於窮餓，往往攘奪，苟延日夕，縱之漸不可長，急之慮有煽誘。皇上誠下明詔，謂長民者振救撫循，且明示以殿門大工，萬不容緩，亦緣天災民困，未即繕完，用見今日君臣上下，一意以民命爲重。而又深詔大小臣工，共圖實政，凡可以利濟目前、豫備將來者，悉心講求，畢力興舉。即大小臣工見我皇上不遑居處，合符禹湯，所不捐頂踵以願効者，非人也；小民聞之，所不安心戢志引領而思見德化者，亦非情也。如是而今日意外之變可以坐消，他日樂利之風可以立致。民樂生則貢賦完而帑藏實，材用備而工役勸。昔文王西周之侯伯耳，靈臺之作，庶民子來，則以其不遑暇食，即康功田功故也。皇上誠加意民艱，稍寬工作，他日子來之風，方於西周，當百倍過之。且大工宜舉，已及八年，但以財計匱乏，寬容至今。伏念天慈能緩於八年民危未甚之時，而何難緩於當今大祲極困之日，臣愚以爲皇上臨御，乞暫於文華殿廷行禮；其殿門大工，懇祈俯念國計民命，兩難措處，少紓期日。如臣前議，則一時弛役，與天覆同仁；異日工完，與坤維永固矣！臣愚不勝惓惓。

## 處置宗禄查核邊餉議①

嘗觀近世之故，以爲祖宗之良法美意有久而不得不變者，待後之人善通之，而奈何其竟不變也，則宗禄是也。有久而必不可變者，待後之人善守之，而奈何其遂變也，則邊餉是也。何者？高皇帝鑒漢宋之轍，分王子弟殆遍天下，不任以事而厚予之禄，趣欲使瓜瓞綿延，蕃昌鴻茂，而且無披枝傷心之患而已。至於今而其麗不億，有優無罷，有罷無憾，則高皇帝之始謀也。夫謀之而不明著其所以然也，此所謂「國之利器，不以示人」也！嗚呼！王禄萬石，八降爲奉

① 據《明經世文編》卷四九一迻録。增訂者按：中科院藏明刻本此疏題下有小字「乙巳六月下旬館課」八字，則爲萬曆三十三年所作。

國中尉猶二百石，豈不知二三百年之後，竭天下之力，不足以贍哉！　顧以爲窮則變，變則通，善繼述者師意不師迹，必也有聖人焉爲之後矣。　至於今而歲禄殆千萬石，倍於歲賦，國已竭、民已憊，而宗又不勝困，奈之何無變計也？　然而爲之策者不過補偏救弊，綜其實止兩端：　曰查覈、曰裁減而已。　夫僞而計覈，溢而計減，不謂非石畫也；　至於無可覈、無可減而窮，則此十年之計也。　則又爲之説，請以今各府之禄額而均之，後此有增爵、無增禄，此於名非不可啖也；　至於分之又分，其勢不可贍而又窮，則此數十年之計也。　何者？　洪武中親郡王以下男女五十八位耳，至永樂而爲位者百二十七，是三十年餘一倍矣。　隆慶初麗屬籍者四萬五千，而見存者二萬八千；　萬曆甲午麗屬籍者十萬三千，而見存者六萬二千，即又三十年餘一倍也。頃歲甲辰麗屬籍者十三萬，而見存者不下八萬，是十年而增三分之一，即又三十年餘一倍也。夫三十年爲一世，一世之中人各有兩男子，此生人之大率也，則自今以後，百餘年而食禄者百萬人，此亦自然之勢，必不可減之數也，而國計民力足共乎？　查覈裁減分禄足用乎？　豈有是理也哉！　欲爲百千萬年之計，愚以謂非開之四民之業不可！　欲其爲四民之業，愚以謂非先導之本業不可！　昔夏殷周之世有天下者遠至八百年，子孫千億無匱禄者，分之土而人自爲食也。　即無論五等之爵與今制異，其五等以下卿大夫、士，莫不以次受公田爲禄入，而與其民相與疆理而樹藝之。　觀《雅》、《頌》所述，則當時之公卿貴人所稱主伯亞旅者，莫不原隰菑畬，自生粟帛而衣食之，故人衆而無聚不足之患。夫財者生於地則不竭，匹夫匹婦而不耕不織，或受之飢寒焉； 今將使百年之後坐而食厚禄者百萬人，爲禄當萬萬石，尺布斗粟皆取之民間，民又日益衆，而由今之道民之游惰者且益多，於何取之哉！ 謀人國家計百年之後，未遠也，夫猶且若此矣。 則當事者奈何不借前箸一籌之也。

愚之迂計，以爲方今首務莫若禁人於遊惰，而教人於生穀。 上貴粟，民務本，盡心力而爲之，則海内之地曠弗耕者，數年之内墾闢當自倍。 土地闢，則請勿科其稅，裁十一以爲公田，而令將軍以下各以次受地，自爲永業而息之。 其見今各府有額浮於用者，則先從庶人中尉始。當受禄，則捐三四年之禄，買田賦之，度其入可當歲禄而止。 諸故絶者，其遺田業即以入官賦諸宗也，諸宗未受田者請依限田法，不得畜田業，其有田者令得賣以賦他宗，其受田而能生息廣阡陌者聽，所以勸受田也。 受田者之餘子比於正支，倣古餘夫量授四分之一，遞減之至盡弗授矣。 如此數十年，而將軍中尉以下各有永業，不以煩經費，且樸而食力，可量繩以有司之法，而不至於扞罔，其秀民之能爲士者，亦足賴也。 工與賈則農之自出，若商而行貨千里，懼生他奸，可遂禁絶之。 縣官之所共給下至郡王而止，斯其於國計十倍省，而小民之輸將十倍易已。所疑者以爲如是則涉於更張，愚以謂更張非盛世所諱也，不更張必且弦急而自絶，是可慮耳。且祖訓明言： 郡王子孫材能堪用者，考驗、授職、陞轉如常選法，是仕宦一途高皇帝開之矣，可以仕，不可以農乎？ 供用條郡王以下，各存唐制授田頃畝之數，則以田易禄矣。不可者、不虞非祖訓也，擅出城郭，原非明禁，因時設法，防非僻耳。今爲農若工賈者，令不得越境，事不獲已則給以有司之牒； 其仕而遷流者又祖訓也，即不虞弛禁也。天潢之派倘不得繩以有司之法，然治人而無法，亂之道也； 或者八議之典，視齊民而量寬之乎？ 不愈於竄身輿皂而甘榜笞者乎？ 且輕則降，重則黜，但免刑責，不廢賞罰，入仕且然，況其下者，又不虞非祖訓也。古今叛宗，非負貴勢，則都廣地，擅強兵也。今親郡王食於縣官，受田者止將軍以下，大者比於封君，小者齊民耳。兵民之間，分不相攝，夫將封君、齊民自爲矣，蓋其勢大抵如今之屯田衛所，而且無戎伍之備，與古之封建絶異，即又不虞樹兵也。數者無一、而獨憚更張之名以詒後之人，後之人儻其計不出於是，則末流何底焉； 儻其計出於是，而更一二十年，不亦事倍而功半乎哉！

若夫邊餉之難，有異於此。何者？ 彼非有日長炎炎之勢也。二祖時屯政修，商輸粟實邊以易鹺，而大農無煩費，令此法至於今無變，即邊地當日闢，而且無耗蠹之患。何也？ 地日辟則粟帛積，粟帛積即金錢之用微，貪黷無所勸，而朘削者安所得輕資矣。自屯政鹺政壞，而歲以年例請，遞加至二百七十萬也。大農之金錢竭不足以奉戰士，而兵實乃日耗，兵額乃日虛，此何以故？ 把握之物便於出入，而分毫取給於上，其勢易於相蒙，愈增愈耗，有如漏巵，亦自然之理耳。夫邊卒之餉故薄，將非能減以自奉也，其用又非必盡媚虜也，其術大都以虛名冒餉，遇閱視則募白徒以來，或展轉應名，如環無端，尺籍伍符，桓桓貔虎之士，半化爲橐中裝耳。既而詰其橐裝，則卒長以奉校，校以奉偏裨，偏裨以上，愚不知其所之矣。蓋隆慶中省郎某上言：大吏之歲租以萬計，而廷議云果有之，可裁以餉軍。噫！是何言歟？爲今日之大計有三：其始莫如興屯政，詳求昔之人如宋文恪、黄忠宣、葉文莊輩所建豎者，設誠而致行之。屯政修而軍食足，量加以今日之年例，可使無掣衿露肘之患，則邊富矣；邊富請繼之以益吏禄。益吏禄者，王介甫新法之一端，宋人以爲大非也，然而愚不敢以爲非也。有羣羊於此，使猛獸將之，而爲之節其食，食不足則姑縱之，使啖羊以飽，彼若爲餓豺狼焉，啖羊以飽，何厭之有！則何不飽其食而檻制之，使必無啖羊也。藉令彼騶虞乎，吾施之宜益取厚矣。故益吏禄者，非爲吏也，如是而可以報廉，不廉者可以必吾罰也。罰必矣，而後可以核虛冒。核虛冒之法，請先定爲賞罰之格，以精選練。嘗語諸治兵者，欲令定著一編曰「選練條格」，凡選士必辯其勇、力、捷、技四科，取之皆有器式程度，有銖兩尺寸，可按覈也。加以身形、年貌、瘢記，詳矣，則編以爲尺籍，如國史年月表，縱横書之。既選既練，日成月要，有進退則按籍呼之，依式試之；遇支放，又按籍給之。間探籌試之，彼驅白徒者循環無已，應者不能易形貌，强筋骨，工技擊，一一如籍記無爽也，又安所容其奸乎？嗚呼！是言也，亦人人而能知之，能言之也。弊在於徇情而廢法，上下相周容，遇一二綜核者則相與文致而欺罔之；寡不勝衆，在其上者或口是而心竊迂之，所建明即高度置之，以是故竟詘耳。試令賞如山，罰如溪，廟堂疆埸、大吏偏裨，同心一意，誰敢干者，斯則非嚴予之法不可矣。欲嚴法，又非厚禄不可；欲厚禄，又非足用不可，愚故曰益吏禄，興屯政最急，以此。若爲今所爲而無變計，吾見法必不可行，弊必不可祛，兵必不可強，虜必不可制，此無容疑之勢，不再計之策也。雖然，愚所陳者二事，皆今之至急，而且迂言農事，其爲粱肉攻疾矣。然而愚誠見其必然者也。抑非愚之術，而太公、管仲之術也；又非獨太公、管仲，而孔氏生財之大，孟軻王道之要也。近世以來，闇於大計，不以爲猥鄙，即目爲迂緩，一齊衆咻，懲噎廢食，薄太公、管仲并孔、孟語置之，并二祖之法置之，遂令國日貧、民日蹙耳。嗚呼！明此道者孰晉古今之際，誰不以此興、以此亡，豈輕也哉？一日而得太公、管仲其人也，宗禄邊計，雖不問可也。

**館師黄批：是上下覯而長久畫，其言似闊情而實當物。誰令爲之？誰令俟之？然有必世之慮者，亦莫能舍旃矣。**①

---

① 增訂者按：館師黄批，據中科院藏明刻本補。

## 漕河議①

夫漕者，天下之大利大害也。中都之中，自上供以至百官十二軍、仰給萬里之外，歲轉輸數十百萬，不踁而馳，豈不爲利？然而漕能使國貧，漕能使水費，漕能使河壞。九州之地、生人所居，無不足以養人者。唐虞萬邦，降而七國，其地產人力，蔑不自給也。今使遠方之民胼胝而作之，又跋涉以輸之，則輦轂之下，坐而食之。其人庸德，無呰窳偷生，而國又有治河造舟諸經費之歲出不貲，譬若父有二子，一勤一媮，使勤者養其父，又給其媮者，父又時出所藏以濟之，而媮者益媮，此三相盡耳。故曰，漕能使國貧也。《虞書》六府始于水，終于穀，遞相克治而成焉，則水者生穀之藉也。如今法運東南之粟，自長、淮以（諸北）〔北諸〕山諸泉②，涓滴皆爲漕用，是東南生之，西北漕之，費水二而得穀一也。凡水皆穀也，亡漕則西北之水亦穀也。故曰漕能使水費也。大禹治河，數千年來惟司馬遷能言其意，以爲「河所從來者高，水湍悍，難

① 據《明經世文編》卷四九一迻録。增訂者按：中科院藏明刻本此文題下有「乙巳十月下旬館課」八字，則爲萬曆三十三年所作。

② 增訂者按：據中科院藏明刻本，「諸北」乃「北諸」之誤。

以行平地，數爲敗。乃釃二渠以引其河，北載高地」，故降水至于大陸。夫大陸之地，北高于衛當百尺以下，南高於淮當百尺以上，禹豈不知北入衛、南入淮之便也，而必釃二渠、引之俾行高地者，何也？水驟下則亟行，高地殺矣。而又使河以北諸水，皆會于衡、漳、恆、衛以出于冀，河以南諸水皆會于汴、泗、渦、淮以出于徐，則龍門而東、大水之入河者少也。入河之水少，而北不侵衛，南不侵淮，河得安行中道而東出于兗，故千年而無決溢之患也。有漕以來，惟務疏鑿之便，不見其害。自隋開皇中，引穀、洛水達于河，又引河通于淮、海，人以爲百世利矣，然而河遂南入于淮也，則隋煬之爲也。自元至元中，韓仲暉始議引汶絶濟，北屬漳御，而永樂中潘叔正之屬，因之以成會通河，人又以爲萬世利也，然禹河故道横絶會通者，當在今東平之境，而邇年張秋之決，亦復近之。假令尋禹故迹，即會通廢矣，是會通成而河乃不入于衛，必入于淮，不復得有中道也，則仲暉之爲也。故曰漕能使河壞也。然則可廢乎？曰當世而無堯禹，未可廢也；當世而有堯禹，未可盡廢也。請略言河漕之事。

夫漕之用河，河之梗漕，百年以前無有也。河稍南而遽以爲傷地脈，虞祖陵，數十年以前無有也。茶城以東迄于淮陰，故引汶濟運，稱清河耳，至于今尚在人口也。金、元而後，成、弘而前，河數出于潁、壽之間，即河又何嘗不南？古今善策河者皆言不與水争利，而今者絶河之中道，則河窮；又使之北避運，則河又窮；又使之南而遠避祖陵，則河又益窮！河所由者、舍徐、邳間三道安往哉？水窮則溢，何得不累歲決也？決而圖之，獨有築塞、開挑兩事耳。每大舉無慮費金錢百萬，而經始圖終，必以百日爲程，未及詳究熟籌，近爲數年之計也。以爲稍遲即妨來歲運矣。諺曰：「疾行無善步」，以若所爲，故當得鹵莽之報。而甚乃有事欲速成，財若不給，中道而忽省其估以債厥庸者，是亡策也。今茲已壞，來茲復然，國財民命，歲不得不捐數十萬而壑委之，此豈非坐而自敝之術哉！識者憂其敝，百爾所思，則有議復海運者，議卒業膠、萊者，議遡淮遡河，由沁入衞者，數者皆爲國也。

夫海運之策，元以來嘗受其成利矣。有伯顔之道，有朱、張之道，有殷明略之道，逾遠逾便、亦逾省，增修易善。今日而索諸行海利便，無論清、瑄，即明略故當勝之。愚不憂海也。所可議者：清、瑄所用東南富人通市外洋者，舟則其舟，人則其人也。今東南物力，方諸勝國，百分之一耳；海市絶，無舟若人矣。官爲舟不善完，官募其人不習也；即舟善人習，而萬艘爲羣，能保一無漂溺乎？又決不能也。學醫人費，學海之爲人費大矣。元夷狄而清、瑄盜也，故牛羊用人也。今欲費民，民不堪；欲費軍，國不任也。且向所謂跋涉以輸之者，進而出死輸之，逾不忍言也，又不任稽核也。清、瑄所用富室，力保足任其人；今委之素無根柢之衆，莽莽風濤，開艅之後，誰相司察？即未經漂溺，而詭辭以逞，又孰知其情與否也！故海運可爲而不可爲也，無已則有一焉。破拘攣之格，開功名之門，去米鹽之計，絀紛紜之論，捐大利于民以易其死命，而又有法以通之，使其利卒歸于國。令小民供分外之役，而得格外之償；人臣有朱、張之功，而無朱、張之罪；國家享元初之饒，而永無元末之害，是可行也，然而未易言也。

膠、萊之議，累起數廢，近有爲七論以難其事者。夫土石可鑿也；淖沙可避，海險可習也；分水嶺之積高十二丈，可節宣也；運限可寬，而財力可黽勉辦也。六者皆可說也，獨河成而無水以濟，不可說也。麻灣、滄海之間四百餘里，地形既狹，而南北平分，無徂徠、泰山諸泉可資，無南旺、安山可瀦，無洸、汶、泗、沂可借也。若其積高之處，深之使自南而北，與海砥平而漕徑其間，此萬不能也。何者？分水無嶺形而有嶺名者，是泰岱之餘氣，而成、勞諸山之過脈也。淺嘗之而磵砌爲阻，功力已難矣；更深之，未易言也。故膠、萊之議，必先索諸泉源湖濼，可用借資，令會于都泊，以爲斗門分水，若會通之南旺，桂林之龍盤，必無竭涸之患然後可。若其否也，宜遂置弗講者也。沁水之順流入衞，至便也，第欲溯河而至沁口猶用河也，河未可置弗治也。河治即南陽無阻，曷不由泇入運，從枕席上過師哉？急溜如傾，盈涸無時，二洪之近猶稱畏途，更西千里，而其爲二洪也多矣。若遡淮而遂置河，此或可也；然而經洪澤，入壽、潁，洪澤之風濤，昔年之高、寶也，鳳、潁而上灘溜之險，盈涸之無常，猶黄河也。正陽而下，舟行千里，難爲小；正陽而上，舟行七百里，難爲大也。朱仙鎮而北至惠濟橋，惠濟而西至河口，即濬舊河，開支渠，計如朱仙止耳。若河流淺狹，輓舟迎溜，即須易舟，易舟之費鉅也。若展河治溜，令漕艘直達，即河工之費又鉅也。且引河入鄭，由鄭入潁，由潁入淮，水趨下易矣，加廣深焉、不虞開門而揖盜乎哉！倘河伯不靈，異日者全注于淮，以扼鳳、泗，謂多口何！即不然也，然而河亦未可遂置也。前代之漕有不藉河者，焉有不治河者乎？今日之河即棄弗治，而數年之後，日以墊隘，不他徙乎？南徙復爲蒙墻，不危泗乎？北徙復爲黄陵岡，不絶會通乎？絶會通安所稱兩利乎？棄會通，不幾于舍安而就危、舍近而就遠乎？是故通沁、潁而必無患也，河亦未可置也。然則將如何？漕不能舍會通耶？泇可恃耶？昔歲之失策安在耶？朱旺口之濬萬全耶？欲圖長久之計，又安出耶？曰：漕不能舍會通也。内地也，安流也，水盛可以爲資也，成功可因也。益之以泇，直河通汶則愈安也。豈惟直河，異日者東通于沭，舉全河數百里而悉避之，又愈安也。故會通不可廢，而泇可恃也。獨惜夫財計詘，而泇之功僅僅耳。倘異日者積旱而水不盈，漕即經途險澀，得無遂以爲泇尤乎哉？然而非失策也，增修焉足矣。治河之役、前政之失策與否也，愚不知也。朱旺口之濬，果出于萬全否也，愚亦不知也。

夫河者，地事也。邇歲之言河也，不師于地，而聽于天。地者一定屢遷之形勢，而天者或時或恆之旱潦也。不以地之形勢校策之得失，而以天之旱潦定人之功罪，譬如治病者不以脈理經絡察臟腑之虚實，而以非時寒熱爲之候也。寒則咎寒，熱則咎熱，雖盧、扁與庸醫等功；寒即投熱，熱即投寒，屢更而其人亦坐憊已。河上之事漕通即爲功，漕病即爲罪。竭天財、殫民力，而疏且塞焉即爲功；　俄而溢，或且涸焉即爲罪。疏塞不必是也，幸而雨暘時，安流焉即爲功；　疏塞不必非也，不幸而恆雨焉，恆暘焉，雨則溢、暘則涸即爲罪。癸卯以前，積旱者數歲矣；　癸卯以後，積潦者三年矣。一總河也、塞黄堌則以旱倖其成，決蘇莊則以潦著其敗者也。一總河也、急治泇則以潦顯其長，緩治黄則以潦見其短者也。一泇河也，在辛丑則以旱呰其瑕，在甲辰則以潦全其瑜者也。一徐州、一清口也，昔旱則以爲千難統總集，今潦則以爲百全無患者也。嗟乎！　使昔如今潦，即黄堌通而徐、吕不涸；　旱而不甚，即徐、吕涸而三仙臺不淤。使今如昔旱，即黄堌塞而蘇莊不決；　潦而不甚，即蘇莊決而行堤未必盡壞。使昔不因旱改轍，從權濟運，而一意治泇，即泇早成；　使泇早成，而獨防黄堌之南，即王家口不開，黄堌全淤，行堤仍決，而豈必有加於今日！　惟以天之旱潦爲人功罪，故一有遷改，輒議更張。又不以地之形勢定策是非，故財力空殫。原非實見，蓋始而卜度言之，既而卜度聽之，又復卜度論之，亦復卜度斷之。患在南則從事北，患在北則從事南，及臻厥成，則并民財國計，皆以付之非時之雨暘而已。王家口之議常棼矣，勘視地形，臺中嘗言之矣，不省也；　至于無可奈何，而曰：　王家口高于濁河口若干丈尺耳。嗟乎！　此何待言！　上流百里而懼不高乎？　令此時而舉南北新舊諸河，從源達委，皆能知其積高積下之數；　一河之中，分別測量，又能知其遞高遞下之數。地形水勢，可以指掌示而聚米畫乎，於是焉錯綜之、參伍之，則其受病之處必可知也，則其開塞之宜必可知也。他日者即旱而某處任其涸，即潦而某處任其決，又必可知也。即爾時之開塞躊矣，而形勢之説尚在，猶得追論之，覆核之，以爲改絃易轍之助。今而無可憑矣，但以錢穀之省，土方之減，蘇莊之決，南陽之淤指爲瑕疵耳；即欲諉諸天行，一爲解嘲而不能舉其尋丈之數，猶卜度也，故曰愚不知也。朱旺口之功，嘗言形勢矣，未盡也；然則今日受病之處全在昭陽耶？抑徐、吕而下尚十之二三耶？若云尚在徐吕，則李家口之清流涓涓爾；若云全在昭陽，則二洪之淺溜故在也。南股下於北股矣，眡王家口之功加廣深矣。及春水未生，并力截河，遂可全河而南，固也。地而既下矣，即丙午之歲又復潦如甲乙，能保無溢，而南以害蕭碭，或徑黄堌舊河以入白洋，且南害永夏否也？萬一有之，則蕭碭、永夏與其在豐沛、魚單也何異？若待夫時暘也而無害，則其在北也亦猶在南也，又不知昨歲之決蘇莊而趨銀河也。銀河之廣深，視今日之新河何如也，將銀故不能容耶？將銀可容河，緣水盛而演溢四出耶？今日之銀河將已淤滅無影耶？將亦漸次復漕，稍加疏濬，猶能宣洩耶？凡此皆不能舉其尋丈之數，決其然不然之情，故曰愚不知也。

然則何由知之？曰：禹鑿龍門，決大河，豈真有庚辰童律爲之使哉？其測量審、規畫精而已。益列山澤，垂典將作，所以能辨江河之淺深，識原隰之遠近，度山阜之高下，制疏塞之利害也。三代而降，國有水工，士有水學，亦猶是神禹之遺焉。今之時，有水工如鄭國者乎？

有顓門水學如郟亶、單鍔、郭守敬其人者乎？欲知方圓必以規矩，欲知高下必以準平，故《尚書大傳》曰：「非準無以得萬里之平。」而今之名能治水者，曰水平遠至數里，十無一準，遂置不用，不亦謬哉！裴彦秀制地圖，圖體有六，其法以準望爲宗，以考高下方邪迂直之校，以定道理，以設分率。其説以爲峻山鉅海、絶域殊方，登降詭曲，皆可得而定者，斯則準望之爲用大矣！守敬之在勝國也，嘗決金水，復唐來，開會通，導通惠，相視河渠泊堰數百餘所。又嘗以海面較京師至汴梁地形高下之差。又嘗自孟門而東，循黄河故道，縱廣數百里間，各爲測量地平，或可以分殺河勢，或可以灌溉田土，具有圖志。蓋守敬敏才宿學，其創改曆儀，耑務考驗，故于測量地平，尤爲精絶。然而度無他術也，準望已耳。今誠得守敬其人，令博求巧工算史爲之佐史，西自孟門，東盡雲梯，南歷長淮，北逾會通，無分水陸，在在測驗。近用準平，遠立重表，車船撬檋，隨地制器，方田勾股，隨用立法。藉如一河之中，從源至委，廣狹深淺，爲之總差；或以里計，或以丈計，又爲之細差。凡河皆如之，其在已廢、已湮之河亦如之，一切隄防障塞、支流通渠、陂塘瀦澤皆如之。又以諸河之身參互校量，爲彼此相視之差；兩河相距之間縱横校量，爲山阜土田經緯之差。又鑿井辨驗，察其沙土燥濕，疏密厚薄，爲土性之差。其隄防陂澤參互校量亦如之，務令東西南北數百里間，地形水勢，盡識其紆直倨勾，又盡識其廣狹淺深，高下夷險，燦然井然，若别黑白，若數一二，此亦數月間可以畢事，不爲難耳。而後倣裴氏之遺規，終若思之緒業，繪圖立論，勒成一書，上之册府，頒之諸司，使人人如身歷其間，覽觀可得也。一可得各河容受吐納之數，二可得隄防所宜增卑倍薄之數，三可得見行河身比于各河所差淺深高下之數，四可得見河墊淤之後，某河可用相代容納之數，五可得地勢所便、土物所宜，豫引開濬可不可之數，此所謂形勢之一定者也。而此法既立，既於並河郡邑爲立準人，即用司水。於見行河身之中，畫地以守，歲月測候，凡旋墊沙土，暫傾圻岸，新成淺溜，皆量度丈尺以上所司，所司即依原定形勢，參以天時旱潦，議擬斟酌，通融計筭。如是即可知河行急緩之勢也，河身變遷之期也，即又可知夫當決之處也，與夫遞行之河也。此則所謂屢遷者也。定形爲經，時變爲權，本與標相印，症與脈相合，夫然後築塞之機宜，疏導之方略，可得預籌；土方之數，錢穀之額，可得計量；工程之虛實，冒破之有無，可得按核。臺省可得駁論，司空(得可)〔可得〕參覆①，公忠廉直之官可得見長，貪冒闒茸之倫可得著罪，遠近可得辨其詆欺，前後可得杜其推諉，有實試功能。而不幸遇二三千里，若數年水旱之憂，一時盈涸之變，亦得有所據以明其非幸矣。斯則師于地、不聽于天，向所謂可得而知之之術也。

既已知之，則今日之河當奈何？曰：河臣言之矣，南守汴堤，北守三堤，任河遊衍其間，不

① 增訂者按：據中科院藏明刻本，「得可」乃「可得」之誤。

亦可乎？且夫西南循汴，東盡歸仁以護泗也；北守大行，副之縷水以護運也。南必不可令亂淮，北必不可令侵汶，所宜倍加封築，日省時修者也。若南北之間新故三道既已知之，即又非徒任之而已。何者？彼所欲趨，與所欲舍，吾可得而前策之、預計之也。夫水猶兵也，兵法曰：「先人有奪人之心，後人有待其衰」，此兩言者兵之要也，水之道也。有所欲開，毋若先之，淤墊欲極，度所必趨，濬之以待，其嚙將深。此爲先之。有所欲塞，毋若後之，水屬理孫，泆然不顧，淘之汰之，沙礫在後。此爲後之。《禮》曰：「善溝者水漱之，善防者水淫之」，此之謂也。今也不然，莫能迎之，愁而隨之，彼務亟去，吾將遏之，彼不欲來，吾將奪之，用力見功，多寡難易之間，不亦遠乎？不寧惟是，若或全河未墊，頽岸傾阺，乘流急下，偶成溜淺，雖驚湍如瀉，俗稱神物，吾灼知其數，即不必輕謀轉徙。或疏月河，或飭濬具去之，其下必移而上，以次銷減，爲功不難。此即李公義之故術，亦吾牛溲馬渤之資，奚事覆巢殺卵，以疑鵷鶵哉！

曰：三道遞行，窮而變通，於河則宜，其或不當於漕奈何？曰銀河北依大行，走豐沛，出秦溝，今決河所經也，此直漕者也。濁河中由堅城集分爲二渠：一從郭煖樓出鎮口，今決河所去也；一從苑家樓出小浮橋，今輓河所開也，皆直漕者也。獨符離河南由司家道口經符離、道睢寧，出小河口，此則不當於漕。昔之所以涸徐、呂營泇河耳；泇而足恃矣，進乎此則通沂於沭；增修焉亂流而入則出小河之下，故大行堅即以運付泇可也。曰：今之世有郭守敬其人乎？曰數學淺技也，才不絶世，政自不習耳。語不云乎？一人善射，百夫決拾，果求之也，亦豈必遂無其人也！曰：苟有其人，上而庸之，欲盡其術將須時日焉。河勢遷改，將迎開塞；將須時日焉。猝遇水旱，遽有變易，或黄或泇，或在會通，皆難逆料，有所飭治，將須時日焉。漕有常規，其可待耶？曰：固也，愚將言之。蓋河可待，而功固不可亟焉。夫天行旱潦，水爲贏縮，事之無法儀者，無甚於斯。費至百萬矣，計須審密，事難卒辦者，無甚於斯。而規制一定，莫或變通，務速其功以赴事，期畫未必審，而費不可追，豈非耗財損功之道乎？竊惟永樂間，會通已成矣，而淮徐臨德遞行支運，先朝於此，殆有深意。蓋唐開元中裴耀卿請建武牢、洛口諸倉，節級轉運，水通則舟行，水淺則寓於倉以待，不滯遠舡，不憂欠耗，比於曠年長運，利便一倍有餘。而劉晏因之，江、汴、河、渭，各舡遞運。江積揚州，汴積河陰，河積渭口，渭入太倉，歲漕百萬，無升斗溺者。然則四倉支運，用此道也。自支運變爲兑運，兑運變爲長運，於是一舟一歲之間還往萬里，不得不避洪，不得不防凍，而漕限乃不可爽矣。漕限不可爽，而河又數變，涸則議濟，他徙則議挽，務强河以從我，又嚴爲之限，而費乃滋大，且未及熟籌之也。爲今之計：欲令我可待河，而河不能爲我難，似宜稍采支運之意，廣故倉於淮安，仍建一倉於濟甯。諸總運艘可量用十分之六，從水次運糧至淮，以須後命，量度河勢而取進止。若河道利便，則徑赴濟甯；倘河流未馴，即起貯淮倉，而運艘速還，以赴次運。度至淮者，遠可歲三運，近可四運；　至濟甯者歲再運。　故曰運軍十分之六而足也。　若河累未馴，工役未竟，不論多寡，悉貯淮倉。　迨河馴役竟，即盡掣南舡，自淮赴濟，泇黄並行，循環轉運。　數月之間，亦盡足累年之積矣。　是不過用一二歲漕伸縮其間，而河有變可以竢其定，河有工可以竢其畢也。　所謂棄廣運而之濟甯者、何也？　至徐而河患未離也，且由泇則未至徐也，故濟甯衢地也。　所謂至濟甯而止者何也？　夫京軍之食於漕者若千萬人，坐而養驕，此國庾之蠹，而造物之所忌也。　自古禁軍皆遣征戍，或屯諸州，謂之就糧，所以均勞佚，省轉漕也。　今欲略倣此意，以京軍十二萬人分爲六番，番二萬人，向所稱南方免運旗軍十分之四者，故行漕艘若行糧也。　移而賦予之，令循環轉運，自濟甯抵通惠歲可三運，不及則再歲五運，而四百萬可畢至矣。　二萬人爲番，即春秋蒐乘減六分之一耳，冬夏無論也，是不廢操備也。　以爲爪牙爪士，不宜代南軍；　則永樂間不嘗赴南都支領月糧乎？　宣德五六年不嘗令五軍操備旗軍擺堡、運糧赴宣府獨石乎？　景泰三年不嘗撥營軍七萬、運糧赴口外懷來乎？　今予之舟楫，予之行糧，間歲一行，往返再閱月，無南都之遠，無江河之險，無擺堡之勞，無陸行之艱，所運者又己自所食之粟也，而謂不堪耶？　且南軍免運軍十分之四者，非佚之也，責以辦料，方諸舊則從輕焉，而歲有餘貲矣。　可用減民耗也，備急乏也，或裁以優南北諸軍之在漕者、無不可也。　所爲積於淮倉、不嫌累年之蓄者何也？　此非獨可以待河事而止也。　古今言漕者，莫善於轉般，莫不善於直達。嘗考宋制，於真州置發運使，立轉般法，歲漕荆、湖、江、淮、兩浙米六百萬石至真陽、楚泗轉般倉，回舡從通、泰載鹽還，爲諸路漕司經費。發運司自以汴船運米入京，而轉般倉常存數年之積。州郡告歉則折上價，謂之額斛。計本州歲額，以倉儲代輸，謂之代發。復于豐熟，以中價收糴。穀賤則官糴不至傷農，饑歉則納錢，人以爲便。本錢歲增，兵食有餘。及蔡京爲相，悉收糴本，行直達法，遂致汴京糧儲不繼。故宣和中仍降度牒香鹽，充糴本、行舊法，以至南渡，百餘年不廢也。今之漕糧直達京、通，歲凶則逕改折色，無可代發；豐則取歲額止耳，無由加糴，以故京儲之積日寡。而又江西一省減於宋漕十分之五，江南七郡增於宋漕至十有餘倍，以故江西、湖廣米價常下，下極傷農，或逋負折色；江南七郡米價常騰，其望改折、猶望歲也。淮安故楚州也，其運鹽之法，今未易可更，亦未暇具論，第漕猶宋漕耳。誠於常盈倉每存二三歲之積，或更措置金錢，或歲益以免運官軍辦料所入，充爲糴本，使豐年收糴，凶歲代發，一依宋制。如此即江、湖二省、江南七郡，彼此之間，酌量贏縮，歲有羨也。豐年饑歲出入之間，酌量贏縮，歲有羨也。展轉數年，則餘一年之蓄，更數十年之通，而足食、足兵、足民，舉積此矣。區區漕河數年之水旱，一二歲之工役，何所不可待，又何足慮之有！

曰：此管子輕重之術也，利則博矣，其如今之財日不暇給何？京儲之望漕也，如農夫之望雨焉，又安得數歲之積而用之？曰：是何言與？富人之家，因循積久，財用闕乏，苟有便計，即主伯亞旅猛省奮發，盡出所有，共殫心力，以圖饒羡。其事産素裕，稍無失策，便足支持，若復逡巡須假，坐待屢空，猝當大費，又不獲已，捉衿見肘，計無所之，其爲日不暇給，何時而已哉！曰：是則然矣，果行之可爲百世之計乎？曰：吁！此豈百年之計乎！富人之家，而計轉徙、逐什一，此權宜之術，就令可久，不謂本業焉；必求本計，其惟禹功哉！禹之治水也，非在其疏瀹決排也。《禹貢》之外嘗自矢其功，曰：「予決九州，距海；濬畎澮，距川。」畎澮，田事也，則禹之治水，功在治田也。孔氏盛稱其績略，不言封山濬川，而曰盡力溝洫，勝禹自知矣。然則八年禹蹟，非獨左伯益、右工垂而已也，蓋步武而與后稷偕，若蛩與距虚然，相藉爲用。故曰「暨益奏庶鮮食，暨稷播奏庶艱食、鮮食」也。此何故也？治田者，用水者也；用水者，必將儲水以待乏者也。水之用於田也多，水之儲以待用於田也又多，則其入於州者寡矣。九州之田，曰土，曰作乂，曰其藝，曰底績，終之以府脩土正，則爾時九州三壤，大氏皆田也，所以千年而無決溢之患也。夫大雨時行，百川灌河，此田間用水之日也。今舉山陵原隰之水盡驅而之於川，川又盡并而之於瀆，時遇霖潦，安得無溢且決哉！善乎周恭肅用之言也，曰，「使人人治田，則人人治河也」，惜乎其法止於疏通溝洫耳，未盡也。夫溝洫者、所以行水，非所以用水也。水從高注下，皆自田間，若耑理溝洫，四通八達，此爲增河使多，非減河使少矣。禹之決九川，陂九澤，互爲用者也。決者洩之以爲利，陂者蓄之以爲用也。《周禮·

稻人》：「掌稼下地以瀦蓄水，以防止水，以溝蕩水，以遂均水，以列舍水，以澮瀉水。」曰瀉，決川之謂也；曰蓄、曰防、曰舍，陂澤之謂也；曰蕩、曰均者，用諸田間之謂也。故曰互爲用者也。夫下地者，對高地言之也。山有上正，有宛中，對上正言之，則宛中即下也。故南方之善田者，曰「水無涓滴不爲用，山到崔嵬猶力耕」，而《氾勝之書》有梯田之法。由此觀之，苟有水焉，無高不可用也。今欲治田以治河，則於上源水多之處，訪古遺迹，度今形勢，大者爲湖灤，小者爲塘灤，奠者爲陂，引者爲渠，以爲儲偫。而其上下四周，多通溝洫，灌溉田畝，更立斗門牐堰，以時蓄洩，達于川焉。大都瀦水五頃以上，可溉田百頃。旋行旋積，即此湖塘頃畝之間，土田所滲漉，風日所耗損，隄防所蓄止，爲水既不貲矣，此爲田逾益，水逾損，減河而少之之術也。水壅則潰，疏則行，流激則濁，紓則清，必無患累決，又無患亟淤已。恭肅之言治田而獨言溝洫也，是謂大川通流，引之達澮，可用溉田也。禹陂九澤，皆江河之上游也；鄭國鑿涇，用溉注填閼之水，猶陂澤也。夫用水治田者不在其源，必在其委也。在其源者諸源積聚，未爲江河，用之之法則爲湖渠牐堰焉，史起治鄴，召信臣治南陽，馬臻治越，王元緯治鄮之類是也。在其委者，平江漫衍，不虞衡決，用之之法則爲塘浦圩堤焉，郟氏父子單鍔諸人之策江南，虞集之策京東瀕海之類是也。夫決黄河以治田，猶之手揖盜也，故曰未可也。嗟呼！今天下亦匱甚矣，食指衆而生焉者寡也，難乎哉亦爲之而已矣。介甫之敗於宋也，其行之非也；子瞻訊之，是務反安石而不免爲庸人之論耳。因是而訾禹功也，是懲於噎而廢食也。此功成而長河以北，足用共給，即近納賦總而遠貢輕微也可。即不然，而舉今之全漕，裁用其半，以實京師也亦可。即值河之變，而或行或止也亦可，即舉禹之中道而還之河也亦可。所謂當世有堯禹，則漕未可盡廢，而可以略廢者也。是百世之計也。

館師楊批：全河全漕了然胷中，條分縷析，悉有考據。其所持議皆裨廟謨。留心經濟，足覘異日大業。勉之勉之①。

## 海防迂説②

有無相易，邦國之常。日本自宋以前，常通貢市，元時來貢絶少，而市舶極盛，亦百年無患也。高皇帝絶其貢，不絶其市，永樂以後，仍并貢、市許之。蓋彼中所用貨物有必資於我者，勢

① 增訂者按：館師楊批，據中科院藏明刻本補。

② 據《明經世文編》卷四九一迻録。增訂者按：王重民按文中年月考證此文作於萬曆四十五年丁巳，認爲原文出於徐氏家藏的《甲辰館課》。

不能絶也。自是以來，其文物漸繁，資用亦廣，三年一貢，限其人船，所易貨物，豈能供一國之用！於是多有先期入貢、人船踰數者；我又禁止之，則有私通市舶者。私通者，商也。官市不開，私市不止，自然之勢也。又從而嚴禁之，則商轉而爲盜，盜而後得爲商矣。當時海商多倩貧倭以爲防衛，交通既久，烏合甚易。邊海富豪向與倭市者，厲禁之後又負其資而不償，於是倭舡至而索負，且復求通；奸商竟不償，復以危言撼官府，倭人乏食，亦輒虜掠。如是展轉醞釀，復有羣不逞輩，勾引鄉導，内逆外憒，同惡相濟，而陳東、徐海輩爲之魁，於是乎有壬子之變。譬有積水於此，不得不通，決之使由正道則久而不溢；若塞其正道，必有旁出之竇；又塞其旁出之竇，則必潰而四出。貢舶、市舶，正道也；私市，旁出之竇也；壬子之禍，則潰而四出者也。若欲積而不出，其勢不能，豈有強勢之所不能，而名爲百年經常之策，又舉世而持之，可乎哉？當時若得才略大臣，假以便宜，得破格釐正，通彼我之情，立可久之法，除盜而不除商，禁私販而通官市，可不費一鏹，不損一人，海上帖然至今耳。朱秋厓紈清正剛果，耑以禁絶爲事，擊斷無避，當時譁然，卒被論劾，憤懣以死，至今人士皆爲稱寃。寃則寃矣。海上實情實事，果未得其要領；當時處置，果未盡合事宜也。此如癰疽已成，宜和解消導之法，有勇醫者憤而割去之，去與不去，皆不免爲患耳。

壬子之後，當事諸公大略分爲二議：張半洲經、阮函峯鄂、俞總兵大猷，始終主於戰勦者也； 胡梅林宗憲、趙甬江文華、唐荊川順之、盧總兵鏜，主於招撫者也。招撫之議，實自鏜始，其人老將，熟知海上情形。且王直向居海島，未嘗親身入犯，招之使來，量與一職，使之盡除海寇以自効。倭則公與之市，若有小小寇鈔，還復絶之，未嘗非靖海之一策，亦實胡、趙之本計也。於時分宜能爲之主持，特不能條列事理，分明入告，故肅皇帝怒其入犯，必欲誅之。勢不獲已，於是戮直及其餘黨，而所招來通市倭僧德陽輩，則陰縱遣之。竊謂此時戰亦可也，撫亦可也，既撫而後殺之，則梅林不能得之於上，事之無可奈何者也。曷爲隱諱其事，使其門下士作爲文章，盛稱招直而殺之者胡之始謀，展轉文飾，目爲奇計，刻書盛行，天下後世遂從而信之，遂從而奇之，遂從而效之。信之猶可也，不戰之名怯，誘之名詐，殺降之名不武，又曷爲而奇之、而効之乎？ 且無論誘殺不可，若果誘殺王直爲胡之本謀，是則滅賊爲期，戰撫一致也。方俞大猷初沮其事，以爲當戰不當撫，曷不明與計事，共圖殲滅，乃至戰撫相左？ 迨事不成，訟言恐爲俞將所笑，至以縱倭委罪於俞，逮詔獄論死。後俞上書訟功，徐文貞階、陸錦衣炳爲之多方營救，僅而得免也。揆厥原本，蓋由此公才雖揮霍，非能實用正兵，故無必戰之意； 其議招撫，亦止爲一時副急之策，非能實見古今內外經常之勢。故苟圖結局，終竟不成，便成愧憤，因生狡獪。果若真見寇賊緣起，灼知事理當然，因而講不敝之法，圖百年之安，曷爲不能明白指陳，以聽睿斷！ 就令事勢齟齬，不獲終守前説，我之得策固自在也，何足愧憤移罪他人，何須文飾掩昧事實哉！　造言弄筆，誇詡張皇，所得甚小；　易世之後，家傳户誦，遂無從考見當時之實事。　亦不復通知内外之實一，使人人墮其雲霧，疑悮來世，所失甚大矣。

自時厥後，倭自知釁重，無由得言貢、市。　我邊海亦真實戒嚴，無敢通倭者；　即有之，亦眇小商販，不足給其國用。　於是有西洋番舶者市我湖絲諸物，走諸國貿易，若呂宋者其大都會也。　而我閩、浙、直商人，乃皆走呂宋諸國；　倭所欲得於我者，悉轉市之呂宋諸國矣。　倭去我浙、直路最近，走閩稍倍之，呂宋者在閩之南，路迂迴遠矣。　而市物又少，價時時騰貴，湖絲有每斤價至五兩者，其人未能一日忘我貢市也。　日本之賦民甚輕，其君長皆貿易取奇羨，前者貢而市，與不貢而私市，與絶市而我商人之負其貲也，君長皆與焉，故日本之市與否也，其君臣士民皆以爲大利病。　而日者朝鮮之事，與琉球之事，皆言求封貢市也，實不僞。　平秀吉者，萬曆間日本之權臣也。　六十六洲皆以山城君爲共主。　實不名一旅，食租衣税。　而諸國位號必請諸山城君，其諸政事皆權臣主之，號曰關白。　國人稱山城曰殿下，稱關白曰大閣殿，然亦未敢傲然出其上。　而如安之來，昌言山城已爲平信長所滅，蓋恐山城在，我終不王秀吉，故面謾我耳。　其實山城君故在也。　秀吉者起微賤，事故關白信長，驟得幸，爲大將，居别島。　信長爲人雄傑多智略，前是六十六洲各有君長，不相統一，至信長征伐四出，略皆臣伏無敢異。　此人智計叵測，十倍秀吉，假之數年，必爲我大患。而忽爲其下亞奇支所弑，秀吉聞變，遽起兵擊滅亞奇支，遂代信長之位。秀吉權略亞於信長，承其最勝之遺，能以威力智術駕馭人，遂復役屬六十六洲之衆。如薩摩君義久兵最強，其弟義弘，侄忠恆驍果善戰。吉以好召義弘至，山城遽幽禁之以爲質，而檄弘恆盡統其國兵以赴朝鮮。蓋秀吉有事朝鮮，既悉其兵與其壻秀嘉幸臣行長矣，惟恐薩摩強兵襲而取之也。其爲此計，既脇取要質，復役使義弘之兵爲其鷹犬，而薩摩一州僅有義久之幼子，故所俘我閩人許儀後爲之輔共居守，度無能爲矣。其籠絡諸強國悍將，皆此類也。朝鮮者文弱之國也。犧牲玉帛，待於二境舊矣。秀吉承信長之後，其欲逞志於我無異信長，顧其國中未能大定，即如薩摩一事，經營如此，危杌之勢，抑可知已。而欲渡海萬里，與我爲難乎？彼非無心，時與勢未可也。即先取朝鮮，以漸圖我，力亦未及。何以知之？以其用義弘知之也，以其異日得朝鮮而不能有知之也。而因緣際會，以有破國之事。日本之海島曰名護屋者，秀吉之鄙塢也。營立宫宇，絶壯麗，地震毁之。再造再震，如是者三，吉大懊惋。而朝鮮之國俗絶重世類，下奴籍者永不得與良人齒，有大功當封拜乃爲除其籍，子孫得仕進，猶止冗員也。奴籍韓某以擒反者功除籍，其子翼應進士科爲舉首，不得銓京朝官，遂棄去不仕，放浪江海間，因之日本。説吉以爲名護屋不利爲大閣邑居，何不取朝鮮王之，而名爲人臣乎？因盛陳鮮弱可取狀。秀吉意不能無動，翼因爲之謀。先使人問朝鮮以夾江洲地在鮮、遼之間者今安在？以激鮮，且微挑之以欲復故地，當假若兵力。鮮君臣怵於倭而貪於復故地，果盛言疆地肥饒，爲遼將以強取，若假大國之兵威壓一竟而取之①，以歸我，幸甚。吉遂大發兵入鮮。鮮之南境多高山林木，嶇險連亘，甚易守，顧以爲彼取侵疆於我，而不知其陰襲之也。故倭能枕席過師，以至王京。至王京者爲中路，其先鋒將行長至之日，以犒師薄爲名，遽殺其大將栗某而入國，王匆遽不知所出，間攜其妃走平壤，達義州，而兩王子東北行相失，遂爲東路副將清正所獲也。此語聞之東征將士，將士聞之朝鮮之村學究，真僞不可知。即朝鮮與當事皆嘗抗言辨誣矣，特其破國之易，無理可推，聞此言也，無能不信之。於是國王棲守義州，日夜告急於我。而先是海商陳申暨許儀後先後遺間書於我，告以秀吉謀入犯，東南稍戒嚴，而中外泄泄，無能先得其要領。至義州告急，鮮盡爲倭有，亦無能知倭衆幾何，遽以遼裨將祖承訓率三千人援之。祖戰將，然衆寡不敵，遂覆没，僅以身免，而宋桐岡、應昌往經略其事。沈惟敬者檇李人也，少習倭事，解倭語，譎詭無賴，以策干石東泉星，東泉遽信之，以屬桐岡。惟敬因得入行長營，而封貢市之議起。行長者，秀吉寵臣也，其人仁信，秀吉倚任之，兵事皆屬焉。清正爲行長鄉人，而世仇也，内猜貳，故倭兩將甚不協。清正極欲吉之王朝鮮，已歸而得爲所

① 「竟」，疑當作「境」。

欲爲也。行長又懼吉果王鮮，不能無内變，而朝鮮特以機會襲取之，其諸郡邑方數千里，兵聚則恢復者四起，兵分則力弱，度不能守矣。横加以我之衆名爲四十萬，又慮清正之與我合而反戈内向也，故峕意乞封貢以市。惟敬因得乘間説之，移兵而南。平壤之克，彼以好來逆，我執其使，輕兵襲取之，而先登者多南將。提督李如松不能無内忌，欲立奇功，輒深入，是以有碧蹄之敗。於時行長退歸王京，清正之兵駐咸鏡者，亦爲我間使所動，撤兵而南，與行長合矣。若令行清二酋同力固守，開城以南，殆未可窺也。既而還我王京，退至釜山乃止。又歸我王子陪臣，則皆以封貢市故。三者之中所急者市，爲市故欲貢，爲貢故欲封。當是時、假令惟敬識大體，傳其信辭，以聽朝議，即不成可勿敗。乃其入倭營也，無所不許之，入告，則曰一封可了也。不知倭非一封可了，特一市可了耳。幺麿輩習詐諼，語多矯欺文致，其以本意告人，則曰，奉承日本、支吾中國，持此兩言欲竟東征全局，度可得否？而東泉大臣入其彀中，謾言封事必成。倭已退，輒信之；聞直言即怒，何也？既不能通知中外古今之故，内畏多口，遂不難與小人比，圖掩衆耳目，以僥幸於或然。方謝用梓徐一貫之入倭也，秀吉數延見，或時就客館，厚款贈之，此何故？則許之貢且市耳。册使既遣，定止一封，形見勢詘，惟敬計窮，行長輩大缺始望，則謀以謂李宗城小侯也，羈留之必得大成。而我有忠間者，稍以聞於宗城，城大懼，則委成命於草莽而遁矣。宗城既遁，楊方亨爲使，惟敬副之，彼亦知兩人非我所急，不足留，遂大辱之，主不可堪。視向之款洽便若星淵者，足徵彼所獨急，直在貢市，封不封匪所計也。而廷議聞之，遂歸咎主封者，東泉竟下獄，乃始一意言守戰矣。亦旋罷桐岡經略，代之者孫月峯鑛、邢崑田玠，皆主戰。顧我兵實未能殲倭，倭猶冀幸貢市之一成，三四年間，一克南原之外，竟未嘗縱兵與我戰。而風聞我師戰則戰矣，亦復以貢市緩之。至秀吉死，諸將內顧，皆欲歸，猶許之貢市，令間使毛國祥輩假稱爲偏裨，爲質於彼也。既離巢，以舟師襲其後殿，得首功若而級，以奇捷告矣。既成言在耳，歷數年倭猶望之，時時遣使趣之朝鮮，乃中朝何曾一聞此言邪？總東事始末論之：戰不成戰，我無必勝之氣；款不成款，敵無必解之勢，此所謂讀梅林之書，以爲奇而効之者矣。兩公之學梅林，沈惟敬之學蔣洲陳可願，皆爲梅林之書所誤，不知梅林當日之事，正不爾也。趙營平有言：「兵勢國之大事，將爲後法，吾豈嫌伐一時事以欺明主」，忠藎老臣，意慮相越，豈不遠哉！說者又謂倭去釜山，非其本志，我實以三千金賄之，此則大謬。無論倭之進退非金錢可得，若其可得，則敵將賈人子可啗以利，古人有行之者，安見其不可爲也！實則倭本欲退，我既許之貢市，國祥諸人又在彼，爾時相視莫逆，而倭所遺留糧石器械，營中頗不貲，度無載還日本之理，故好謂我以三千金市之。我還其資，倭燬其室以去耳。而國祥輩一留數年，度又非我所急，復遣還之。其遺朝鮮督府趣求貢市之書，有云：「本邦風俗，此地淹留之官人親見之、近聞之」，官人者，國祥諸人也。秀吉死，以幼子秀賴託家康；秀賴之妻，家康女也。家康代吉爲政，令行諸國，亦如秀吉時。然志在休息，獨其嗜利殖貨異甚，故求市愈益切。度從朝鮮既不可得，則轉而之琉球。辛亥遣將虜其王，殺其長史鄭迵。迵舊名週，故嘗游我南雍，委心宗國。倭以琉不事大，蔽罪於迵殺之，且籍其土地，此所謂桓公不能救，則桓公恥之者耶？彼之爲此，意我二百年朝貢之國，勢必救之，救之則還其故封，因以爲我德而求貢市。就令不救之，但遣一介行李，吊慰於琉，徵辭於倭，亦將復之以爲我德，而求貢市也。彼以此兩者爲我必應之着，則可必得貢市，而孰意我之藐然不聞也！殆哉此舉，不惟貽笑外夷，亦孔之多，即我皇上拯救朝鮮，捐千萬之費，與數十萬之衆，恢復數千里之國，而唾手予之，此記傳所絶無者，自坐視琉球之後，此德亦晦而不光矣！既不能得我一介之使，於是自恕自解，自復其國，而令之代貢陳辭，我又并琉球拒之。於是爲嫚書以怵我，所設三事，猶昔朝鮮之五事也。昔之五事，貢市居其第五；今之三事，亦貢市居其第三，蓋其本意所重，在於是耳。

年來新例甚嚴，至用重典。當法立之初，奉行者少，私市之商，方舟連艦。舡隻硇硝，精鐵絃服，無不販鬻。丙丁以來，持法稍峻，至於內海交易，多亡其貲。去者稍稍絶迹，倭始不可堪，則北又求之朝鮮，而南又圖之雞籠、淡水。此兩策者，家康在事要脇之成謀也。秀賴雖家康子婿，實相圖，而諸島多心附賴，特以家康富強，怵息不敢動。歲丁巳治兵相攻，圍賴於板城，賴兵勁，大破康，康囑指請和，去矣而陰紿其女，使隳城數版，又遣間潛焚其火具，急攻破板城，獲賴殲焉。居無何，家康死，年近九十矣，而其子秀忠亦僅二十餘，今方繼父職柄用事。小酋者不知何若人，計亦知兵，多權詐，若安靜務休息，恐不及父也。而諸島心憐秀賴，慮且有内難； 即秀賴亦未知果死與否？ 故爲目前計者： 小酋即雄略，方務輯甯捍禦，數年間或未必能爲秀吉，若通市，則歲月不可待。度其勢必且踵故父之智，以南圖諸雞籠、淡水，而北朝鮮也。鮮之通好於倭，所謂居大國之間，而從於強令。不足問、而實知中朝絶市之議不可回，不敢代爲之請。欲却之又不可得。他日或假道於鮮。卑辭遣使以求我，或舉兵壓境以脇我，則必至之勢也。雞籠、淡水，彼圖之久矣，累年伐木，不以造舟，何所用之？ 度必且多爲營壘守望之具。我復安坐而待，計彈丸黑子之地，其人雖習刀鏢諸技，以當火器必不敵； 故兵動將不舉，舉則必守，守則必固。已而漸圖東番，以迫彭湖，我門庭之外，遍海皆倭矣。此時而求市於我，則將許之乎否也？ 抑此之時，扼我吭，拊我背，凡商於海者私市之亦可，截而奪之亦可； 若盡海商禁之，即彼度衣帶之水而入犯我，無所不可。故北求之朝鮮，我或可無許； 而南圖諸雞籠、淡水，則無待我許之矣。或曰： 彼既虞内難，何能舉雞籠、淡水乎？ 曰： 此無難也，羸然孤島，我復置之度外，彼委諸薩摩足辦矣，安見薩摩之不爲彼内虞乎？ 則交易一事，六十六洲所同欲也。市同利，不市同害，縱使内相攜，安得不自爲計乎？ 然則南與北彼將安出？曰：彼中百貨取資於我，最多者無若絲，次則甆；最急者無如藥。通國所用，展轉灌輸，即南北並通，不厭多也。昨私市大行，亦嘗以此辭於朝鮮，求從對馬通市釜山矣，無已，則甯從於南。資貨所出，皆在南方，道里且近，雞籠、淡水，又獲勝算，故兩不可得，必將先聲於北以牽制我，而收實於南也。然則我欲絶市，先守雞籠、淡水如何？曰：果欲絶者，此爲勝着，然而是逼之使北也，不則逼之使沿海入犯以脅我也。夫絶市者，吾可時爲之以難倭，使從我所欲；非可堅執之，以謂制馭之定術也。然則求經常之策如何？曰：向者固云官市不通，私市不止矣，必明與之市，然後可以爲兩利之道，可以爲久安之策，可以税應税之貨，可以禁應禁之物。論者徒恐貢市往來，導之入寇；不知入寇與通市兩事也，來市則予之，來寇則殲之，兩不相妨也。必絶市而後無入寇，必日本通國之中無一人識中國之海道者然後可，此必無之理也。絶市而可以無入寇，必日本通國之中并絲帛甆器藥品諸物，悉屏去不用然後可，又必無之理也。且彼之所重若在利也，市則不來，真不市則來也；彼若圖不逞也，市亦來，不市亦來也。假令信長而數年不死，秀吉而經營數年，邦國大定，其爲我患，豈以絶市而止乎？譬有大小兩家，壤地相接，有無貿易，必資於我，而每存跋扈。當資藉時，自宜通其往來，慮或強梁，別當圖其備禦，豈有伯叔亞旅恬臥嬉遊，爲之謀者，但令高居房闥，堅扃門牡，不圖其捍衛，但禁其往來，如是而可以爲安者耶？不知我大彼小，若有備也，往來可也；彼仇殺我，而我無備者，殆將奪門犯關，又安得而禁之。若曰通其貢市，慮如北虜，恐增歲費，又不然也。北邊貧虜，有如市丐，強來索食，故不能無煩費耳。南倭通市交易而已，無他求也，若以北虜之道待之，彼將艴然不悦，又安得歲費耶？且通貨既多，我之絲帛諸物，愈有所洩，往者既衆，彼中之價亦平，故曰兩利之道耳。

不止是也，愚嘗有四言於此：惟市而後可以靖倭，惟市而後可以知倭，惟市而後可以制倭，惟市而後可以謀倭。靖倭者何也？彼有須於我而不可得，勢不獲已，故求通者萬方。若酌量一貢市之規，使彼求可贍，而我法可久，即帖然相安矣。故曰可以靖倭也。知倭者何也？法曰：「知彼知己，百戰百勝。」朝鮮之役首尾八年，而彼中情形，未獲明了，何不知彼之甚乎！豈無知之者，私市之商，彼不敢也。閩中開府嘗遣數輩往，雖不能悉其委曲，然而略得其梗槩，如前所説者，亦此數輩之力。惟交市通而往來者多，一舉一動，纖悉具知，五間之法，可得而用，故曰可以知倭也。制倭者何也？今之海船悉贋物耳，惟出海商船，不可得贋。俞大猷嘗言造船不如顧船，若非販鬻，而令之造船應募，又無是理。惟官與之市，商舡必多，亦皆堅緻。在官，親識爲之保任；有鬻舡於倭者以「私將軍器下海律」論抵重辟，則商舡籍數一遇有事，隨可顧募爲捍禦之備。又倭中刀銃器甲諸物，皆可貿易以來，彼造作甚多，不我疑也，不我禁也。若我技與彼同，而加以大小衆寡、主客勞佚、飢飽之不敵，即有妄圖，亦且息心矣。故曰可以制倭也。謀倭者何也？彼中各島互相雄長，無數十年長守之國，大抵兵革不息，民生無聊，比鄰之邦互相猜貳，人人刀俎，人人魚肉也。即如往日薩摩一州，秀吉既劫義久而強使弘恆，其君臣父子積不能平，許儀後嘗輸情於撫公金省吾學曾矣。其言曰：「秀吉空國而出，内虛於家，薩摩之兵雖盡從弘恆，收合餘衆尚可得四萬人，糧食器械備具，而獨無船也。閩中若多備船隻，如以精兵二三萬來至薩摩，合力而往，襲破山城，必取秀吉之首。」省吾曾以聞閣部，而蘭溪塞耳不敢聞也。清正嘗輸情於東征將士，「請合兵以誅行長，還向山城，數月而秀吉之首可致麾下，正且能爲皇上盡滅北虜，而舉日本一國，長爲外藩。」此數語書一赫蹏呈於經略，而桐岡咋舌不敢言也。此兩事者，一南一北，兩不相關，知爲真情矣，儀後之乃心宗國，亦非誘我者也。夫南方從事，雖有渡海之險，萬里襲人之難，然有薩摩之地，有儀後爲之主，則是薩摩襲之也，不爲險、不爲難也。朝鮮連兵，有何難何險，而閉耳咋舌乎？凡倭中事情，多有此類，秀吉所以得朝鮮而不敢有也。縱横之策多施於擾攘之世，彼士用兵，恆無休息，事機之來，其可盡乎？患我不能知之，無以制之耳。即趙、宋二公聞言不信，亦其夙昔不能知之故也。可得而知之，可得而制之，則可得而謀之矣。故曰，可以謀倭也。此則可言而未可輕言，未可盡言者也。

## 大征策①

夫謀夏亂華，悖逆天道，漢過不先，何嫌武震也。況朵顔我卵翼之餘，暱就豺狼，敢爲奥主，藩籬荆棘，封植焉用？自昔大寧淪棄，開平不守，宣、遼隔絶，藎臣志士，肯一日忘狼望之北哉！自作妖孽，授我其柄矣。海内萬里，帶甲千萬，虜所知也；比權量力，如石壓卵，豈止僨豚之喻乎！若赫然憤發，上下一心，有雪恥除凶之志，竊以爲得謀勇節制之將，予之精卒數萬人，騎半之，車千輛，器械芻蕘稱是，即横行匈奴中，不難耳。特愚以爲無事横行也。欲於戰士之外，副以作徒、車徒、步騎，列爲正兵，聲罪致討，方行而前。彼猶吠犬也，我退則前，我進則走耳。我既正兵，不動如山，若其不度，逆我顔行，犂庭掃穴，在此日矣。即或遠遁，則勿以首虜爲功，無須深入。先於近邊百里，擇取要害，水草善處，築爲數城。城萬人守之，且耕且戰，憑高藉深，雖數萬來争，未免頓於堅城之下；我聲援相及，亦無可拔之理。漸次斥遠，廣宣恩信，招納降附。稍築列城數十，棊布星列，然後以大寧、開

① 據《明經世文編》卷四九二迻録。

平爲塞，東接遼右，西聯獨石。不過三五年，而故土盡復，陵京鞏固，叛逆小酋不縣首藁街，亦亡逃奔竄，死無處所矣。

夫一勞永逸，前志所貴也。松山四百里一朝而復，近事之驗也。大寧稍廣，三倍於松山止矣，即目前事力，或未可幾，經營數載，慮無難就者。迨而諸酋弗靖，漸次騷除，河套、遼陽，畢可圖也。所患因循苟安，無討逆之志；浸啓戎心，未可測耳。或曰：猛獸弭耳，鷙鳥卑飛，苟有其志，可遂暴著耶？曰：非此謂也。兵事貴勢，故有戰勝於廟堂之上者。誠修舉振飭，滅賊爲期，政恐未及興事，虜先讋伏矣。大勢在我，先聲後實，可也。

## 器勝策①

夫虜習弓馬，情志膠結，三軍同力，不别生死，夙號勍敵，若之何戰可必勝，守可必固也？則有必勝、必固之技於此，火器是也。嗚呼，不知造物者何緣動此殺機，慘毒乃爾哉！似非仁人所忍言也。第在今日：有犯順求死之虜，亦有不容不習之勢，即深言之可也。夫火器之來

---

① 據《明經世文編》卷四九二迻録。

也，自永樂間征安南始也； 其稍盛也，自嘉靖間禦倭始也。用之而效者，若楊襄毅、曾中丞、郭武定、周尚文、戚繼光之屬，非一人也，然而皆皮毛耳，未合也。近歲以來，温中丞、趙士楨所作，稍合矣，未盡也，亦未大也。而士楨所意造者，又未合也。

夫用火之精者能十步而一發，若是速也； 能以石出火，無俟宿火，若是巧也； 能射鳥二三百步，騎而馳，而擊方寸之質。稍大者能於數千百步之外，越壁壘而擊人之中堅，若是命中也； 小者洞甲數重，稍大者一擊殺數千百人，能破艨艟巨舟，若是烈也。此器習，而古來兵器十九爲土苴，古來兵法十五爲陳言矣。何者？ 正兵之勝，前無衡敵故也，今誠簡我精卒，日夕肄習，悉令入彀，次乃用之。其法，戰車爲營，大小雜置之，步兵司之，干盾自衞，間以矛刃，長短相次，鐵騎居中，遊奕進退，或誘其前，或擊其敗，以當虜衆，豕突蟻聚，騶發同的，雷擊電邁，未及接刃，已糜爛其十七八於千百步之外矣。彼所恃者堅甲，如刺瓠也； 所長者弓矢，如敺蚉也，如是而與我旗鼓相當，劍戟相撞者，百不能有一也。就令糜爛之餘，猶能復戰，以我全力，當彼創殘，勝負之數，亦易見也。若夫彼我皆騎，則五不當一，彼騎我步，則二不當一，至乃憑藉堅城，用高臨下，其於却敵，滋甚易矣。故曰戰有必勝，守有必固者此也。

夫車戰之法，近世名臣所聚訟也，蓋乃虜騎倐忽，逐利未便，鶌鴣之目，理實有之也。

然而愚所陳者正兵也，以我制人，滅賊爲期者也。自古以來，無有大師轉戰不用正兵者。不有正也，奇何自出？正以藏奇，變化無端，勝之道也。至夫幺麿草竊，潰垣驅掠，風集雨散，則割鷄焉用哉！五火既習，若騎若步，固足勝之；團練義勇，農夫田更，亦足勝之。嗟呼，以我至長，擊彼至短，數萬橫行，何足疑也！然而我常畏敵者，何也？假令事理變易，彼挾此長，我耑其短，其爲可畏，更何如也？故曰在今之日，有不容不習之勢者此也。是未敢盡言也。

## 服戎策①

語曰：「有備而不用。」向者所陳兵車器械，果如式者可謂有備，足破賊矣。信能是也，則不用可也。何者？愚復有狂言於此，竊以爲虜貳，我可滅也；其服，我可化也。計龍者，板升之委心宗國者也，嘗叩撫中丞而告曰：「請與我諸經籍以教虜，令習章句，通文墨，不數年大弱矣。」嗚呼！此言似兼譏諷。然其云文能弱虜，自曉罔世情者，真黠奴也！昔人謂虜令

① 據《明經世文編》卷四九二迻録。

知書，即識兵略，通權變，大未然也。古夷虜之爲患中國，皆自不知書者始也。元染華風，不百年而北矣。今之虜不如冒頓五胡之虜者，猶元染華風之遺也。蓋書之不能令人強、必矣。今即予之，固非《孫》《吴》《左氏》《國策》之屬，然而《孫》《吴》《左》《國》，亦不能令人強也。朝鮮請書於宋，宋人靳不悉予，懼其識兵略，通權變也，而今乃最文，亦最弱。文盛則武衰，自然之勢也。推此論之，奚獨書乎？凡費日損功而可愛玩，令人心慕手追者，皆弱虜之具也，特恐虜中固不願耳。然而審知其必願者，何也？以其敬榜什知之也。世下漸文，亦自然之勢也。古稱虜曰肉食，曰狩獵爲業，此弓馬之始也；今穀食之利漸廣矣。生齒日衆，其自六畜以外，山澤之産不給也。生人之初，誰不茹毛飲血者？久而不給於鮮，則穀食漸廣，亦自然之勢也。今虜之耕者鹵莽甚，若令板升輩漸教之，必且深耕易耨，彼中多沃野，大饒矣。食於沃土之毛，必且久駐，久駐必且屋居，屋居必且爲城郭，屋居城郭，不必爲吾患矣。内顧則重遷，我知所攻，彼急在守，亦自然之勢也。且彼既饒穀者，我易以金繒，可用實邊，勝垂斃之馬遠矣。如是需之數十年，即有無通流，内外一家，犬羊臣妾，固可拱手而受共球哉！即大甯、朔方，永畀之可矣；我之利器長技，包以虎皮可矣。夫板升者未易散也，而散之亦非計也。何者？我有事，虜則展轉之間，還爲我用；我有意化虜，即彼既爲之兆也，又將爲之前茅者也。果嬴之祝螟蛉曰：「類我類我。」今日之虜，惟軍火器不宜予之耳，自此以外，凡可令類我者恣予之，皆大利也。倘欲亟就此者，則向者之云整兵撻伐，又足爲之驅矣。欒利在前，危亡在後，薙獮於彼，化誨於此，彼安得不聽，我安所不如志者，斯又用之爲不用，不用之爲大用矣。夫虜之終類我也，亦百年之後，必至之勢也。然而曷克臻此？蓋有兩塗：深懷遠慮，乃知賈誼百世之才乎？三表五餌之策，縱未盡善，實其意行之，可令後世無永嘉焉，無靖康焉。嗚呼！

# 卷二　屯田疏稿

## 欽奉明旨條畫屯田疏　崇禎三年六月初九日①

太子賓客禮部左侍郎兼翰林院侍讀學士臣徐光啓謹奏：爲欽奉明旨，條畫管見，以備聖明採擇事。五月十六日臣具疏上言屯鹽事宜，二十一日奉聖旨：「力作墾荒，禁私疎壅，最得屯鹽要領。部科正在集議，這所奏着一併參酌，務期必行。還詳加條畫來看，該部知道，欽此。」欽遵。竊惟臣所言墾田一事有用水除蝗二法②；鹽筴一事有曬鹽一法。此爲綱領五端，謹將各端細分條目，開坐進呈，上塵御覽。伏希聖明裁擇施行。臣無任感激悚惶待命

① 據明鈔本《徐文定公奏疏》（今藏北京大學圖書館）第一册迻録，疏中《墾田用水》和《除蝗》亦收入《農政全書》。

② 「一事」二字明鈔本破滅，據《明經世文編》補。

之至。

計開

## 墾田第一　凡二十八條①

京東水田之議，始於元之虞集，萬曆間尚寶卿徐貞明踵成之，今良、涿水田，猶其遺澤也。臣廣其說，爲各省直概行墾荒之議；　又通其說，爲旱田用水之議。然以官爵招致狹鄉之人，自輸財力，不煩官帑，則集之策不可易也。集之言曰：「京師之東瀕海數千里，北極遼海，南濱青、齊，萑葦之場也。海潮日至，淤爲沃壤。用浙人之法，築堤捍水爲田，聽富民欲得官者，合其衆分授以地，官定其畔以爲限。能以萬夫耕者，授以萬夫之田，爲萬夫之長，千夫、百夫亦如之。三年後視其成，以地之高下定額，以次漸征之。五年有積蓄，命以官，就所儲給以禄。十年不廢得世襲，如軍官之法。」臣按：　集所言海濱之地，今斥鹵難用；　其可用者或窒礙難行。而海内荒蕪之沃土至多，棄置不耕，坐受匱乏，殊非計也。臣故祖述其說，稍覺未安者别

① 墾田二十八條全載《農政全書》卷九，題爲「墾田疏」。又自「京東水田之議」至「列款如左」，爲下列二十八條之總最，原本「京東水田之議」上有「一」字，其數次易與二十八條混淆，故删去。下「用水」六條，「除蝗」九條，「禁私鹽」八條，首段亦爲總最，首句上亦均有「一」字，今一律删去，以清眉目。

加裁酌，期於通行無滯。今并條議事宜，列款如左①。

一、墾荒足食，萬世永利，而且不煩官帑。招徠之法②，計非武功世襲，如虞集所言不可。或疑世職所以待軍功，令輸財〔力〕以墾田而得官③，與事例何異？則職嘗辯之矣。唐虞之世，治水治農，禹、稷兩人耳，而能平九州之水土，粒天下之烝民，當時之經費何自出乎？蓋皆用天下之巨室，使率衆而各效其力，事成之後，樹爲五等之爵以酬之。《禹貢》一篇所以不言經費，第于則壤成賦之後，終之曰「錫土姓」而已，故曰「建萬國以親諸侯」。若必以軍功封，則生民之初，何所事而得萬諸侯乎？後來兼併之世，乃以武得官，則生人而封、比之殺人而封者猶古也。況虞集尚言世襲如軍官之法；臣所〔疑〕〔擬〕者④：不管事，不陞轉，不出征，空名而已。田在爵在，去其田，去其爵矣。即世襲又空名也。名爲給之禄，禄其所自墾者，猶食力也。事例之官爲天下之最大害者，爲其理民、治事、管財耳；衞所之空銜，安得與事例比乎？今之事例歲不過六十萬，此法行不數年，而公私並饒，即事例可罷。欲重名器，尤宜出此。但恐

① 「如左」二字，據《農政全書》、《明經世文编》補。
② 「招徠」以下至「臣所擬者」，明鈔本缺，據《農政全書》、《明經世文编》補。
③ 「力」字據《農政全書》、《明經世文编》補。
④ 據《農政全書》、《明經世文编》，「疑」乃「擬」之誤。

空銜無實，人未樂趨，故必以空銜爲根着，而又使得入籍登進以示勸。凡狹鄉之人才必衆，進取無因，以此歆之，自然麕集。又疑土著之民不能相容，則另立屯額，科舉鄉試不與土人相參也。以此均民而實廣虚，甚易矣。或又疑舉額加增，則仕途壅滯；不知今之壅仕途者，非科貢也，事例也。今墾田入學，其中式以漸增加，若增至百名，則墾田已得千萬畝，歲入至輕亦得百餘萬石，而藏富於民者更不可數計矣。此時漸革事例，以舉人入選，猶患其少耳，何壅滯之有？

一、或疑均民之説，以爲人各安其居、樂其業，足矣；何事紛紛，率天下而路乎？不知徙遠方之民以實廣虚，漢人有此法矣。自漢以來，永嘉之亂，靖康之亂，中原之民傾國以去，所存無幾耳。南之人衆，北之人寡；南之土狹，北之土蕪，無怪其然也。司馬遷曰：「本富爲上，末富次之，姦富爲下。」北人居閑曠之地，衣食易足，不務蓄積，一遇歲侵，流亡載道，猶不失爲務本也。南人太衆，耕墾無田，仕進無路，則去而爲末富、姦富者多矣。末富未害也，姦富者目前爲我大蠹，而他日爲我隱憂，長此不已，尚忍言哉！今均民之法行，南人漸北，使末富姦富之民皆爲本富之民。民力日紓，民俗日厚，生息日廣，財用日寬，唐、虞、三代復還舊觀矣。若均浙、直之民於江、淮、齊、魯，均八閩之民於兩廣，此於人情爲最便，而於事理爲最急者也。

一、虞集言：「三年之後視其成，以地之高下定其額，以次漸征之」，臣今言開墾之日，即定歲入〔之〕米①，何也？祖宗朝有開荒永不起科之例，不行久矣，必於三年之後，即目前無定則之田，人將恫疑而不就也。臣今擬定上田每畝一斗，下田照本地科則折算，名爲一斗，以半爲其俸入，實出五升而已。其止於五升者，板荒無糧之地，向來棄置，而盡力墾治，爲費已多，畝出五升，不爲薄也。其半荒者，原有本地糧額，決不可少，正額之外，加出五升，亦不輕矣。且今日之大利在田墾而粟賤，和糴易而積蓄多耳，不在多取也。況有歲入之米爲據，即可以定其所墾之田，即可以定其入籍之人，彼應募者，又何吝此兩年之入乎？

一、耕墾武功爵例。二人耕水田十畝，入米一石。二十人耕百畝，入米十石，爲小旗。內以五石爲本名糧，餘半納官。小旗給帖，許立籍廣種。五十人耕二百五十畝，入米二十五石，爲(納)〔總〕旗②。內以十二石五斗爲名糧，餘半納官。總旗許嫡男一名考縣童生。一百人耕五百畝，入米五十石，爲試百户。內以二十五石爲俸，餘半納官。試百户許縣考童生二人。一百五十人耕七百五十畝，入米七十五石，爲百户。內以三十七石五斗爲俸，餘半納官。百户許

---

① 「之」字據《農政全書》、《明經世文編》補。
② 據《農政全書》、《明經世文編》，「納」乃「總」之誤。

縣考童生三人。二百人耕一千畝，入米一百石，爲副千户。内以五十石爲俸，餘半納官。副千户許縣考童生四人。二百五十人耕一千二百五十畝，入米一百二十五石，爲正千户。内以六十二石五斗爲俸，餘半納官。正千户許縣考童生五人。三百人耕一千五百畝，入米一百五十石，爲指揮僉事。内以七十五石爲俸，餘半納官。指揮僉事許縣考童生六人。三百五十人耕一千七百五十畝，入米一百七十五石，爲指揮同知。内以八十七石五斗爲俸，餘半納官。指揮同知許縣考童生七人。四百人耕二千畝，入米二百石，爲指揮使。内以一百石爲俸，餘半納官。指揮使許縣考童生八人。

一、凡應募者不論南北官民人等，但各自備工本，到閑曠地方。或認佃無主荒田，或自買半荒堪墾之田，即於本處報官，府縣即與查勘丈量明白，編立步口號數，開造魚鱗圖册，類報本道，就令開墾成田。入米之後，該道仍親詣丈勘申詳，題請給劄，俱准世襲職銜，與衛所官一體行事。仍給帖文，令嫡親子孫弟姪考試①，有司照驗帖文事理，仍准同官五員連名保結，即與收考。其以他人冒頂倖進者，依冒籍律，同保連坐。向後如闕田闕米，本身及倖進子弟俱追劄、革職、除名。或雖納米而無實墾田畝者，罪同。其自副千户以上，本身願改文官職銜者，或

① 「子孫」二字原在「考試」下，現據《明經世文編》校改。

文官已經休致而願進階及加銜加服色者，咨送吏部，酌量相應職級，奏請定奪。若勛戚大臣，雖不以衞所職銜爲重，而能爲國爲民，將自己莊田開墾成熟者，聽其推及族姓；或自願請給恩典者，該部代爲陳奏，取自上裁。

一、凡墾田者，若買到有主半荒之田，此田原有本地糧差，俱要於本等糧差之外，另自納米，爲水田歲入之數。其負欠本等糧差者，先將納米扣足，後算歲入。

一、所墾之田，若是板荒地土，未入糧額者，聽憑告官開墾。水旱耕種，止納餘米，官民軍竈人等，不許生端科索擾害。若是民田拋荒無主者，聽其告官佃種，止完承佃之後本地應出糧差，有司不得指以舊逋，勒令賠納。開墾成熟，原主復來争業者，遵奉恩詔事例，斷給荒田價值。

一、凡墾田必須水田種稻，方准作數；若以旱田作數者，必須貼近泉溪、河沽、洵泊，朝夕常流不竭之水。或從流水開入腹裏，溝渠通達，因而畦種區種、旱稻二麥棉花黍稷之屬，仍備有水車器具，可以車水救旱，築有四圍堤岸，可以捍水救潦，成熟之後，勘果水旱無虞者，依後開法例，准折水田，一體作數。若不近流水，無法可以通濬，而能鑿井起水，區種畦種成熟者，用力爲艱，定以一畝准水田一畝。其以若干畝准一畝者，止納一畝餘米。旱田餘米，除旱稻小麥准作米數外，有以黍稷豆(登)等上納者①，照依時價加添作數。

一、旱田通水灌溉者，即古人井田之制，損地愈多，其田愈沃。今定准折之數：除有見成河沽、泉溪、淘泊之外，其以實地開作渠溝塍岸者，每百畝損田十畝。即准水田百畝，損田五畝准作五十畝；損田三畝准作三十畝；損田二畝准作二十畝；二畝以下，不准作數。

一、凡實地種水田，須多開溝澮，作徑畛。費田二十分之一以上，方爲成田。近大川者減三之一，寧可過之，無不及焉。若平原漫衍，無徑涂溝洫，望幸天雨，水旱無備者謂之不成田，不准作數。勘時全要備細查明造册。其成田入米、授職、考試之後，復有水旱災傷，以致抛荒不能遽復者，許告明於别處墾補。其開荒不報止以納米搪塞者，事發，本身子弟俱行削革，餘田没官，另募墾種。有首告者，以没田一半充賞。

一、凡水行地皆可灌，凡地得水皆可田。故地須水灌，必委曲用其水；水須地行，必委曲用其地。凡應募人衆，或買或佃，或認開積荒，所承地土，倘去江湖溪澗稍遠，中間開通溝洫，蓄洩水道，須從鄰田經過，要從附近人户買田開濬者，須憑地方人等議同和買，比於時值量加半倍，多至一倍爲止。墾户不得以應募爲辭，抑勒强買；田主亦不得以方圓爲辭，高求價

① 據《農政全書》、《明經世文編》，「登」字衍。

值。違者許各具情赴官，聽候裁斷。

一、墾田用水，其間開塞築治之事有與地方官民相關者，或利害互相爭執，工費互相推調，院道宜選委賢能官員，親詣查勘，斟酌調停，務期兩利無害。一切興修工費，有應屬原係官民者，有應屬墾田官民者，有共利共害應均攤出辦者，俱須從公裁處，無得曲從一面之詞，致有偏累；亦無得因其互爭，槩從廢閣，以致有害不除，有利不舉。兩下亦宜平心聽處，如有偏執成心，理屈求伸者，合行盡法究罪。

一、墾田去處有大工作，如開河渠、造牐壩等，有肯一力造辦者，有集合衆力造辦者，俱報官勘明興工，功成報勘。如費銀一千兩，准作水田一千畝，一體授職入籍，但無入米，亦無官俸。此外本人别有開墾地畝，照數納米給俸。

一、邊方緊急去處，於耕種地所造如式弔角空心敵臺一座，約用銀一千兩者，准水田一千畝。更高大多費者，勘實遞加准田之數。但造臺受職者，止許受職入籍，亦無入米、無官俸。此外開墾田畝，照常入米給俸。其所造敵臺，平時即與本官居住，仍令於臺上各備大小火銃藥弩等件，遇有虜警，集户下壯丁，於臺上射打。若殺賊數多，獲有功級，照依邊方事例，一體給賞。其能自備馬匹盔甲軍火器械，本官率領户下丁壯，遇有零犯大舉，與官將犄角殺賊，獲有功級而願陞者，於屯衛職級之外，另陞職級，悉依軍政事例，給黄世襲。此項職級與耕墾無與，不在闕田闕米革除職名之限，願賞者聽。

一、衝邊要地，人人憚往，獨能築治臺堡，開墾地畝者，與内地難易迥絶，應照遼東諸生、順天鄉試事例，特立邊字號。令其中式稍易，以示激勸。

一、今撫按司道職掌，敕中皆帶營田官①，不須耑設。第人情各自所習②，各安所近，須擇其耑意明農者，使居各任可矣；獨府州縣佐官，宜歸併他務，選用一員專理，以便責成。

一、開墾去處所選用司道府縣正佐，聽在京九卿科道訪實保舉。通知農田水利及（在）〔有〕志富民足國者③，從優選授。或未蒙保舉而自願告就，查無規避情弊者聽，果有成績，從優陞遷。或加銜管事，其任久功多者，破格超遷，以示優異。或就於本處超遷，以便責成。

一、議者言：荒地有司多有隱匿私税者，故以荒爲利，最忌開墾。此或未必盡充囊橐，即以給官中公用，或抵補荒糧，亦屬非法。且境内之土盡辟，人必聚，何患無財用？今後功令既頒，就墾既衆，若猶仍故習，生端藉口，或詭言境無荒蕪，或禁止和買，或抑勒承佃，如此沮人心、撓成議者，該撫按司道訪實參處。

① 此句《明經世文編》作「令撫按司道職掌，皆帶營田官」，疑是編者以意改易。
② 「各自所習」，《農政全書》與《明經世文編》並作「各是所習」。
③ 據《農政全書》、《明經世文編》，「在」乃「有」之誤。

一、新授指揮以下官員，俱用附近衛所名色，别稱屯田職銜。如附近某衛者，即銜稱某衛屯田指揮使，位本官之下；如指揮使，即序本衛指揮使之下，本衛指揮同知之上也。若此地官員既多，願自於緊要去處，設立屯衛衙門及屯學者，聽。其行移文案，若關係職級等事，俱經繇本衛印官申詳縣道；若田土錢糧事宜，經繇府州縣申詳。或有迫切及枉抑難明事情，徑自陳告縣道，不關本衛所之事。

一、屯衛所官員除有軍功世襲外，其餘俱以耕墾入米爲事，不在征調之限。其户下丁夫除自願應募充兵者聽，其餘不許邊方將官用强勒充家丁，以致人心不安，良法沮壞。如有故違者，許被害人輕則陳告，重則奏請治罪。因而煽詐者計贓論罪。

一、凡以墾田授職者通不許私自頂名代職，違者以假官論，子弟考試者以冒籍論。其田没入官，另行招募耕種。首告者以没田一半充賞。

一、生員入學，俱於附近衛所州縣。總計與考童生一十名①，進學一名；生員五名，科舉一名；科舉滿二十五名，即題准加額中式一名。俟本學生員滿二百名，别立屯學，設廪膳十名，增廣十名，四年一貢。滿三百名，各設十五名，三年一貢。滿四百名，各設二十名，二年一

① 「一十名」，《農政全書》、《明經世文編》並作「二十名」。

貢。廩生止用名目捱貢。其廩膳銀、姑俟成功之日，財用充足，另與設處。貢生、舉人、進士牌坊銀兩，俱照京府例①，行文原籍支給。

一、鄉場中另立屯字號。不論京省，每科舉二十五名，中式一名。會場不必遽加甲科之額。會場脚色要開現在某處屯衛，原籍某處。硃墨卷要照原籍地方開填南北中字樣，不得用屯衛地方開寫，驟侵北士之額。後果鄉試中式數多，聽候臨期另行題請定奪。

一、若止願墾田不願入籍登仕者，或于授官入籍額外多墾者，皆免其歲入餘米，止完本田上糧差。

一、開墾成熟之田，不許地方豪右用強奪占，用價勒買，違者赴合干上司陳告處治。其墾田納米之外，獲有餘米，許依時價糶賣，各衙門不許指以官價爲名，減值勒買，違者亦聽被害人陳告處治。如衙門人役指官抑買者，告發之日，計贓論罪。

一、各省直漕糧、江南民運白糧，耗費最爲煩苦。自今墾田以後，屯衛所官員人等有於近京去處，收獲餘米，自出脚力，搬運到來：白米于户部光禄寺等衙門、漕糧于户部倉場總督等衙門告明，即許將合式糧米，照例上納。給與印信倉收執照，類總移文彼處漕運巡撫等衙門，

① 「京府例」，《農政全書》、《明經世文編》並作「京府事例」。

轉下所司，照數給與應解正耗貼役等米石、車水脚等銀兩，免其解運。其民户情願扣除本名及子婿親族名下應納銀米者，聽其盡數扣除，有司不得留難抑勒，重復徵收。違者許被害人徑赴合干上司陳告參處。在京各衙門仍照軍民糧見行規則，刊刷易知單册，給與納户，以便交納扣除。

一、律法有流罪三等，久廢不行；大率此附軍徒，引例擬斷。推原其故，當因杖流人犯，二三千里之外，了無拘管，亦無資藉，勢難存立；不若軍徒既有衛所驛遞官長鈐束，新軍亦有月糧三斗，徒犯亦有站銀二分，少資餬口。故流罪廢而比附軍徒，勢不得已也。今既設立屯衛官員，皆在廣虛之地，若將流罪人犯解赴收管，令作佃徒，以當差操擺站，即得服田食力，務本營生。以此聚人辟土，正合古人徙人民之意，亦不至牽合比擬，使罪不麗法，法不當罪矣。犯人本身除有血戰功級照例陞賞外，其餘墾田雖多，終身不得除罪受職。其子弟以墾田頃畝入米，考試上進者聽。

一、既墾成熟而棄去者，如未授職名，另募人耕種，已授者革職除名，遺下田畝，亦另募耕種。所在有司軍衛鹽司等衙門，不得指以義田、貼役、養廉、草束、産鹽、條鞭等項名目，勒作官田，以致逆沮人心，棄置永利。其另募者無開墾之勞，本身授職與子弟考試，准其半給。半給者如耕二千畝，原該指揮使，子弟八人與考，今止授副千户，四人與考也。若委係邊地危險，或兵荒倥偬，而能應募補缺者，仍准全給。

## 用水第二 凡六條①

臣竊謂欲論財，計先當論何者爲財？唐宋之所謂財者，緡錢耳；今世之所謂財者，銀耳。是皆財之權也，非財也。古聖王所謂財者：食人之粟，衣人之帛。故曰生財有大道，生之者衆也。若以銀錢爲財，則銀錢多將遂富乎？是在一家則可，通天下而論，甚未然也。銀錢愈多，粟帛將愈貴，困乏將愈甚矣。故前代數世之後，每患財乏者，非乏銀錢也；承平久，生聚多，人多而又不能多生穀也。其不能多生穀者，土力不盡也；土力不盡者，水利不修也。能用水，不獨救旱，亦可弭旱。灌溉有法，瀸潤無方，此救旱也。均水田間，水土相得，興雲歊露，致雨甚易，此弭旱也。能用水，不獨救潦，亦可弭潦。疏理節宣，可畜可洩，此救潦也。地氣發越，不致鬱積，既有時雨，必有時暘，此弭潦也。不獨此也，三夏之月，大雨時行，正農田用水之候，若偏地耕墾，溝洫縱横，播水于中，資其灌溉，必減大川之水。先臣周用曰：使天下人人治田，則人人治河也，是可損決溢之患也。故用水一利，能違數害，調燮陰陽，此其大

① 用水六條全載《農政全書》卷十六，題爲《旱田用水疏》。

者。不然神禹之功，僅僅抑洪水而已；　抑洪水之事，則決九川距海，濬畎澮距川而已，何以遽曰「水火木金土穀惟修，正德利用厚生惟和」，一舉而萬事畢乎？　用水之術，不越五法。盡此五法，加以智者神而明之，變而通之，〔田〕之不得水者寡矣①，水之不爲田用者亦寡矣。用水而生穀多，穀多而以銀錢爲之權。當今之世，銀方日增而不減，錢可日出而不窮。又以宋臣李綱所言：　節用救弊，覈實開闔貿遷諸法，設誠而致行之，不加賦而國用足，豈虚言也哉！　謹條例如左：

一、用水之源。源者水之本也，泉也。泉之别爲山下出泉，爲平地仰泉，用泉之法有七：其一，源來處高於田，則溝引之。溝引者，於上源開溝，引水平行，令自入於田。諺曰：「水行百丈過牆頭」，源高之謂也。但須測量有法，即數里之外，當知其高下尺寸之數，不然溝成而水不至，爲虚費矣。其二，溪澗傍田而卑於田，急則激之，緩則車升之。激者，因水流之湍急，用龍骨翻車、龍尾車、筒車之屬，以水力轉器，以器轉水，升入於田也。車升者，水流既緩，不能轉器，則以人力、畜力、風力運轉其器，以器轉水，入於田也。其三，有源之水，行於漫地，易涸也，則爲陂、爲壩以留之。其四，源之來甚高於田，則爲梯田以遞受之。梯田者，泉在山上山腰

① 「田」字據《農政全書》、《明經世文編》補。

之間，有土尋丈以上，即治爲田，節級受水，自上而下，入於江河也。其五，溪澗遠田而卑於田，緩則開河導水而車升之，急者或激水而導引之。開河者、從溪澗開河，引水至其田側，用前車升之法入於田也。激水者、用前激法起水於岸，開溝入田也。其六，泉在於此，用在於彼，中有溪澗隔焉，則跨澗爲槽而引之。爲槽者、自此岸達於彼岸，令不入溪澗之中也。其七，平地仰泉，盛則疏引而用之，微則爲池塘於其側，積而用之。爲池塘而復易竭者，築土椎泥以實之，甚則爲水庫而畜之。平地仰泉，泉之瀵湧上出者也。築土者、杵築其底；椎泥者、以椎椎底作孔，膠泥實之，皆令勿漏也。水庫者、以石沙瓦屑和石灰爲劑，塗（地）〔池〕塘之底及四旁，而築之平之，如是者三，令涓滴不漏也。此畜水之第一法也。

一、用水之流。流者水之枝也，川也。川之別：大者爲江爲河，小者爲塘浦涇浜港汊沽瀝之屬也。用流之法有七①：其一，江河傍田則車升之，遠則疏導而車升之。疏導者、江南之法，十里一縱浦，五里一横塘，縱横脈散，勤勤疏濬，無地無水，此井田之遺意。宋人有言：「塘浦欲深闊」，謂此也。其二，江河之流，自非盈涸無常者，爲之牐與壩，釃而分之爲渠，疏而引之，以入於田。田高則車升之。其下流復爲之牐壩，以合於江河，欲盈則上開下閉而受之，

① 「用流之法有七」六字據《明經世文編》補。

欲減則上閉下開而洩之。臣所見寧夏之南、靈州之北，因黄河之水，鑿爲唐來、(漠)〔漢〕延諸渠①，依此法用之，數百里間，灌溉之利，瀸潤無方。寧城絶塞，城中之人，家臨流水，前賢之遺澤遠矣。因此推之，海内大川，倣此爲之，當享其利者亦孔多也。其三，塘浦涇浜之屬，近則車升之，遠則疎導而車升之。其四，江河塘浦之水，溢入於田，則隄岸以衞之；隄岸之田而積水其中，則車升出之。堤岸者，以禦水，使不入也。大則爲黄河之帚，小則爲江南之圩，宋人有言：「隄岸欲高厚」，謂此也。車升出之者，去水而蓺稻，或已蓺而去其水，使不没也。其五，江河塘浦，源高而流卑，易涸也，則於下流之處，多爲牐以節宣之。旱則盡閉以留之，潦則盡開以洩之，小旱潦則斟酌開闔之。爲水則以準之。水則者，爲水平之碑，置之水中，刻識其上，知田間深淺之數，因知牐門啓閉之宜也。浙之寧波、紹興，此法爲詳，他山鄉所宜則效也。其六，江河之中，洲渚而可田者，隄以固之，渠以引之，牐壩以節宣之。其七，流水之入於海而迎得潮汐者，得淡水迎而用之，得鹹水牐壩遏之，以留上源之淡水。臣所見迎淡水而用之者，江南盡然；遏鹹而留淡者，獨寧、紹有之也。

一、用水之瀦。瀦者，水之積也，其名爲湖、爲蕩、爲澤、爲洵、爲海、爲陂、爲泊也。用瀦

---

① 據《明經世文編》，「漠」乃「漢」之誤。

之法有六：其一，湖蕩之傍田者，田高則車升之，田低則隄岸以固之，有水車升而出之，欲得水決隄引之。湖蕩而遠於田者，疎導而車升之。此數者與用流之法略相似也。其二，湖蕩有源而易盈易涸，可爲害可爲利者，疎導以洩之，牐壩以節宣之。疎導者懼盈而溢也；節宣者損益隨時，資灌溉也。宋人有言：「牐竇欲多廣」，謂此也。其三，湖塘之上不能來者，疎而來之；下不能去者，疎而去之。來之者免上流之害，去之者免下流之害，且資其利也。吴之震澤受宣歙之水，又從三江百瀆注之於海，故曰：「三江既入，震澤底定」，是也。其四，湖蕩之洲渚可田者，隄以固之。其五，湖蕩之瀦太廣而害於下流者，從其上源分之。江南五壩分震澤以入江，是也。其六，湖蕩之易盈易涸者，當其涸時，際水而藝之麥。藝麥以秋，秋必涸也。不涸於秋，必涸於冬，則藝之春麥。春旱則引水灌之。所以然者，麥秋已前無大水，無大蝗，但苦旱耳，故用水者必稔也。

一、用水之委。委者、水之末也，海也。海之用，爲潮汐，爲島嶼，爲沙洲也。用委之法有四：其一，海潮之淡可灌者，迎而車升之；易涸則池塘以畜之，閘壩隄堰以留之。海潮不淡也，入海之水、迎而返之則淡，《禹貢》所謂逆河也。其二，海潮入而泥沙淤墊、屢煩濬治者，則爲牐、爲壩、爲竇，以遏渾潮而節宣之。此江南舊法，宋、元人治水所用，百年來盡廢矣！近并濬治亦廢矣！乃田賦則十倍宋、元，民貧財盡，以此故也。其濬治之法，則宋人之言曰：「急流搔乘，緩流撈翦，淤泥盤吊，平陸開挑」，今之治水者宜兼用之也。其三，島嶼而可田，有泉者疏引之，無泉者爲池塘井庫之屬以灌之。其四，海中之洲渚多可田，又多近於江河而迎得淡水也，則爲渠以引之，爲池塘以畜之。

一、作原作瀦以用水。作原者井也，作瀦者池塘水庫也。高山平原，與水違行，澤所不至，開濬無施其力，故以人力作之。鑿井及泉，猶夫泉也；爲池塘水庫受雨雪之水而瀦焉，猶夫瀦也。高山平原，水利之所窮也，惟井可以救之。池塘水庫皆井之屬，故《易·井》之《象》，稱「井養而不窮也」。作之法有五：其一，實地高無水，掘深數尺而得水者，爲池塘以畜雨雪之水而車升之，此山原所通用。江南海壖數十畝，一環池深丈以上，圩小而水多者，爲良田也。其二，池塘無水脈而易乾者，築底椎泥以實之。其三，掘土深丈以上而得水者，爲井以汲之，此法北土甚多，特以灌畦種菜。近河南及真定諸府，大作井以灌田，旱年甚獲其利，宜廣推行之也。井有石井、磚井、木井、柳井、葦井、竹井、土井，則視土脈之虚實縱横及地産所有也。其起法有桔槔、有轆轤、有龍骨木斗、有恆升筒，用人用畜，高山曠野或用風輪也。其四，井深數丈以上，難汲而易竭者，爲水庫以畜雨雪之水。他方之井深不過一二丈，秦晉厥田上上則有深數十丈者，亦有掘深而得鹹水者，其爲池塘、爲淺井，亦築土椎泥，而水留不久，不若水庫之涓滴不漏，千百年不漏也。其五，實地之曠者，與其力不能多爲井爲水庫者，望幸於雨，則歉多而稔少，宜令其人多種木。種木者用水不多，灌溉爲易，水旱蝗不能全傷之。既成之後，或取菓、或取葉、或取材、或取藥，不得已而擇取其落葉根皮，聊可延旦夕之命，雖復荒歲，民猶戀此不忍遽去也。語曰：「木奴千，無凶年。」高皇帝令民每户種桑二百株，種柿二百株，種棗一百株，用防饑歲；仍命有司時加提督，務求成效，不在起科之數，栽種過數目，造册周知。洋洋聖謨，垂訓遠矣！

## 除蝗第三 凡九條①

臣謹按漢人有言：「國之有饑穰，天之行也。」古者三年耕餘一年之食，九年耕餘三年之食，則三稔一災，天若定之，古之人亦豫擬之矣。爲國家而不務畜積，不備凶饑，人事之失也。凶饑之因有三：曰水、曰旱、曰蝗。地有高卑，雨澤有偏被，水旱爲災，尚多幸免之處；惟旱極而蝗，數千里間草木皆盡，或牛馬毛幡幟皆盡，其害尤慘，過於水旱也。雖然，水旱二災，有重有輕，欲求恆稔，雖唐堯之世，猶不可得。此殆天之所設，使勤修人事，恐逸而忘善也。惟蝗不然，先事修備，既事修救，人力苟盡，固可殄滅之，無遺育，此其與水旱異者也。雖然，水而

① 除蝗九條全載《農政全書》卷四十四，題爲《除蝗疏》。

得一丘一埪，旱而得一井一池，即單寒孤孑，聊足自救。惟蝗又不然，必藉國家之功令，必須百郡邑之協心，必賴千萬人之同力，一身一家，無戮力自免之理，此又與水旱異者也。總而論之：蝗災甚重，而除之則易，必合衆力共除之然後易，此其大指矣。謹條列如左：

一、蝗災之時。臣謹按春秋至於勝國，其蝗災書月者一百一十有一，書二月者二，書三月者三，書四月者十九，書五月者二十，書六月者三十一，書七月者二十，書八月者十二，書九月者一，書十二月者三，是最盛於夏秋之間，與百穀長養成熟之時正相值也。故爲害最廣，小民遇此，乏絶最甚。若二三月蝗者，按《宋史》言，二月開封府等百三十州蝗蝻復生，多去歲蟄者。《漢書》安帝永和四年、五年，比歲書夏蝗，而六年三月書「去歲蝗處復蝗」。子生曰蝗蝻，蝗子則是去歲之種蝗，非蟄蝗也。臣聞之老農言：蝗初生如粟米，數日旋大如蠅，能跳躍羣行，是名爲蝻。又數日即羣飛，是名爲蝗，所止之處，喙（一）〔不〕停嚙①，故《易林》名爲饑蟲也。又數日孕子於地矣，地下之子十八日復爲蝻，蝻復爲蝗，如是傳生，害之所以廣也。秋月下子者，則依附草木，枵然枯朽，非能蟄藏過冬也。然秋月下子者十有八九，而災於冬春者百止一二，則三冬之候，雨雪所摧，隕滅者多矣。其自四月以後而書災者，皆本歲之初蝗，非遺種

① 據《農政全書》，「一」乃「不」之誤。

也。故詳其所自生與其所自滅，可得殄絶之法矣。

一、蝗生之地。臣謹按蝗之所生，必於大澤之涯；然而洞庭、彭蠡、具區之旁，終古無蝗也。必也驟盈驟涸之處，如幽、涿以南，長、淮以北，青、兖以西，梁、宋以東諸郡之地，湖濼廣衍，暵溢無常，謂之涸澤，蝗則生之。歷稽前代及耳目所睹記，大都若此。若他方被災，皆所延及與其傳生者耳，略摭往牘，如《元史》：百年之間，所載災傷路、郡、州、縣幾及四百，而西至秦、晉，稱平陽、解州、華州各二，稱隴、陝、河中，稱絳、耀、同、陝、鳳翔、岐山、武功、靈寶者各一，大江以南稱江浙、龍興、南康、鎮江、丹徒各一，合之二十有二，於四百爲二十之一耳。臣自萬曆四十三年北上，至天啓元年南還，七年之間，見蝗災者六而莫盛於丁巳。是秋奉使夏州，則關、陝、邠、岐之間，徧地皆蝗，而土人云百年來所無也。江南人不識蝗爲何物，而是年亦南至常州，有司士民盡力撲滅，乃盡。故涸澤者蝗之原本也，欲除蝗，圖之，此其地矣。

一、蝗生之緣。必於大澤之旁者。臣見萬曆庚戌滕、鄒之間，皆言起於昭陽、呂孟湖；任邱之人，言蝗起於趙堡口；或言來從葦地，葦之所生，亦水涯也。則蝗爲水種，無足疑矣。或言是魚子所化，而臣獨斷以爲蝦子，何也？凡倮蟲、介蟲與羽蟲則能相變，如螟蛉爲果蠃，蛣蜣爲蟬，水蛆爲蚊，是也，若鱗蟲能變爲異類，未之聞矣。此一證也。《爾雅翼》言蝦善遊而好躍，蝻亦好躍。此二證也。物雖相變，大都蜕殼即成，故多相肖。若蝗之形酷類蝦，其首、其身、其紋脈肉味，其子之形味，無非蝦者。此三證也。又蠶變爲蛾，蛾之子復爲蠶。《太平御覽》言豐年則蝗變爲蝦，知蝦之亦變爲蝗也。此四證也。蝦有諸種：白色而殼柔者散子于夏初，赤色而殼堅者散子于夏末，故蝗蝻之生，亦早晚不一也。江以南多大水而無蝗，蓋湖漅積瀦，水草生之。南方水草，農家多取以壅田，就不其然，而湖水常盈，草恆在水，蝦子附之，則復爲蝦而已。北方之湖，盈則四溢，草隨水上，迨其既涸，草留涯際，蝦子附于草間，既不得水，春夏鬱蒸，乘濕熱之氣，變爲蝗蝻，其勢然也。故知蝗生於蝦，蝦之子爲蝗，則因于水草之積也。

一、考昔人治蝗之法，載籍所記頗多，其最著者則唐之姚崇，最嚴者則宋之《淳熙敕》也。崇《傳》曰：「開元(三)〔四〕年①，山東大蝗，民祭且拜，坐視食苗，不敢捕。崇奏：《詩》云，秉彼蟊賊，付畀炎火。漢光武詔曰：『勉順時政，勸督農桑。去彼螟蜮，以及蟊賊。』此除蝗誼也。且蝗畏人易驅，又田皆有主，彼自救其地，必不憚勤。請夜設火坎其旁，且焚且瘞，乃可盡。古有討除不勝者，特人不用命耳。乃出御史爲捕蝗使，分道殺蝗。汴州刺史倪若水上言：除天災者當以德，昔劉聰除蝗不克，而害愈甚。拒御史不應命。崇移書謂之曰：聰僞

① 據《新唐書》，「三」乃「四」之誤。

主，德不勝妖； 今妖不勝德。 古者良守蝗避其境，謂脩德可免，彼將無德致然乎？ 今坐視食苗，忍而不救，因以無年，刺史其謂何？ 若水懼，乃縱捕得蝗〔四十〕〔十四〕萬石①。 時議者諠譁，帝疑，復以問崇。 對曰： 庸儒泥文不知變，事固有違經而合道，反道而適權者。 昔魏世山東蝗，小忍不除，至人相食。 後秦有蝗，草木皆盡，牛馬至相噉毛。 今飛蝗所在充滿，加復蕃息，且河南、河北家無宿藏，一不穫則流離安危繫之，且〔計〕〔討〕蝗縱不能盡②，不愈於養以遺患乎？ 帝然之。 黄門監盧懷慎曰： 凡天災安可以人力制也？ 且殺蝗多必戾和氣，願公思之。 崇曰： 昔楚王吞蛭而厥疾瘳，叔敖斷蛇福乃降。 今蝗幸可驅，若縱之，穀且盡，如百姓何！ 殺蟲救人，禍歸於崇，不以累公也③。 蝗害訖息。」宋《淳熙敕》： 「諸蟲蝗初生若飛落，地主鄰人隱蔽不言，耆保不即時申舉撲除者，各杖一百。 許人告報，當職官承報不受理，不即親臨撲除，或撲除未盡而妄申盡静者，各加二等。 諸官司荒田牧地，經飛蝗住落處，令佐應差募人取掘蟲子而取不盡，因致次年生發者，杖一百。 諸蝗蟲生發飛落及遺子而撲掘不盡，致再生發者，地主耆保各杖一百。 又因穿掘打撲損苗種者除其稅，仍計價官給地主，錢數毋過

① 「四十」，《新唐書》作「十四」。
② 據《新唐書》、《農政全書》，「計」乃「討」之誤。
③ 「累」，《新唐書》作「諉」。

一頃。」

此外復有二事：一曰以粟易蝗。晉天福七年命百姓捕蝗一斗，以粟一斗償之，此類是也。一曰食蝗。唐貞元元年夏蝗，民蒸蝗曝颺，去翅足而食之。臣謹按蝗蟲之災，不捕不止，倪若水、盧懷慎之説謬也，不忍於蝗，而忍於民之饑而死乎？爲民禦災捍患，正應經義，亦何違經反道之有？修德修刑，理無相左，夷狄盜賊，比於蝗災，總爲民害，寧云修德可弭，一切攘却捕治之法，廢而不爲也？淳熙之敕，初生飛落，咸應申報，撲除取掘，悉有條章，今之官民所未聞見。似應依仿申嚴，定爲公罪，著之絜令也。食蝗之事，載籍所書，不過一二，唐太宗吞蝗，以爲代民受患，傳述千古矣。乃今東省畿南，用爲常食，登之盤飧。臣常治田天津，適遇此災，田間小民，不論蝗蝻，悉將煮食。城市之内，用相餽遺。亦有熟而乾之鬻於市者，則數文錢可易一斗。噉食之餘，家户囷積，以爲冬儲，質味與乾蝦無異，其朝晡不充恆食此者，亦至今無恙也。而同時所見山、陝之民，猶惑於祭拜，以傷觸爲戒，謂爲可食，即復駭然。蓋妄信流傳謂戾氣所化，是以疑神疑鬼，甘受戕害。東省畿南既明知蝦子一物，在水爲蝦，在陸爲蝗，即終歲食蝗，與食蝦無異，不復疑慮矣。

一、今（先擬）〔擬先〕事消弭之法①。臣竊謂既知蝗生之緣，即當於原本處計畫，宜令山東、河南、南北直隸有司衙門，凡地方有湖蕩淘窪積水之處，遇霜降水落之後，即親臨勘視。本年潦水所至，到今水涯有水草存積，即多集人衆，侵水芟刈，斂置高處，風戾日曝，待其乾燥，以供薪燎。如不堪用，就地焚燒，務求浄盡。此須撫按道府實心主持，令州縣官各各同心協力，方爲有益。若一方怠事，就此生發，蔓及他方矣。姚崇所謂「討除不盡者，人不用命」，此之謂也。若春夏之月，居民於湖淘中捕得子蝦一石，減蝗百石；乾蝦一石，減蝗千石。但令民通知此理，當自爲之，不煩告戒矣。

一、水草既去，蝦子之附草者，可無生發矣。若蝦子在地，明年春夏得水土之氣，未免復生，則須臨時捕治，其法有三：其一，臣見傍湖官民言，蝗初生時，最易撲治，宿昔變異，便成蝻子，散漫跳躍，勢不可遏矣！法當令居民里老，時加察視，但見土脈墳起，即便報官，聚衆撲滅，此時措手，力省功倍。其二，已成蝻子，跳躍行動，便須開溝捕打。其法視蝻將到處，預掘長溝，深廣各二尺。溝中相去丈許，即作一坑，以便埋掩。多集人衆，不論老幼，悉要趨赴，沿溝擺列。或持帚，或持撲打器具，或持鍬鍤。每五十人用一人鳴鑼其後，蝻聞金聲，努力跳躍，

① 此句據《農政全書》校改。

或作或止，漸令近溝，臨溝即大擊不止。蝻蟲驚入溝中，勢如注水，衆各致力，掃者自掃，撲者自撲，埋者自埋，至溝坑俱滿而止。前村如此，後村復然，一邑如此，他邑復然，當浄盡矣。若蝻如豆大，尚未可食；長寸以上，即齊、燕之民，畚盛囊括，負（戴）〔載〕而歸①，烹煮暴乾，以供食也。其三，振羽能飛，飛即蔽天，又能渡水，撲治不及，則視其落處，糾集大衆，各用繩兜兜取，布囊盛貯。官司以粟易之。大都粟一石易蝗一石，殺而埋之。若近歲燕、齊之民，囊盛以歸，傾入沸湯，撈取曬晾，頃刻乾燥，任意食噉，或囷積儲偫，至有販鬻市廛者，不復領粟矣。若論粟易，則有一説：先儒有言，救荒莫要乎近其人，假令鄉民去邑數十里，負蝗易粟，一往一返，即二日矣。臣所見蝗盛時，幕天匝地，一落田間，廣數里、厚數尺，行二三日乃盡。此時蝗極易得，官粟有幾，乃令人往返道路乎？若以金錢近其人而易之，隨收隨給，即以數文錢易蝗一石，民猶勸爲之矣。或言差官下鄉，一行人從，未免蠶食，里正民户，不可不戒。臣以爲不然也！此時爲民除患，膚髮可捐，更率人蠶食，尚可謂官乎？佐貳爲此，正官安在？正官爲此，院道安在？不于此輩創一警百，而懲噎廢食，亦復何官不可廢，何事不可已邪？且一郡一邑，豈乏義士？若紳若弁，青衿義民，擇其善者，無不可使，亦且有自願捐貲者，何必官也！

① 據《農政全書》，「戴」乃「載」之誤。

其給粟則以得蝗之難易爲差，無須預定矣。

一、後事翦除之法，則《淳熙令》之取掘蟲子是也。《元史·食貨志》亦云：「每年十月，令州縣正官一員，巡視境内，有蟲蝗遺子之地，多方設法除之。」臣按蝗蟲下子，必擇堅垎黑土高亢之處，用尾栽入土中下子，深不及一寸，仍留孔竅。且同生而羣飛羣食，其下子必同時同地，勢如蜂窠，易尋覓也。一蝗所下十餘，形如豆粒，中止白汁，漸次充實，因而分顆；一粒中即有細子百餘。或云一生九十九子，不然也。夏月之子易成，八日内遇雨則爛壞，否則至十八日生蝻矣。冬月之子難成，至春而後生蝻，故遇臘雪春雨，則爛壞不成，亦非能入地千尺也。此種傳生，一石可至千石，故冬月掘除，尤爲急務。且農力方閑，可以從容搜索。官司即以數石粟易一石子，猶不足惜。第得子有難易，受粟宜有等差，且念其衝冒嚴寒，尤應厚給，使民樂趨其事可矣。臣按已上諸事，皆須集合衆力，無論一身、一家、一邑、一郡，不能獨成其功。即百舉一隳，猶足僨事。唐開元四年夏五月，敕「委使者詳察州縣勤惰者，各以名聞」。繇是連歲蝗災，不至大饑，蓋以此也。臣故謂主持在各撫按，勤事在各郡邑，盡力在各郡邑之民。所惜者北土閑曠之地，土廣人稀，每遇災時，蝗陣如雲，荒田如海，集合佃衆，猶如晨星，畢力討除，百不及一，徒有傷心慘目而已。昔年蝗至常州，數日而盡，雖緣官勤，亦因民衆。以此思之，乃愈見均民之不可已也。

一、備蝗雜法有五：其一，王禎《農書》言蝗不食芋桑，與水中菱芡；或言不食菉豆、豌豆、豇豆、大麻、苘麻、芝麻、藷蕷。凡此諸種，農家宜兼種，以備不虞。其二，飛蝗見樹木成行，多翔而不下；見旌旗森列，亦翔而不下。農家多用長竿，挂衣裙之紅白色光彩映日者，羣逐之亦不下也。又畏金聲砲聲，聞之遠舉。總不如用鳥銃入鐵砂或稻米，擊其前行，前行驚奮，後者隨之去矣。其三，除蝗方：用稈草灰、石炭灰，等分爲細末，篩籮禾穀之上，蝗即不食。其四，《傅子》曰：陸田命懸於天，人力雖修，苟水旱不時，則一年之功棄矣。水田之制繇人力，人力苟修，則地利可盡也。且蟲災之害，又少於陸。水田既修，其利兼倍，與陸田不侔矣。其五，元仁宗皇慶二年復申秋耕之令，蓋秋耕之利，掩陽氣於地中，蝗蝻遺種，翻覆壞盡，次年所種，必盛於常禾也。

## 禁私鹽第四 凡八條

今之邊計半取給於鹽筴，而數十年來日漸廢壅。至萬曆末年，勢窮理極，因而有疏理之議。其法正行見引，附疏積引，迄今十載，舊引盡銷，有大造於三商矣。然臣以爲此救病之藥，非去病之藥也。去病之藥，則禁私鹽而已。疏理十議中何曾不言禁私，即前後臣工蒿目憂時者，何嘗不言禁私？然言之而實未嘗行之，何益？臣今單指病原，期於病根盡去而後已。則一切良法，次第推行，皆爲利益矣。若病根不去，雖聖哲持籌，皆空言也。禁私之説甚緊，謹撮其大指如左：

一、前御史楊選曰：　兩淮商人正引歲七十萬，兼之收買餘鹽，蓋每歲一百四十萬小引耳。然竈蕩物力歲可辦鹽三百萬引，自商人收買之外，未聞有停積、坐待消化者也，其横溢四出，不言可知。即每歲擒獲私鹽，亦必賣與民間。夫兩淮行鹽地方，歲食鹽三百萬引，而止以一百四十萬小引爲歲行，豈非官鹽行五分之一，而私鹽行五分之四哉！如選言，則私鹽之爲害大矣。或者云，海産無窮，民食有限，近來薪貴倍常，不能及三百萬引之數。臣亦無以折之。第以户口論，則人無有不食鹽者也。計每一丁口歲食鹽十五斤，必不可少；則引重五百七十斤者，每三十八口歲食一引矣。試以郡邑户口計之，有可行萬引以上者，少亦不下數千。乃今有偏僻小邑反行數千引，而極大首邑止行數百引，非盡食私鹽而何？私鹽之人有三，私鹽之途有四，其與私鹽相首尾而成就之者又有四。其人有三：　曰奸商也，曰奸民也，曰舟師也。其途有四：　曰夾帶也，曰興販也，曰越境也，曰近場也。其首尾成就之者有四：　曰奸竈也，曰利食私鹽之民也，曰猾胥也，曰貪官也。總而論之，則治之之道有二：　曰行法與用人而已。然而今之法未嘗不犂然具也，今之議法者，未嘗不確然可信也，其如不行何？豈不存乎其人哉！　疏理議之第六曰：　「凡壞鹽法者，皆行鹽法之官也」，斯言盡之矣。故欲禁私販，必於司鹽之官，大有更張。若一官未當，即一病之根未除，日日言，日日一申飭，亦終於不行而已。不行則坐視其日壞而已。可爲痛哭流涕者，此也。

一、姦商之夾帶有二弊：一曰到場之私買也，一曰掣摯之營求也。令甲：「商人買鹽，必須引目投司」，今只憑廠夫任意築買。法當悉依舊例，往來出入皆場官主其籍，越數多買，即私鹽也。既以場司爲根，自兹以上，節節稽查，通同者并場司治罪，則私買無所容矣。此治之其源也。掣摯將行，奸商必百計營求。先買一委掣之官，此官一至，輕重任情，惟賄是視。商人歲費以千、以萬計，皆取償於夾帶而已。若選委廉能，無隙可入，則多方延緩，至於終歲不掣，必脱此官而後已。今若必用廉能，隨到隨掣，則其技窮矣。而商人之延緩者又別有故，蓋欲待行鹽地方鹽斤闕乏，價值騰貴，然後啓行，以邀重價。此既不便於民，又壅滯之因也。法當於掣摯解細京掣，各責限期，明注引末。行鹽地方，必令經由道府，綜覈水程，查考遲速。若故意稽留者，申鹽院究治，則此術亦窮矣。雖然欲場無弊，必執法之場官；欲掣無弊，必執法之掣官；欲速運而無延緩之弊，必執法之經繇地方官而後可也，故曰存乎其人也。

一、奸民之興販有三種：一曰江海亡命，五合六聚，實則行劫而兼私販也。二曰藉口肩挑背負，千百爲羣，恣意行販也。三曰捕役之假官捕而私販也。夫肩挑背負，非律也，例也。其實踽踽獨行者，何曾免捕；彼千百爲羣者，納常例於捕官捕役，主之以大窩大秤。事發到官，則又以肩挑背負爲卸罪地耳，若捕役則莫有過而問之者矣。法當厚賞告捕，得有鹽犯者以船貨全給之，若有鹽無犯，免其罪不賞也。大夥興販，各郡邑皆有竈勇及水陸營兵，衞所軍快民快弓兵，宜偵諸要路，聚集大衆以邀之，無不得者。若大盜出没，及公然拒捕，則直以良將精兵、堅船利器，逐而殲之，何難哉！雖然未有不通捕役而私販得行者，未有不通捕官而役人輒敢賣法者，縱江海巨盜，非有依託接引窩頓之人，隱藏影射，未敢恣行出没也。若文武職官同心協力，何物私販不可禁絶邪？故曰存乎其人也。

一、越境興販，如廣鹽之侵南昌諸郡也，福鹽之侵建昌也，浙鹽之侵饒州也，川鹽之侵夷陵、荆州也，淮鹽之侵衡州、永州也，解鹽之侵南陽也，蘆鹽之入舟而侵江西、湖廣也，若此者必有所出之途，必有總會之處，從而要取之，易耳。然而不爲者，非應禁應捕之官役受賄而縱之，孰敢？故曰存乎其人也。

一、近場者，謂傍海之郡邑，或行食鹽，或行功蹟鹽也。食鹽者，爲其切近鹽場，不行官引，盡食私鹽也。功蹟者，捕役所獲之私鹽也。食鹽不行官引，原非典制，近年稍更一二，沿襲尚多。至於功蹟之鹽，名義亦舛。夫禁私者欲其無私，猶詰盜者欲其無盜也。若概州概邑必食功鹽，則私鹽爲地方應有之物，私販爲地方應有之人矣。此二者、法宜盡數改行官引。但此等處私鹽甚賤，與官鹽價值懸絶，小民惟利是視，往往匿就私鹽，似當於官引、減值加斤，令與私鹽之價相去不遠。倘得私鹽禁革，民雖稍出貴價，得免鹽徒捕役之戕害，如獲更生矣。至功似宜不論入官給賞，悉賣商人，設法銷引，則近場郡邑，無不行官引之地矣。

一、與私鹽首尾而成就之者，一爲竈户。蓋私販不由竈户，無所得鹽也，嚴禁竈户之私賣，則源清矣。若其末流，則行鹽之地，人皆樂食私鹽，官引之所緣而壅也。夫鹽筴之濟邊與田賦等，田賦不能徇民情而盡蠲之，鹽引何獨不然乎？今當以必行官引爲主，而責成於地方之有司。昔之議者非不及此，而但言考成，言參劾，未臻實效。今宜著爲絜令曰巡鹽御史，復命造一銷引册奏繳，明開某州縣歲額引目若干，已未銷各若干，不及額者依近例請旨，令本官自行回奏，言其壅阻之故：或有某人興販，某人窩頓，某官船某糧艘私賣若干，某商人夾帶若干，或某商稽延幾時，壅滯幾引，某商攙和沙土，民不堪用。如此明白聲説，敕下本處憲司勘理，即地方不得容寬假，有司不得顧情面，官引之不行者寡矣。若户口果係耗損，引目難銷，亦不妨明言候勘，然而必無是理也。

一、古語云：「有治人，無治法」，非謂法可廢也，謂有法必得人而後行也。國家之治財賦，凡出納、勾稽、巡視、查盤之類至慎矣，獨鹽法一事，所出入金錢最多，所轄悉富商大賈，其攫取甚易，而所用者如運使以下，皆無階上進之人，輸貲覓利之人，豈非時事之最舛者歟？蓋官引之壅，私販之行，大抵皆鹽官爲之，而天下鹽官之宦橐，皆私販之餘潤也。則所浚者皆民膏，所闕者必國課耳。無階上進者，如運使秩三品，(一)〔已〕卑矣； 乃一居此職，陞遷絶望，凡遇大計，罕獲免者。且欲與四五品之二司講均禮，而終不可得也，同副以下，又無論已。左遷之官，或以骫髒取尤，或以困衡補過，中多可用之(財)〔材〕①，而視此畏途，高飛遠舉，惟是借徑待遷，恐不量而入，混淆莫辯也。則彼爲此官、任此事者，人盡以墨吏待之，得不以墨吏自待邪？ 輸貲覓利者，運副以下什九皆事例也，自援納以至拔選，其費鉅矣，將以求倍稱之息也。集羶既衆，前後逼追，不數月而劣轉隨之。則此數月之間，不幾乎餓狼守庖廚，饑虎牧牢豚哉！ 即有自好者，百虎狼而一騶虞，無濟於事矣。官既若此，則其下吏胥各役，以及豪商奸竈，積牙狡儈，皆假威乘勢，恣爲蠹(疾)〔賊〕者也②。故曰凡壞鹽法者，皆行鹽法之官也。昔御史戴金議： 運使於名望知府中推擢，或各部郎中越級超遷。近來亦有簡才望、隆體貌、優遷擢諸議； 今直宜妙簡廉能，以參政兼運使，久任而責成之，績效既彰，不次超擢，則率屬有人，以起敝補壞不難矣。又先年冢卿王恕題准： 以二甲進士選運副，三甲選運判，參以考選前列舉人，俟有成績，比照州縣正官擢陞部屬，一時士爭自奮，鹽司稱爲得人。今宜悉照此例，

---

① 「財」，二徐本（宣統元年上海慈母堂排印徐允希編《徐文定公集》四册及一九三三年上海徐家匯天主堂印徐宗澤編《徐文定公集》一册）作「材」。

② 「疾」，二徐本作「賊」。

以提挈振起之。若謫籍諸臣，必令到任，課職責效，然後陞遷。彼見才賢濟濟，將亦樂與共事。如此人懷策勵，功能立見矣。或疑事例中惟此一途，人所樂就，若用科甲才望，即事例之入必減，不知鹺政中興，他日所得，倍多於事例也。入貲爲通判者、近經停革，人情稱快；運司之事，權財賦十百倍於通判，而沿訛襲謬，坐視其敝壞，莫或更張，豈成事理哉！臣又按唐之中葉，藩鎮專地，朝廷所有，獨兩都河南、江淮、山南東道等數路而已。乃劉晏以宰相出爲轉運、租庸、青苗、鹽鐵等使者二十年，初時鹽利四十萬緡，其後乃至六百萬緡。此時之六百萬緡，約准今銀二百萬兩也。及考晏之行事，則擇通敏精幹廉勤之士，至於勾簡簿書，出納錢穀，必委之士類。知此，則今鹽政所急，可以理推矣。誠得如劉晏其人者，置之江、淮間，假以事權，委任而責成之，數年之後，國計民財，必倍勝於今日也。此又治人中之第一義也。

## 曬鹽第五 凡四條

一、鹽有二種：其一，以海水灌土，曬乾復灌，如是數次，淋漓出滷汁，比於海水其鹹十倍，然後入於鍋鐅煎熬而成，名爲火鹽，又曰末鹽也。其一，淮北之海水，黑洋河之海水，陝西、寧夏之池水，本性極鹹，與滷汁無異，則作畦灌水，曬水成鹽，是名生鹽，又曰顆鹽也。凡一曬即成者，皆因海水之鹹，凡淋滷而後煎者，皆因海水之淡；然海水雖淡，既已澆淋成滷，則與海水之鹹者同矣，曷爲不可曬乎？ 福建漳、泉等府，海水亦淡，却用曬鹽，蓋是滷汁所成。今臣所擬即福建法也，而加廣大焉。 其法於平地築而堅之，以磚石鋪底砌牆，牆高於底二尺，勢如淺池。 砌法皆以三和之灰； 三和者、一石灰，二石砂，三瓦末也。 砌訖，又以三和之灰塗之，令涓滴不漏。 牆底之外爲井以容滷，井有蓋。 池之方廣無定度也，池之四周立柱架梁，用葦蓆爲短棚，可舒捲，以就日而禦雨也。 淋滷如常法，滷既成，入於井。 日出則戽滷於井，入之於池，滷不得過二寸，曬二三日成顆鹽矣。 鹽成刮取之，勿盡刮，久而底鹽存積爲鹽牀，鹽牀厚而入之滷，則其成鹽也更易。

一、臣久爲此議，商民俱不信也。 然閩人試之矣，閩人之流寓臣鄉者，於臣鄉試之矣，臣又嘗試之於家矣，無有曬而不成者。 但人情安於故習，難與慮始，即驗之一方，而又以爲他方不然也。 臣請姑試之一方，其願煎者聽，久而已嚮其利，當必靡然從之。 故欲江、淮、兩浙盡行此法，非少需歲月不可也。 若有慕義士民，及巧心贍志，先行造辦以倡率有衆者，量行優處，亦鼓舞之一術矣。

一、曬鹽之利有五： 其一，因海水之淡，雖不免於淋滷，却得免於煎熬。 所省功力，或澆淋，或耕種，可以寬貧竈也。 其二，淮、浙之地，民居既繁，薪價倍貴，近又有墾竈蕩爲稻田者，薪益不給。 或欲禁民開墾，亦屬難行。 今既不用煎熬，所省柴薪無數，價值倍賤，江、淮、浙、直民竈，咸被其利。其三，兩淮竈蕩延袤千二百里，以頃計者四萬二千有奇，可當一大郡也。兩浙次之。昔年分給竈户，皆令樵採，以供煎辦。今兼併者、多有開墾成熟者，若成鹽不用薪火，即可盡墾爲田。盡數丈量，依則起科，就有斥滷，照法折算，方之給蕩煎辦、上倉鬻商者，所入倍蓰。且近來給帖升租，隱匿營私者，亦無所容矣。其果否兼併，亦因丈量起科，可核實歸正也。其四，往年場中鹽價，每引不過三四錢，近時貴至一兩之外，此何故？爲薪貴也。今不用柴薪，又免煎煑，鹽價可減三分之二；即不然，亦當減半矣。其五，蘆鹽之入於官舫漕船，解鹽之入河南，廣鹽福鹽之入江西，川鹽之入湖廣，皆以價賤也。其價賤者、解鹽以風結，長蘆、閩、廣以日曬，四川以火井煎，皆不用薪也。今淮、浙之鹽亦不用薪，其價倍賤，民何利於他省之私鹽？則越境私販，將不禁而自止。

一、此法既行，沿海皆池鹽，不費煎辦，更有一大利益焉。《唐史》稱：「劉晏榷鹽法，以爲官多則民擾，故但於出鹽之鄉置鹽官，收鹽户所烹之鹽，但鬻於商人，任其所之。自餘州縣，不復置官。」臣按此法最爲簡要不煩。但向時兩淮、兩浙之鹽，皆須烹煑，烹煑必用鍋鐅，鍋鐅可以家藏，海濱曠遠，查覈甚難，私鹽私販，所從來矣；多設官，多立法，所從來矣。而不知法之自敝也，官之能敝法也！今用池不用竈，用曬不用煎，池不可匿也；并其大小尺寸之數，亦不可匿也；并其興廢增減之數，亦不可匿也。但於海濱有池之處，設立官司，簡用賢哲，一一稽核而統理之。依方田法丈量編號，設爲緑水魚鱗圖册，百千萬池盡在目前矣。以方丈之一池爲準，則月可辦鹽幾何；夏秋較多，冬春較少，截長補短，歲可辦鹽幾何，依法推算，則一場之歲辦可知也，一司之歲辦可知也。因而論池征榷，盡一運司之正引，餘課分攤出辦。若有非時水潦，或海潮漲溢，依勘荒法蠲減之。征榷之入，或以本色，或以折色，此外鹽斤任民自鬻，任商自販，一切官役可盡省矣。鹽一出場，如菽粟布帛，無官、無私，無攘奪，無争鬭，而天下鹽價皆可減三分之二或二分之一矣。竈户之計池而輸課也，如農人之計畝而輸糧也，即有私鍋鐅以煎辦者，亦不能無費薪，與官煎之輸課未知孰愈，何利而爲此乎？况顆鹽已榷，末鹽未榷，未榷者猶私鹽也。顆鹽如水，末鹽如雪，甚易(辦)〔辨〕也。此時即有私煎，亦無可行之處矣。如是則宜有法以處有引之商。蓋論池征榷，所入必多，當於有引之商，先計其本，量加之息，以征榷之本色或折色予之。引多，或歲月漸給之，至見引盡而止，不復中矣。自此之後，内商水商、聽其自爲販鬻可矣。但欲實邊，則邊商尚未可廢。當令邊商開墾本處地①畝，所收米豆，赴倉上納，照依時估，給與倉鈔。邊商賫鈔赴鹽司，收訖即時給還本利，或鹽斤，或銀兩，聽從其便。其利視本邊去司遠近，若三月往返者加息十分之一，半年往返者加息十分之

① 「本處地」以下，據二徐本補。

二。其不開墾而轉販米豆，從内地出、去邊五百里以上者，驗實文憑路引與耕墾所入，一例收倉給鈔。其就於本地買納者，查出或告發，米豆入官，仍依律究罪。如此邊人利十四之息，無守候之苦，耕墾轉販，其人必多。穀多則價賤，行之一二歲，雖絶塞可無饑矣。但邊估須實照時價，無得朋謀高估，希圖冒給。鹽司亦時時探聽邊方價值，如劉晏募善走者，置遞相望，覘報四方物價，雖遠方不數日皆達，是可遵用也。如此，鹽司之征榷，邊方之米豆，皆增於前，而且最易稽查，毫無滲漏。百弊無不冰消，諸奸無不瓦解，官吏人役，俸給工食，所省甚多，執簡御煩之術，無過此矣。但欲行此法，當在池功全完之後，其間周防審畫，尚多曲折。臣今一時揣摩，未能暢其條理也。

據徐驥《文定公行實》，本疏之外，另有崇禎三年五月十六日一疏，亦論「屯鹽二事」，已失。《行實》曾引該疏，文字如下：

「臣雖東南腐儒，於此二事抱杞憂之日久矣。蓋嘗遊學奉使，咨詢十直省，朝考夕思，揣摩四十年。竊有二策於此，其理確然而不易，其事甚易而無難，其着數則捨此而外别無措意之處，其效驗則漸次而成。要之數年之後，則財計而民生士風邊防，皆倍勝於今日。惟在皇上斷然必行，與中外羣工努力奉行而已。」

另則：　明鈔本《徐文定公奏疏》殘存崇禎三年五月十六日疏末頁，文字如下：

「（上缺）效，富國足民，如運掌耳。但無軍□（無）墾荒之令，則地無明農之人，人無興利除害之志，即用水除蝗之法，不可得行也。不嚴私販之禁，則鹽價愈輕，彼利愈重，徒益其資而勸爲奸耳。即曬鹽之法，行之不若其已之也，臣故曰在皇上之必行與中外臣工之力行而已。臣粗言崖略，已踰限制；倘蒙採擇，更俟備陳。所以不避煩聒，不待總議者，兹事體大，亦微臣數十年商求規之極思也。伏望聖明裁度施行，臣不勝祈懇願望待命之至。

「崇禎三年五月十六日具奏，本月二十一日奉聖旨：力作墾荒，禁私疏壅，最得屯鹽要領。部科正在集議，這所奏着一併參酌，務期必行。還詳加條畫來看。該部知道。」

# 卷三　守城製器疏稿

## 欽奉明旨録前疏疏（摘）[①]

一、必可恃者三：

一曰：守御可恃。古來兵法，至近世而一變爲火器也。今有西洋砲，即又一大變矣。此砲之用，實自臣始。萬曆四十八年，臣奏陳東事，奉命練兵，從廣東香山嶴募到極大者四門。天啓元年，光禄寺少卿李之藻督造軍需，取到次大者二十三門，内以十二門解發寧遠。天啓六年，用之却敵，自正月二十四日至二十七日，殺一萬七千餘人。奴酋失志，憤懣數月而歿，此其

① 增訂者按：原載臺灣中研院傅斯年圖書館藏崇禎刻本《守圉全書》卷三之一，轉録自湯開建《委黎多〈報效始末疏〉箋正》，廣東人民出版社，二〇〇四年，第二二〇——二二一頁。是疏屬摘録，依文意推斷，當作於崇禎初年。

明效矣。今邊防城堡，若修造置備，一一如法，雖敵兵數萬，必盡于堅城之下。各邊隘口，亦如此法，建臺一二座，虜入隘即盡殲之，則我兵一可當虜百。可恃者一也。

一、大可慮者三：

一曰：不精可慮。軍中用火，今之時務，東虜兵馬精强，亦用火器，今特以大勝之。北虜邊長賊衆，今當以大且多勝之。雖然，可以百勝而不可以一敗。一敗則我之所有，悉爲敵用，故必萬全保勝而後可也。保勝之法，必須事事求精。求精者，士卒欲選，車輛、牌盾、甲胄欲堅，兵器欲利，技藝欲熟，餉給欲厚。即敵以厚賞募死士，乘間突入，而我又足以制其命。不然，數者之中，一有欠缺，一有粗疎，皆不精之屬也。若用大砲矣，而製造、修合、點放，少不合法，或收藏不慎，一致損壞，或敵人奸細得而損壞之，則不精之至也。所宜深慮者一也。

一曰：敵謀可慮。東奴謀用火器已二十年。師徒數敗，得我大小砲位五六萬，火藥數百萬，收藏練習，攻遼陽時，再以之敗我矣。寧遠挫衄，獨以大小不敵故也。彼遭此大挫，而所藏器藥甚多，三四年來，豈其安坐而待我之進剿乎？且老奴練兵二萬，皆托名樵獵教成，而妻子不知，其深閟若此！今安知非精練以蓄威，待時而後動乎？若云彼無大器，則三四年間，必且日夜謀求欲得之也。得之之道，或以□□□□□□□□□□□□韓霖按：原本空十二字者，秘之也。取，失今不圖，彼萬一得之，其勢不復可當矣。北虜亦甚畏此，畏則必謀，遲亦生智，所宜深慮者二也。

一曰：妄殺可慮。大砲殲敵，臣昔以書生創言之，誠難取信。丙寅以後，功見事立矣，而絶無講求經畫，以爲保民節財計者，何哉？意者無敵之器，使逆璫得盡其用。必以之作不順而殺無辜，天弗予也。皇上愛民如子，一夫不獲，隱痛在懷，天心眷顧。若留此以爲今日中興之助，臣故知此器得用，虜不足平耳。第恐他日能用者，多有貪功之將，假鵰剿爲名，以之戕害生靈，冒稱功級，有一于此，皆足爲聖治之累。而臣等首事，恐當與其人分罪。所宜深慮者三也。

一、臣言偶中者三：摘一條。

一、天啓元年四月臣疏中言火攻之法無他，以大勝小，以多勝寡，以精勝粗，以有捍衛勝無捍衛而已。連次喪失，我之長技，與敵共矣。今將以大勝、以精勝，莫如光禄少卿李之藻所陳，與臣昨年所取西洋大砲；欲以多勝，莫如即令之藻與工部主事沈棨等星速鼓鑄；欲以捍衛勝，莫如建立附城敵臺，以臺護銃，以銃護城，一臺之强，可當雄兵數萬矣。往年寧遠雖無臺座，而憑城用銃，亦至全捷，則以其大且精故也。是臣言之幸而中者三也。

## 記崇禎二年十一月初四日平臺召對事[①]

十一月初四日上御平臺，召對，爲薊門寇警事。內閣兵部四臣奏對訖，賜茶；此時有報捷之疏。茶畢，復召諸臣入御座前，問「卿等有何方略？各宜陳奏」。諸臣奏對不一。稍間，臣光啓請面奏：先一日奉旨，着臣協同工部堂上官料理城守事宜會奏，祭日未經廷謝，是日前跪致辭，叩頭謝恩訖，即奏：皇上所垂問者，未知是目前方略，抑事後方略？上曰：目前的也要奏，事後的也要奏。臣光啓奏言：臣見近今積弛積玩，士卒老弱，兵甲朽弊，難以應敵；必須精兵利器，方堪戰守。故於今年正月上疏陳言兵事，欽蒙温旨，此時若拮据措辦，得如臣奏有精兵三五千，今日之事，臣請自願領兵擊賊。上曰：曾有此奏。臣光啓復奏言：奴賊西來，經都山之險，今冬寒冰雪，豈能濟師？所以積米高台堡，寄精騎萬人於他部落，經年之後，方能舉事。蓋原來賊衆止此耳，今之人衆，大都掠我良民，逼令薙髮，其中豈無脱身來歸者？但我官兵遇之，必殺以報功，并將兵驗功者亦利其

① 據明鈔本《徐文定公奏疏》迻録。

有此，是絶其歸正之路，堅其從賊之心，夷衆日繁，夷勢日盛矣。且真夷假夷，新剃舊剃，但以網痕驗之，亦甚易辨。似宜特敕邊臣，除大戰不論外，其零斬新剃級報功者不准，若被剃難民二三人以上，共斬真夷一級來歸，如例加賞，則人樂於歸正矣。上曰：剃髮之民有甘心從賊者，如近日歐陽爌之類，亦豈可信？臣光啓對曰：若安心從賊者不肯來歸，若斬級獻功，足以自白矣。若髮雖新剃而空手來歸者，安知非奸細？但屬疑似，即不當遽殺之。或遞解内地收管，贍養長髮，事寧放還亦可。如此賊衆日減，抑且自相疑貳，此亦解散之一策也。上首肯之。後議及守城及城外劄營事，諸臣皆主守城，而總協獨主劄營。臣光啓曰：凡兵不止練戰，亦能練守。今守城全賴火器，非素練不能。若營軍出城，則城夫皆屬平民，不知火器爲何物，一時豈易教習！且勝負難期，一有差失，人心震動。昔遼陽之守，臣再遺書熊廷弼，謂城外列營置砲，萬分不可。只憑城用砲，自足盡賊。廷弼不聽，袁應泰繼之，亦然。後大兵出城，拒河而守，望敵潰散，火器皆爲敵有，守陴者遂致無人。後袁崇煥守寧遠，不出一兵，殲敵萬衆，二者相去遠矣。次又有奏對者。後上起立，復問：城内守禦，城外列營，畢竟何從？總協二臣奏訖，臣光啓復奏曰：古時無火器，故非戰不能守城；今火砲既能殺賊於城外，是坐而勝戰也。若城外勝負難期，不如守城爲穩。上曰：既如此，定於守城。諸臣承旨退。

## 記崇禎二年十一月二十八日平臺召對事①

十一月二十八日上於平臺召對，諸臣奏對訖，臣禮部左侍郎徐光啓奏言：臣向欲有所陳説，因西銃未至，城守爲急。今此器旦晚將至，而胡虜列營城外，盤據搶掠，臣請得選士五千人或三千人，給與精好盔甲，權用大銃八門，副以中銃二百門，鳥銃三千門，結爲車營，轉鬪而前，必可驅之出塞。如此臣請待自領之。上曰：若有此等器甲，將官領之亦可，但何處可得？即如外解盔甲，不論好惡，便與驗收，安得有佳者！臣對曰：今大段精堅，恐不可得，擇其彼善於此者，聊可供用。上曰：醜虜陸梁如此，必一大創之，使隻輪不返，乃可。臣對曰：據今時勢，未便可得。但驅逐出塞之後，整頓半年，我兵便可出塞。亦宜恢復大寧，大寧既復，則陵京之肩背厚，可保年中無事，然後經略〔遼〕東②，未爲晚也。上默然者久之，命諸臣退。

① 據明鈔本《徐文定公奏疏》迻録。
② 「遼」字原缺，據文意補。

## 守城條議 崇禎二年十一月①

一、分派城守，宜得兵部堂上官壹員專管其事。每城門派文武大臣，專司一城某垜至某垜爲其信地；於中復分派京朝官幾員，分司其事。亦分信地，大約可垜爲一區。一切先事豫備，臨時施用，俱聽主持。平時未必盡諳者，以諳練武職一二員佐之。

一、城中最急者、盤詰奸細一事，此事與守城宜功力相半。務須編立保甲，令相同察，罪犯連坐。但一城臺員所轄地廣，宜增員分任，專司糾察。南城地廣，尤宜倍增。若兵馬司、亦宜選委職官，與之分任。其緝訪捕獲，確有實據者，犯人即行正法，捕獲報事員役優敍厚賞。即無的據而情形可疑者，犯人逐出城外，員役量賞。仍須先立賞格，徧行告示。

一、每垜須軍人二名，民人二名，水火夫一名，平時更番，有事併力。其應給銀米，户部每城委司官一員，隨時給發。

① 據明鈔本《徐文定公奏疏》第二册迻録。增訂者按：此條議時間乃王重民考證所得。

一、火器火藥，守禦最急，各城各垛，俱均平給發。每城選委透曉其事者，專管裝藥點放。每區設官一二員，點放手數名，教習垛衆。

一、每區有營軍本管武職，又有火器專官，皆聽本區京朝官調度。時時集議：某事應作，某物應備，某器宜修，某錢糧宜接濟，某物粗惡宜駁回，即時行各該衙門取給。如有失悮，責任本管。

一、每城設游兵若干，以備應援。

一、每晚聽候傳號。

一、城中智勇奇士，殊不乏人，皆宜收録爲用。或勇力絶倫，或武藝出衆，或火器合法，或工巧能造守具，聽京官自行保任，於兵部堂上官處試驗。取中者户部支給糧餉，分發各區聽用。論功給賞，事寧分别優敍。

一、賞格：　敵寇臨城，能以火器砲石弓矢殺一賊者，賞銀十兩；　傷一賊者，賞銀二兩。近城手斬一賊者，賞銀五十兩。能以守具近城却敵者，賞銀一百兩。出城劫營，或截殺得真夷一級者，賞銀一百兩。賊蟻附登城，能殺一賊者，賞銀一百兩。緝拿真正奸細者，賞銀一百兩。

一、防火巡警，城中急務，宜每舖設火夫若干名，豫備水缸及拖紛撓鉤等具。遇有失火，總甲率夫撲救。如遇冰凍，可將甎石土墼等物鎮壓。别舖人如遇勢盛，只許拆卸本舖房屋，不許越鋪撲救，以防擾亂。城上守禦人亦不許下城，并傳説摇惑。

一、以禮房東朝爲議事所，掌詹事府尚書錢象坤願與城守謀議之事，宜令專住本所。其他京朝官願與者，亦各每日於本衙門東朝房一同謀議。議定，傳各城各區行事。關係重大者，請旨定奪。西洋大銃并貢目未到；其歸化陪臣龍華民、鄧玉函雖不與兵事，極精於度數，可資守禦。亦日輪一人，與象坤同住，以便諮議。

一、吏部主事楊仲家人善用石砲，宜速令爲教師，演軍民造作砲架，臨時施用。其木料磚石，城守所用極多，城外迴料鷹平白城磚宜速運，分發城區聽用。

一、各城俱須分發營繕所木匠、兩廠銅鐵火藥匠、繩索匠、皮匠、裁縫匠等，聽本城本區官調度工作。

一、各城步道隔遠，接應不備，再應作鷹架，以便登降接濟。又須隨處搭架轆轤轉車，升降器物。其内外城交接二處，速作牢固鷹架，以便出入，并傳送器物。

一、火藥除舊製者揀試應用外，其新造者各匠頭逐名另貯，不得混亂。發到各區廠司，仍開匠頭姓名，同解本區驗試。如有不堪駁回，以失悮軍機論罪。

一、各城各區文武職官、軍民夫役分派既定，各司其事。每兩員名平時聽一番休，有事立時並至，頃刻不得離次。其所需用軍火器具及他材料，工部已經分撥解收外，各城各區自行商確，尚須何物，即遣官役賫文赴工部傳索。其當給者發銀自置；其曾有者照數給發；其可已者不妨商確定奪。

一、輸攻墨守，變化多端，宜先期多方商訂。各城各區不拘尊卑，有特出意見者，每日辰未二時，各遣知事官役，到東朝房議定。如可行者，通行知會遵守。

一、各衙門行事文移不必照常規則，各用小帖傳照。掌印者用印鈐蓋，不及印或無印者用手字花押。

## 計開目前至急事宜①

一、西洋銃領銃人等，宜令徧歷内外城，安置大銃。開通垛口，以便轉移施放。

一、舊設大小銃位，亦宜令諸人安頓試驗，不可用者不宜輕用。

一、銃藥必須西洋人自行製造，以夫力幫助之。其硝磺亦宜發銀與承管官員見銀召買之。積者力減，不給見銀，難免攙和。

① 據明鈔本《徐文定公奏疏》迻録。

一、大小銃彈亦須西人自鑄，工匠助之。

一、凡守城除城威大砲外，必再造中等神威砲及一號二號大鳥銃，方能及遠命中。至戰陣中，大砲決不可用，尤須中銃及大號鳥銃。目前至急，須造中砲五十位，大鳥銃二千門。若欲進勦，再須中砲百位，大鳥銃五千門。此未能一時取盈，但須作速製造，成一器便得一益也。兵用砲或鑄造①，或打造，皆可用；但期精工，屢試不炸爲度。

一、大鳥銃一時未得應手，見今城樓二廠所儲鳥銃，可作速整頓試驗，教練營軍，以助城守。若教成萬人以上，則快鎗夾靶三眼鎗之類，不及遠，不命中，且費藥費彈者，皆可盡棄不用也。

一、用兵之時，錢糧爲急，但須核實，不致冒破。又須得益，不至委棄足矣。今造器等既是急需，萬一虜再薄城，戰兵未就，莫如召募壯士，晝則零截，夜則劫擾，此非厚賞不可。宜速處數萬金備用。

① 「兵用」二字明鈔不清，二徐遂作「兵用」，是二徐想像出來的。按這一段所講的都是「中砲」，這句話所講的也應該是中砲，疑原文應是「其中」二字，謂「其中砲或鑄造、或打造」也。

## 續行事宜①

一、戰兵必須精選勁卒萬人，副以力兵萬人，分爲五營，盡法訓練。最近亦須二月乃成。其人即於援兵步營中挑選，寧少無濫，漸次取盈。器甲等以漸備具。目下只須先習大小鳥銃及本來武藝，候軍需完日，藝亦垂成。賊在可以勦滅，賊去可以恢復矣。

一、都城萬全之計，必賴大小砲位。其銃臺必須大者，只於城臺兩傍各造一鋭角臺，以備城門。内城西北，外城西南，各造一臺，以備紆曲。若加高外城，則待從容舉行，今或未能及此。

一、城外遠近遺棄盔甲銃砲等甚多，雖懸賞募送，猶勝鼎新也。若委官匪人，或送一盔應賞若干，乃不惟不賞，又索其甲，反行索詐，人情畏惡，悉行埋掩。若有廉能之官，實賞實募，出者必多。車兩雖破壞不全，亦堪修改，相應一併運送。

① 據明鈔本《徐文定公奏疏》迻録。

## 控陳迎銃事宜疏 崇禎二年十二月①

奏爲控陳迎銃事宜，務保萬全事。臣竊見西洋大銃，近在涿州；臣前具疏爲決策貴專等事，欽奉明旨：「與兵部總理作速詳議密奏」，已經商確回奏訖。臣之愚見，大略謂此器之來，關係非細，必得車營步兵數千，内又須鳥銃手二千，騎兵不論多寡，相翼而進，乃可十全。若只用騎兵，亦不論多寡，定然見敵而潰，此則至危至險，以國之大事僥倖，萬萬不可也。本月初一日曾遣騎兵九百，涿州護送步兵亦二千五百，而悉無火器。至劉李河橋，一聞虜信，則鬨然而散，此一驗矣。今虜暫去良鄉，其奸細未必不潛爲偵探。且都城之外至蘆溝橋，頃刻可達，萬一復蹈前轍，以輕兵前往，至於進退兩難之地，如前潰散，其爲患不可言矣。此事經始於臣，不敢不圖其成；且計慮稍久，不敢不盡其愚。爲此披瀝控陳，如蒙皇上欲令速至，乞敕該部撥見在入援步兵一營或三千四千，給以鳥銃二千門，臣請率之以行，到彼料理，刻期前來，遇敵則戰，可保全勝。所以必須步兵者，爲其遇敵不能走；既不能走，而又恃大小

① 據明鈔本《徐文定公奏疏》第二册迻録。按明鈔本無題無年月，以所言事宜考之，應在十二月初二至初七日中間。

火器以無恐，則可以戰也。所以須臣自行者，臣前疏言：假兵以賺銃，假銃以賺兵，賊之遠計，無所不有，倘以不識面目之人，將兵前往，涿人與西人俱不能無疑故也。倘步兵火器又不可得，不若仍遵前旨，暫留守涿。如其不然而爲聊且之計，僥萬一之幸，臣心知其不可，不敢不言。恐以十餘年報國之苦心，翻成誤國之大罪也。臣無任激切惶恐待命之至。

## 再陳一得以裨廟勝疏 崇禎二年十二月初九日①

奏爲再陳一得，以裨廟勝事。臣於本月初七日欽奉明旨，已經酌會部臣申用懋具疏回奏訖，再入相與詳議。敵去京師而不攻，環視涿州而不攻，皆畏銃也。今涿州之貢器既未即來，京師之守器不宜分用，則任賊之蹂躪旁邑，何時已乎？且邊方兵馬，尚且回翔，量敵不敢輕進，况於内地，則見在之兵未足破賊，其理明矣。臣曾面奏，言破敵之法，必須車營，用大小火器三四種，練習精兵三五千人，此時謂援兵必可逐虜，故爲後日之計。且今時勢，似不得不亟行之。法當用二號西洋銃五六十位重千斤以下者，又須新造大鳥銃二三千門長四尺五寸以上

① 據明鈔本《徐文定公奏疏》第二册迻録。

者；其三號銃則二廠各門所貯，亦可揀試應用也。二號西銃臣頗諳其法式，但未經鑄造，尚待貢銃人至，再與諮詢。今不得已，可令兵仗局二廠工匠作速併工冶鑄，計二十日可就。更於此二十日内，鳩工攢造大號鳥銃。仍一面選募訓練。二器若成，教練亦就，結爲車營，便堪出戰，不止迎銃而已。其間事緒繁多，非臣一人所能亟就，則文武諸臣及士庶儘有巧心長技，堪以分任者；若工料費鉅，則臣民中亦有損貲助用者。如蒙聖明俞允，即敕各該衙門作速圖之，諒可刻期奏績。倘以臣書生之言未便足信，可用百分之一，姑小試之。如車二輛，三號銃一位，鳥銃三十門，臣可使砲聲終日不絶。凡鳥銃之精者，一發必斃一賊，以小推大，以一推百，賊之不能支，亦易見矣。抑臣之私慮尚未止此。目今諸虜蠢動，戢兵之期，未知何日，欲收全勝，必在銃器。如邊城近邑雖經殘破，賊決不能分兵守之，克復甚易。但克復之後，非銃不守。如涿州之大銃一來，亦須以中銃與之，則此器之當鑄造未有已時也。京師之物料有限，工價煤炭價亦踊貴。臣謂宜令廣東、福建撫按諸臣，速造長大鳥銃解用；而二號西銃則太僕寺少卿李之藻亦諳其法，今起用未至，亦可令與江南北撫臣，酌用銀兩、或料價、或新餉會同彼處監司，於蕪湖鑄造起解。彼中銅鐵煤炭所聚，可省半費也。伏惟聖明裁度施行，臣不勝悚慤待命之至。

崇禎二年十二月初九日。

## 破虜之策甚近甚易疏 崇禎二年十二月二十二日①

奏爲破虜之策甚近甚易，謹披瀝申明，以保全勝事。臣聞兵家所貴，知彼知己。虜中常言兵多不足畏，所畏者火器耳。虜能畏我所長，是虜之知彼也；我不能善用所長，不能盡用所長，是我之未能知己，而諸臣之失策也。虜之畏我者二：丙寅以前獨畏鳥銃。所獨畏於二物者，謂其及遠命中故也。凡命中之器必用合口之彈，合口之彈必須對準之藥，獨此二器爲然，他不爾矣。今大銃守城，既非行營所宜，則戰陣所急，無如鳥銃矣。而内府及各門兩廠積貯甚多，則何以不盡用之、不善用之乎？臣所見將士多稱未習，然習之非難事也。習三日必能裝放，習十日必多命中矣。臣之愚計，以爲今日見在援兵，萬分不宜輕戰，惟宜盡習鳥銃。其各營中有慣用者，即爲教師。分爲二班：半入重城，專事訓練；半在城外，專司巡鼇，有急即上城協守。如是習銃者二三萬人，時刻不絶，計虜聞見之，不過十日五日，且宵遁矣。使其不去，就用此練習之衆，成師而出，虜雖二三萬衆，我以一銃斃一人，何難

① 據明鈔本《徐文定公奏疏》第二册逄録。

哉！但爲出戰計，則更有四事所宜預籌，以圖萬全者。虜多明光重鎧，而鳥銃之短小者未能洞貫，故今之練習，宜畫敵爲的，專擊其手與目。又宜糾工急造大號鳥銃，至少亦須千門，可以洞透鐵甲。此爲後來千百年之用，不但今日，一也。大銃既不便行營，須擇虎尾郎機等項中銃二三百門，試驗裝架，以補鳥銃之闕，二也。每用萬人，必須大小車三四百兩，故今之車兵不宜輕出，惟宜留爲後用。且從前所遺棄者，亦宜募人收回。每人必須全副器甲，不足則前鋒一半必不可少，三也。都中儘有奇傑之士未嘗應募者，亦有欲保身家憤發願效者，亦有高貲募義樂於捐助者。誠鼓舞其人，富者輸財，勇者出力，厚予餉給，不論多寡，戰守之際，用以跳盪出奇，臨機制勝，四也。四事既集，教練復就，固可目無全虜。與夫不量而嘗試，無謀而浪戰者，相去遠矣。分派之餘，城上守望之軍舊用快鎗夾靶，亦令改習鳥銃，與城下援兵聲勢相應，尤捍禦之長技也。然城内外時時習銃，與夫有警放砲者恐致混雜，致民間惶惑，則當於城門上每門皆製五方號帶，如廣渠爲東一門，有警則升青帶一，有安爲南三門，有警則升赤帶三。如是偏傳各門，以及内廷，若無號帶而聞砲聲，則練習矣，此亦兵家刑名之常式也。臣憂惶冒昧，不避煩瀆，懇惟聖鑒，敕下該部立刻施行。臣無任戰慄待命之至。

崇禎二年十二月二十二日。

## 醜虜暫東綢繆宜亟謹述初言以備戰守疏 崇禎三年正月初二日①

太子賓客禮部侍郎兼翰林院侍讀學士徐光啓奏：　爲醜虜暫東，綢繆宜亟，謹述初言，以備戰守事。臣竊見逆夷内訌，京師之宇環走而不敢攻，皆仰仗天威使之然也。惟是屢破名城，師徒喪敗，捆載而去，莫敢誰何，恐得志之後，再尋前轍，可不豫爲備乎？　臣奉命以來，僅知城守可保無虞，而戰勦之策，未敢有所陳説。間有條奏，亦須製造刻陳，稍費時日，誠知目前決策，未見勝著故也。今幸有可爲之時，方當夙夜拮据，令戰可必勝，守無不固，即醜虜聞之，或且息心。不然者窺我疏防，旋踵即至，豈堪再誤哉！　臣庸碌無奇，今所條議，皆夙昔嘗言。然兵家之事，先正後奇，既遇大敵，須鬭實力，是以寧爲過求，不爲冒險；　寧爲蹠實，無敢鑿空。至於事寧之後，一切邊塞周防，諸方經略，容臣接續條奏，未敢備陳。伏惟聖明裁擇施行，臣不勝激切惶悚待命之至。

計開

---

① 據明鈔本《徐文定公奏疏》第二册迻録。

一、建造銃臺。臣於萬曆四十七年議造都城萬年臺，以爲永久無虞之計。至天啓元年奉旨允行，業同部臣王佐及科道諸臣，躬行相度，程工估料，卷在繕司，可考也。此功若就，即可漸致大小砲位，充牣其中，縱有敵騎數萬，必將殲滅無遺。若不近城，即小者亦可用爲戰鋒，使前無横敵。奈臣孤立寡援，而東帥臣委曲旁午，事乃中止。蹉跎至今，遂使聞敵倉皇，茫無定策，有識者不能不痛恨於阻議之臣也。但初議周城建大臺十二座，今時絀不能舉贏。頃臣累月相度，見諸見在城臺，盡可施放；但欲尺尺寸寸，皆砲力所及，則須稍有建置。臣之愚慮，以爲内外十三門左右，各宜造虎牙臺二座，共二十六座。見在敵臺，相其疏密，大都以相去一里二里爲率，於本臺之外，接建空心三層鋭角臺一座，周城約四十座。諸臺之上，皆造房以蔽風雨。此二種臺座，爲費亦省。惟德勝門至西直門，廣寧門至南角樓兩處紆曲，特宜建臺二座，費亦不多。今雖凍沍，可豫備材料，冰泮之後，併工一月，屹然金湯之固矣！至重城亦宜增高增厚，應俟接續經理，伏乞聖裁。

一、多造銃器。戰守利器，莫如大銃。除第一號大者未易成造；其銃重十斤以下，彈重二三斤，力可及三四里者，鑄法稍易。今都城新舊所有大銃，略以足用，更須得小者二三百位，以實諸臺。再造大鳥銃萬門，以備城堵，則萬全無患矣。所以然者，此器彈必合口，藥必等分，發必命中，不惟易於殲敵，兼用藥不多，易於防火故也。但西洋銃造法，關係甚大，恐爲奸細所窺，若造於京師，尤宜慎密。若欲價廉工省，則可造於山西、南直等處，亦須付託得人，加意防範耳。若中外所積不堪舊器，每炸損傷人，其在戰陣關係尤大，徑可毁爲新料。惟銅料不堪再鑄，亦可鑄錢以易新銅，不止省費，亦使他日無誤用之害也。伏乞聖裁。

一、教演大銃。大銃一發數里，又能命中，然利害甚大，不宜浪發。一切裝放皆有祕傳，如視遠則用遠鏡，量度則用度板，未可易學，亦不宜使人人能之，所謂國之利器，不可以示人也。臣嘗深慮：以爲獨宜令世臣習之。自勳戚子弟以及京衛武臣，擇其志行可信、智勇足備者教之。更選精兵隸之。就中擇一高等爲副將，别置一營，常川練習。邊方或來請命，擇而使之。其邊方求學者，亦須於世職中擇其才行可信、家衆盛者。此等在京只須一二百人，每邊只須數十人，足用矣。若中小等銃近及數百步，準平施放，高下不多者，則人人習之可也。伏乞聖裁。

一、區畫戰兵。有臺、有器、有人守，事完矣；欲求戰勝，必非目前所集營兵、邊兵、內地兵、新兵所能辦也。必於此兵之中，或於此兵之外，選得精勇步兵萬人，每精兵一人，用火兵一人，合之二萬，分爲五營，亦不少矣。既有其人，給以厚餉，予之精甲利器，護以車輛，作速練就，成師而出，可保必勝。蓋臣所立車營，必爲四應之陣。重車爲衛，雜以銃車，二車之外，復有盾車，盾車之外，復有拒馬，守捍三屬，固無可攻之理。而大小火器，一一命中，又終日不絶，雖遇強敵，亦難衝入。就有衝入，而我兵武藝習熟，甲胄精完，戈矛銛利，殳斧堅重，誰能當之。蓋奴兵再世選練，器甲精好，我之選練、既與之等衡，加之火器，蔑不勝矣。彼又驅我難民，以爲前鋒。聞此輩傳言：天兵若有勝勢，吾輩便可歸還。誠有此勝兵，又先以招降之諭，受降之旗，亦可使不戰而潰。真夷雖強，彼所愛護，必且遁逃不暇也。不然，我雖有所殺傷，而殺傷者皆歸正無從之民，亦可哀也。伏乞聖裁。

一、精造軍需。昔人論兵，首重器械。蓋一銃或至炸傷，即一軍成必敗之勢；一擊不能殺賊，即一卒無可生之理。念及於此，則造作一事所關勝負，亦不細矣。而昔年任事者，謂承平既久，必無試用之日，以致百弊叢生，莫之究詰。至於今日，其害乃見已。今所需者，必須精擇廉能，料簡匠作，揀選材料，務令事事如式。又須一一試驗。如造銃造藥，必令原匠手試數徧，不精工必自受其傷，若精工者量賞賚之，此類是也。儻軍需各色既備且良，加以精兵賢將，即此萬人，可以橫行塞北，全恢疆域矣。伏乞聖裁。

崇禎三年正月初二日。

## 西洋神器既見其益宜盡其用疏 崇禎三年正月二十二日①

太子賓客禮部左侍郎兼翰林院侍讀學士徐光啓奏：　爲西洋神器，既見其益，宜盡其用，懇乞聖明，亟敕當事諸臣，早夜拮据，以圖戰守萬全事。臣竊見東事以來，可以克敵制勝者，獨有神威大砲一器而已。一見於寧遠之殲夷，再見於京都之固守，三見於涿州之阻截，所以然者，爲其及遠命中也。所以及遠命中者，爲其物料真、製作巧、藥性猛、法度精也。至彼國之人所以能然者，爲在海内外所當敵人如紅毛夷之類，技術相等，彼此求勝，故漸進工也。今我既享其利矣，可復如前次令空返乎？諸人之來，感國厚恩，忘身自效，誓欲滅此而後朝食，其忠憤之氣，見於辭色。廷臣聞且見者咸共贊嘆，以爲有此絶技，又若此精忠，必宜盡用其術。而況虜衆日多，虜勢日深，不一大治，終無懲創。臣昨見外城守臣，言身至戰地，博詢士人，言滿桂之敗，賊亦用火攻。每一騾負二砲，如田單火牛之法，疾赴我營，以致敗衂。今又陷永平、建昌等處，所得砲位更多。惟盡用西術，乃能勝之。欲盡其術，必造我器盡如彼器，精我法盡如彼法，練我人盡如彼人而後

① 據明鈔本《徐文定公奏疏》第二册迻録。

可。三者之中，論法則虛心聽用而已，論兵則於見在之兵、續到之兵，挑選訓練。人則汰而從少，餉則并而從厚，所須增益，諒亦非多。惟器甲一節，爲費甚鉅，工部金錢不能全給。臣則以爲金錢雖乏，而衡司會有之物料可用也，存積不堪之舊料可改也，累戰遺棄之舊物可尋也。此外則有臣民捐資成造一法，臣以爲必可行者，是在一鼓舞而已。《兵書》曰：「殺敵者怒也。」《傳》曰：「明耻教戰，求殺敵也。」今天下之臣民耻甚矣，怒甚矣，欲用其耻與怒，莫若使之造器以殺敵。其鼓舞之法有三：一曰加爵，二曰除罪，三曰敍功。加爵非援納也。臣昔練兵通州，受命一日而來助者兩臣，爲中書楊之驊、指揮胡楫，共捐銀四千兩。臣請命吏、兵二部，各加虛銜二級，而該部竟格不予，後遂聞南來捐助之人，荷橐返矣。今所議加者，忠義人人所自盡，不過量增銜秩，以示激勸，不必盡骫選法也。除罪之説，臣按《兵書》云：「王臣失勢欲復故位者，聚爲一卒，胥靡有罪之人欲除其耻者，聚爲一卒。」今請詿誤臣民，有可原者、可矜者、可疑者，捐造若干，或減、或宥，或復官、或還職，酌量情法，及於寬政。但慕義既深，則其自爲昭雪者大矣，減宥復官，猶其小者也。敍功之法，請於所造器械，各鐫鑄本人官籍姓氏，後以此器得勝，即查核功級，斟酌部斬事例，造器之人，加實級示酬。多者雖世爵高等，亦所不靳。至所捐金錢，不必令入水衡，轉委員役，但令本人鳩工監造，而董以清正諳練司官，則愛惜己資，期望功賞，必不肯屑越以致濫惡矣。若天下臣民願助者，請於北之潞安，南之揚州，各開一局。不論物料金錢，賫赴二處。董以知兵、知器文武各一二員，亦令捐助之人，自行攢造。造成類奏解京，或分發邊鎮，其酬賞悉依前法。若既行造器，又身在行間，有所獲功級者，分别另敘，不相侵并。如此勸誘，應者必多。但須官爐官匠，先行鑄造，以爲之倡耳。至臣所言法、言器、言人三事，皆須在事諸臣，各營本職，早夜不遑，然後日有日成，月有月要。若以格套限之，以議論持之，則恐一刻千金之時，去不復返，而後悔無及也。伏惟聖明，亟敕各該衙門畢力施行。臣此疏雖係兵事，内有勸助一節，似應發抄，以便傳布。并伏請明旨，臣不勝激切待命之至。爲此具奏，謹具奏聞。

崇禎三年正月二十二日上。二月初三日奉聖旨：銃夷留京製造教演等事，徐光啓還與總提協商酌行。仍擇京營將官軍士應用，但不得迂緩。多事勸諭，及南北開局，亦不必行。該衙門知道。

## 恭報教演日期疏 崇禎三年二月十一日①

題爲恭報教演日期事。臣於本年正月二十二日奏爲西洋神器，既見其益，宜盡其用等

① 據明鈔本《徐文定公奏疏》第二册迻録。

事。二月初三日奉聖旨：「銃夷留京製造教演等事，徐光啓還與總提協商酌行，仍選擇京營將官軍士應用，但不得迂緩。多事勸諭，及南北開局亦不必行。該衙門知道，欽此。」切惟臣志圖報效，而性實迂愚，仰蒙我皇上俯采芻蕘，使盡犬馬之力，而且提撕警惕，俾得免於罪戾。生成之恩，臣所爲感激思奮，倍勝常時者也。爲此除報名廷謝外，與總提協諸臣累日商確。其製造一節，已將戎政府舊貯鋼鐵，及協理尚書閔夢得項下贓罰銀一千二百餘兩，先行打造鷹嘴等銃。若教演一節，諸臣選撥加銜都司陳有功率領營軍一百名，從臣於宣武門外將軍教場，依營操法，分番演習。俟器成以後，漸次加增，擇於本月十五日爲始。理合題知。再照臣昔練兵通、昌時，一應糧餉錢穀，皆屬餉部有司出納，止於臣衙門掛號支給，分毫未嘗經手。今次并無餉部有司，其間銖兩出入，有兵部劄委監督西洋人等職方司郎中郭士奇，堪以委用，合無令其兼攝。凡匠役等項，止於臣處具領掛號，赴彼支放，揆之事理，似爲長便。相應一併題知。

崇禎三年二月十一日上。十四日奉聖旨：這火器製造教演知道了，務要精勤料理，速收成效。錢糧出納，着郭士奇兼管。其監督一切事宜，徐光啓併行稽覈。該部知道，欽此。

## 藥局失火疏 崇禎三年三月[1]

奏爲藥局失火事：　照得西洋神威大銃，應用如式。火藥因無空閑房屋，于臣鄉雲間會館開局，已經造成二十五罈，送戎政衙門收訖。臣因爲慎防火患，謂旋造旋送，可以無虞。不意于今十五日午時，忽然失火，燒燬未成火藥三千餘斤，廳房一十餘間及諸材料。其傷斃造藥工匠，未知的數，理合具奏。其兵部郎中郭士奇職司監督，然事出意外，兼遍體燬傷，亦黴勤事。委官游擊潘櫃未知存亡。至臣受命稽覈，仍管製造西銃，教練官軍，向因鐵匠無從雇覓，日暮督促，每日到局稽查一遍，時時丁寧告戒，惟以慎火爲急。乃事變如此，教道不明，無所逃罪。懇乞顯賜斥罰，以爲鑒戒。伏候聖裁，臣不勝惶悚待命之至。

---

① 據明鈔本《徐文定公奏疏》第三册迻録。以前後事蹟考之，此疏應上於崇禎三年三月。又考《明史》卷二十九《五行志》二記崇禎三年三月戊戌火藥局災，戊戌爲十八日，似即此事，蓋實於三月十五日失火，光啓於十八日上疏，《明史》所依爲上疏之日，非失火之日也。

## 鎮臣驟求製銃謹據職掌疏 崇禎三年四月初二日①

太子賓客禮部左侍郎兼翰林院侍讀學士臣徐光啓謹奏：爲鎮臣驟求製銃，謹據職掌，回請銃車等項。奉聖旨：「這奏請銃車等器，着速與酌發。徐光啓訓練銃手，有堪用的，并挑發同去。該衙門知道，欽此。」欽遵：備咨到臣，要將西洋解到斑鳩銃二百門，又新造二百門，并堪用訓練銃手，速行挑發等因。准此，查到該部所取人銃等，除斑鳩銃二百門係廣東解運未到外，其訓練軍丁一百名，先該戎政衙門摘發到臣，送銃夷教練，月餘，悉皆諳曉。合解送歸營，爲傳教城守之用。更換新班，如前教習。其製造一節，先經奉旨與總提協商酌。奈該府除庫儲鋼鐵外，並無堪動錢糧，止有協臣閔夢得項下贓罰銀一千二百兩，又經該衙門自造火器用過二百餘金，其存剩銀約可造鷹鳥等銃一百門。而臣部與工匠人等，原無統轄；咨行工部取用，又以償造器甲，無從派撥。不得已多方雇覓，厚值招徠，僅得二十餘人。旦夕督併，已造完大小三十門。其餘銃筒已完，機牀未備，通候訖工之日，進呈奏繳。今奉明旨，切念臣職司邦

① 據明鈔本《徐文定公奏疏》第二册迻録。

禮，不與兵戎，止因奉旨差遣，拮据代庖，豈得調遣京營之軍，解發京營之銃！爲此除回咨兵部、轉咨總提協諸臣外，理合具本回奏，謹具奏聞。

**崇禎三年四月初二日上。初五日奉聖旨：這製銃教丁，便着戎政衙門酌議具奏。**

## 欽奉明旨謹陳愚見疏 崇禎三年①

太子賓客禮部左侍郎兼翰林院侍讀學士臣徐光啓謹奏：爲欽奉明旨，謹陳愚見，奏請聖裁事。本月十一日准工部咨稱：本部題爲軍需立取難緩②，水衡缺乏無措，伏乞題請聖明，急求廣造，以濟時艱，以便策應事。內開添設廠爐，即就臣廠製造軍需等因。奉聖旨：「軍需係該部專職，禮臣不過製式授法。且因時急暫任，何得竟議併廠督辦？這奏即着徐光啓酌議奏來③。該部知道，欽此。」欽遵：竊念臣承乏禮曹，兼修曆法，循職自效，晨夕不遑。屬緣逆虜臨城，仰承任使；西銃既至，復奉旨與戎政諸臣，商酌製造，隨行教練。此實聖明軫念城守臺

① 據明鈔本《徐文定公奏疏》第二册迻録。又第三册中重出此疏，文字稍有異同，依作校勘，稱爲明鈔乙本。
② 「立取難緩」明鈔乙本「取」作「刻」。
③ 「這奏即着」明鈔乙本「着」作「聽」。

軍不諳鳥銃①，故須造式訓士②，以爲後法。且戎府非軍需所出，金錢物料，設處有限，亦足明微臣之爲暫任也。奉命以來，於戎政庫咨用贓罰銀九百兩③，續咨貯庫銀二千兩，共二千九百兩。先造成鷹嘴銃四十一門，鳥銃六十五門，共一百零六門。除先解三十門貯庫外，其七十六門見共營軍④，日逐操演。續造鳥銃三百餘門未完。中間工匠缺少，曾經奉旨着工部撥役儹造，累文咨取，亦因廠造急切，無從撥派。臣不得已，用厚值招徠，或係營軍，或係外縣，多方湊集，然其能手不過數人，亦須時時督責，然後聽從；其餘烏合拙工，則雖耳提面命，未能諳曉。所以取數少、時日多，爲此故也。今工臣稱廠地可容，匠作堪任，欲就此處作爲新廠。伏蒙皇上日月鑒觀，明臣越俎任事，祇因時急，仍命臣酌議奏聞。臣伏念人臣自效，各有時宜，亟則救焚拯溺，惟力是視；時緩則典衣典冠，宜循職守，如臣今日代庖，不止義所不敢出也。至如廠地匠作，工臣欲用即用，但人數本少，功力未竟，遽改而他屬，則目前銃器無時可完矣。伏

① 「城守臺軍」，明鈔乙本「臺」作「營」。
② 「造式訓士」，明鈔乙本「訓士」作「教士」。
③ 「於戎政庫」，明鈔乙本作「與戎政庫」。
④ 按「見共」即「現供」，明鈔乙本作「見給」。

乞皇上敕下該部，待臣竣事之日，委官前來製造。其廠地房屋爐鞲等〔可〕因者①，工匠可留者，任從留用。至該部郎中吴士熙實曾經臣題請，但臣疏云：「經濟之學，綜理之能，加臣數等」者，蓋從其爲縣令時知之，故欲用之以稽考功程，典司出納。若火器事宜，近與同事亦一一從臣虛心諮問，非素習也。倘此後部司文臣更有問臣者②，據臣所知，必不敢隱。及製一二式樣，欲依臣法，即當細與商酌，罄臣識力，亦不敢辭。此則欽承明旨，製式授法，實臣犬馬之衷所不忘自效，而冀有當於師中之用者也。伏惟聖明裁擇施行，臣不勝感切惶悚待命之至。爲此具本，謹具奏聞。

## 移兵部照會　崇禎三年五月③

爲照會西洋銃師奉旨留京，今復奉旨酌議；又准來文令本部酌撥，則當揆之理勢，兩全無害可也。諸夷貢銃報效，首爲都城。乃自正月迄今四閱月矣，足蹟不得一窺城垣，安置點放

---

① 〔可〕字據意補。
② 「部司文臣」明鈔乙本「文臣」作「諸臣」。
③ 據明鈔本《徐文定公奏疏》第三册迻録。以照會内所稱「自正月迄今四閱月」推之，應作於五月初十日稍後。

轉移高下之法，百未吐其一二。事件悉皆未有，閩銃又無車架。藥物被災以後，未經續造。本月初十日奉上傳試放十一門閩銃，方得一至城門。見今亟求製造，以資教演，以備緩急，則諸夷之不便出京，不待言矣。若欲酌量分撥，無論此中闕乏，即原來通事二人，已遣一人入粵，止存一人，分身無術。顧外忘内，恐屬非計！查得廣東領兵官白如璋下有澳衆二十人，皆能點放。見有六人在齊化門外明月庵居住，亦通華語。又聞解銃官劉宇奉制府册解點放二十名，未經呈解貴部，不知果否？又聞廣東援兵見住通州，煩貴部即於白劉二弁名下，查取應用。若果有二十人，尚希分撥數名入都，佐助根本大計，亮貴部所不靳也。

## 聞風憤激直獻芻蕘疏 崇禎三年①

爲聞風憤激，直獻芻蕘，再圖報效事。本月初七日據西洋勸善掌教陸若漢、統領公沙的西勞等呈前事，内稱：「竊見東虜犯順一十三年，惡極貫盈，造物尊主曾降瘟疫荒旱，滅其父子，

① 據明鈔本《徐文定公奏疏》第三册迻録。此疏年月，以陸若漢等呈文謂赴澳門往來約四閲月，而徐光啓請求同去，謂「秋高馬肥」時可以回來，則應上於四五月之間。

竟不悔禍。漢等天末遠臣，不知中國武備。行至涿州，適逢猖獗，迎仗天威，入涿保涿。頃入京都，叨蒙豢養，曾奏聞戰守事宜，奉旨留用。方圖報答，而近來邊鎮亦漸知西洋火器可用，各欲請器請人。但漢等止因貢獻而來，未擬殺賊，是以人器俱少，聚亦不多，分益無用，赴鎮恐決無裨益，留止亦茫無究竟。且爲時愈久，又恐爲虜所窺，竊用我法，不若盡漢等報效愚忠，作速圖之。何者？我之大銃利於城守，虜知之矣；我之中銃利於戰伐，虜未知也。我之中銃利於用正，或料之矣；我之護銃利於出奇，虜未知也。趁虜未知，我用進着，便屬先手。或從海道以擣其巢，或逼遵、永以遏其鋒，無不可者。且近聞殘虜未退，生兵復至，將來兇計百出，何以待之？漢等居王土，食王穀，應憂皇上之憂，敢請容漢等悉留統領以下人員，教演製造，保護神京。止令漢偕通官一員，傔伴二名，董以一二文臣，前往廣東濠鏡澳，遴選銃師藝士常與紅毛對敵者二百名，傔伴二百名，統以總管，分以隊伍，令彼自帶堪用護銃盔甲鎗刀牌盾火鎗火標諸色器械，星夜前來。往返不過四閱月，可抵京都。緣澳中火器日與紅毛火器相鬭，是以講究愈精，人器俱習，不須製造器械及教演進止之煩。且聞廣東王軍門借用澳中大小銃二十門，照樣鑄造大鐵銃五十門，斑鳩銃三百門，前來攻敵。漢等再取前項將卒器具，願爲先驅，不過數月可以廓清畿甸，不過二年可以恢復全遼。即歲費四五萬金，較之十三年來萬萬之費，多寡星懸，諒皇上所不靳也。計漢等上年十二月守涿州時，士民惶懼，參將先逃。漢等西洋大銃適與之遇，登城巡守十五晝夜，奴聞之，遂棄良鄉而走遵化。當此之際，有善用火器者尾其後，奴必不敢攻永平，而無奈備之未豫也。今幸中外軍士知西洋火器之精，漸肯依傍立脚。倘用漢等所致三百人前進，便可相藉成功。爲之此其時矣」等因，到臣。據此，看得臣奉旨製銃，匠役極少，成就最艱。若廣東工匠甚衆，鐵料尤精，價亦可省三分之一，臣欲待工完之日，請於彼處置造，不過數月，數千門可致也。而漢等所言適與臣合。又賊中甚畏火器，模仿製用，刻意求工，豈無奸細竊窺依式成造者。臣故加意防範，且未敢遽造中銃。而漢等亦恐時久形露，翻成後着，誠爲確論。且寥寥數人，僅挾數器，杯水車薪，何濟於事？即使教練成軍，而我不能信彼技之必勝，彼不能信我兵之不逃，不若用彼慣戰之衆爲前鋒，我以精卒萬人繼之。又用彼數人爲督陣，我兵有恃無恐，抑且欲逃不得，事逸而功倍矣。彼人不作誑語，臣近與議論，深入兵家閫奧，益知此輩必能破賊。其統領總率人等難以擅離，掌教陸若漢年力雖邁，而德隆望重，尤爲彼中素所信服。是以衆共推舉，以求必濟。如蒙聖明采擇，臣願與之星夜遄發，疾馳至彼，以便揀選將卒，試驗銃砲，議處錢糧，調停中外，分撥運次，催儹驛遞，秋高馬肥，兹事已就，數年國恥，一朝可雪也。至臣教演百人，悉以諳曉歸營①；銃師留京，可换班再練。製銃

① 「悉以」似應作「悉已」。

一百零七門已完五十門，其餘功緒皆得十分之八，半月之内可完，送戎政衙門交收，聽候進呈奏繳。然亦須再命專官，廣行製造，如此利器，都城以及各邊咸所亟須，不厭多也。遠人孤旅，赴義如飴，臣實愧焉，是敢代達天聽。險危勞勩，願與同之，以寬宵旰之憂，以伸盡瘁之志。伏惟聖明裁察施行，臣不勝激切待命之至。

計開： 據原呈，除銃師自備外，應於廣中置買物件：

一、鷹銃二百門，并合用事件。

一、鳥嘴護銃一千門，并合用事件。

一、西式籐牌五千面。

一、刀一千口。

一、長槍一千桿。

一、短槍一千桿。

## 欽奉聖旨復奏疏 崇禎三年九月①

禮部尚書兼翰林院學士協理詹事府事徐光啓爲欽奉聖旨事：本月十九日工部題前事，二十一日奉聖旨：「這樣砲工費頗奢，如何受藥不多，還着前(欠)〔遣〕各官於二十四日再加鉛藥試驗②，從實來説，欽此。」該工部移會到職，謹欽遵候至期，再加鉛藥試驗。乃職復有陳説者：竊照大銃之法，來自海外西洋諸國，東事以來，澳夷屢次獻銃效勞，流傳入於天朝。近年海寇猖獗，兩廣督臣王尊德、福建撫臣熊文燦，依倣其法，大興鼓鑄，恭進應用。然其原法止用合口彈一丸，藥又與彈丸對准，即今澳夷見譯，審其法亦皆如此。但書皆夷文，不敢用以爲據；所據督臣王尊德刻有《大銃事宜》一册，會經達部，并以貽職。其首條云：「一、鑄銃一千斤重，用彈二斤半，藥二斤十兩；一千三百斤重，用彈三斤，藥三斤；二千斤重，用彈四斤，藥四斤；二千七百斤重，用彈七斤，藥七斤，方相配合。

① 據《徐氏宗譜》卷四迻録。按此應爲上疏後又以原疏移工部者，似應題爲「移工部揭帖」。
② 原作「欠」，依二徐本當爲「遣」。

藥少則送彈不遠，如多至一斤半斤，即恐不虞。係打造者藥俱不可多。」據尊德之説亦與澳夷相合，蓋海外相傳成法也。職依倣製造，若如原法，則彈藥一斤四兩，該銃重五百斤；今職所造止重三百二十斤，亦用彈藥一斤四兩，則分量已滿，倘復多加，則尊德所云即恐不虞者，職不敢不深慮之也。再惟火攻之法，一在銃堅，二在藥彈相稱，三在人器相習，相稱相習，可以連發不損，則其益多矣。若多加彈藥，恐一二發後不能再用。所以澳夷傳有祕法云：「數發之後，銃體既熱，便須稍減其藥。」蓋銃體熱，藥性自猛，雖少與多同力也。此等皆職夙昔所聞，知而不言，恐致悞事。以此冒昧陳悃，容職等於試驗之日，酌量隨次加藥，或量增散彈，仍用藥信點放，人稍稍遠避，以防意外。昔荀卿論兵曰：「必行吾所明，無行吾所疑」，今合口之彈，對准之藥，而求連發不損，職所明也；若多加驟加，職所疑也，是以不敢不詳陳於皇上之前也。至於工費頗奢，職亦自覺其然。然煉鐵欲熟，不得不費料；製造欲如式，不得不費功。加以料物食用，悉加騰貴，諸司併造，工匠亦少，比於數年之前，所費殆加一倍。若議減者，又恐器必苦窳。是以近日臣工亦有建言製造於山西者，蓋彼産鐵之處，工料易得，煤價甚賤，亦可加精故也。試驗之後，如蒙皇上俯賜採擇，乞敕下工部，將諸臣近議，酌量遣官到彼開局成造，所裨軍資，所省財計，亦不少矣。并祈聖明裁酌施行，職無任惶悚待命之至。爲此除具奏外，理〔合〕具揭①，須至揭帖者。

## 遵例引年懇乞休致疏 崇禎四年三月初九日②

禮部尚書兼翰林院學士協理詹事府事督曆法徐光啓謹奏：爲遵例引年，懇乞聖明俯容休致，以免曠瘝事。職直隸松江府上海縣人。中萬曆三十二年進士，歷任今職。伏念職一介腐儒，遭逢盛世，躐塵華貫，尸素兢慚。中間忤權被斥，復幸賜環，兩歲三遷，更叨加俸。恩覃奕世，榮遇踰涯。屢蒙任使，全無稱塞，而賞賚優厚，晉錫頻繁。撫己捫心，實願捐糜頂踵③，圖報萬分之一也。不幸夙膺狗馬之疾，日漸衰頽，今年滿七十矣。伏讀《大明會典》内一款：「凡内外大小官員年七十者，聽令致仕」，明例昭然。職之年事，政與例合，而況多膺疾病，與筋力未衰者不同。伏望聖慈，俯容照例休致。倘首邱得遂，深銜帷蓋之恩；若歲月少延，益荷生全之賜矣。再職之所請，既符明例，即於歲首，便合陳情。所以遲遲累月者，因昨年自請

① 原無「合」字，依二徐本補。
② 據明鈔本《徐文定公奏疏》第三册迻録。
③ 「糜」，似當作「靡」。

往調澳商，伏蒙聖旨諭留，題差原任中書姜雲龍押送教士陸若漢等迴住。後雲龍被議，職實未知。其在廣事情，若果於錢糧染指，職宜膺不適之罰，是用遷〔延〕①，伏候譴斥。今據廣東巡按臣高欽舜報疏，稱督臣差通判祝守禧齎發安家行月糧等銀，至澳給散，則雲龍身不入澳，銀不經手。續據陸若漢奏稱，通判祝守禧領布政司原封銀兩到澳，唱名給散等因，語亦相符。蓋調兵造器給糧等項，皆督按道府諸臣，以地方官行地方事，雲龍不過督役催促，其於俵散錢糧，即欲與聞，亦理勢之所無也。今若漢疏仰奉明旨，恩賚有加；其疏内事情，已蒙聖鑒。即督按諸臣勘疏到日，亦與前疏當無異同。職仰徼聖恩，亦或可從末減，是以敢申情事，上瀆天聽，伏惟聖明垂慈。若職見管修曆事務，職於舊年十二月奏請簡用人員，奉聖旨：「審曆非比他藝，果有精曉堪任的，着吏禮二部擇用，不得假徇。取到人員，知道了。該衙門知道，欽此。」合候部覆接管，以完大典。昔祖沖之造《大明曆》，而子暅修之；王恂首造《授時曆》，而郭守敬成之，蓋事繁時久，諒非職衰邁之身所可竟也。并希聖明裁察。職不勝哀懇祈望待命之至。

崇禎四年三月初九日。本月十二日奉聖旨：卿清恬端慎，精力正優，詞林允資模範，不止修曆一事。着安心供職，不必引陳。其澳商事情，已有旨了，該部知道。

① 原本「遷」下無「延」，二徐補「延」字。

# 處不得不戰之勢宜求必戰必勝之策疏 崇禎四年十月十五日①

奏爲處不得不戰之勢，宜求必戰必勝之策，謹略陳愚見，以請聖裁事。職自東事以來，猥以書生，屢言兵計，十三年間章數十上，具在御前，是非得失難逃聖鑒，以及中外耳目。臣今不敢繁稱，仰瀆宸聽；屬事之殷，謹櫽括一二，上塵睿覽。如蒙俯採芻蕘，容臣先急後緩，備陳節目。懇祈聖明致行速行，以保萬全，伏候裁鑒。臣不勝激切惶悚待命之至。

計開

一曰宜以戰而爲守。《兵書》曰：「戰所以守城也」，又曰：「務戰者城不圍。」前年之守城，爲絶無戰兵，不獲已耳。今之賊勢，又非昔比，兵無勝勢，不異疇昔。如大凌河之久而無援，援而不勝，可爲鑒矣。內地之城更異邊外，堅壁清野，守城第一。事先已難行，而兵未可勝，援必不誠；援之不誠，守必不固。又兵家常理不敢背城深入者，慮夾擊也。既不能勝彼，彼何憚而不深入我重地乎？惟有樂戰保勝之兵，則可以備禦者即可以進取。故今日之事，但

① 據明鈔本《徐文定公奏疏》第三册迻録。

得我兵不退，即是全勝之師；但得我兵向前，即是恢遼之機。勝敗安危之間，關係甚大。然屢敗之後，士氣難復，而事且急矣。譬如數年之痼疾，一時遽發，而欲以圭匕收功，自非用良方，購珍藥，精工修合，勢難取效也。總其大要，不過四言：曰勿疑，曰勿遲，曰急用人，曰無惜財而已。伏乞聖裁。

二曰宜聚不宜散。兵法欲專不欲分，故曰「無所不備，則無所不寡」。十四年來，我皆以分敗，賊皆以專勝。蓋法不宜分，賊之勢又不可分，彼既不可分，我又何憚而不專乎？如關外一聚，關内一聚，近畿一聚，有勝兵各二萬人，則諸城不必多兵，但取可守足矣。有守人，有守器，三日五日不能守乎？我之勝兵三日五日不能至圍城之下乎？且二萬人又非必聚於一城也。但選募同强，教練同習，營制同法，器械同利，分時各當一面，合時共擢大敵①。勢如率然，擊首尾應，戰無不勝，則守無不固矣。伏候聖裁。

三曰宜精不宜多。東事之初，臣言必須選練三萬人，而人以爲笑，謂非三十萬不可。然不選不練，三十萬亦敗道耳。今賊多於昔，又用火器，故須倍之；若不可得，則寧少而精，無多而弱。蓋兵精必須厚餉，使一人食三人之食，則可當十人之用，比之見敵而逃者，又無數可論，

① 「擢」，二徐本改爲「拒」。

非得絶力絶技，目無全虜，歡然故不必多也，亦不能多也。且今之見兵數敗之後，畏敵甚矣；非得絶力絶技，目無全虜，歡然健鬭者以爲之倡，必無勝理。此非尋常之餉給，可招之使來，激之使赴矣。又豈尋常之器甲可以稱其人，可以展其技乎？如是誠不免於厚費，然而事濟，則後之所省多矣。伏候聖裁。

四曰先步而緩騎。東事以來，臣所言者皆車營步兵也。而東方諸將皆貴騎而賤步，厚騎而薄步。所以然者，將利於騎，其餉多也；卒利於騎，其走便也。嘗試問經戰之人，率皆騎兵先潰，而步營隨之；步兵度走不可脱，當多殺賊而死者，則步騎之利害審矣。臣今所謂急者：莫先車營，多備火器，精其器甲，卒皆絶技絶力之士，一營所至，烈如火聚，堅如鐵甕。而且行止備禦，一一有法，方陣横行，誰能犯之！若騎兵宜用十分之二以備哨探，遮走北。待屢勝之後，更議騎兵爲深入之計，則臣所謂騎者，又非逃賊之騎，前疏亦曾一及之。今苦無兵無餉，亦無馬，故當先其急者。第今所謂步營，不當如尋常習套，姑爲之而已也。若有人無器，則人非我有矣；有器無人，則器反爲敵有矣。向所失者猶朽鈍之器甲，短小之銃砲也；今之大砲可一失再失乎？今之遇敵可再敗乎？惟人與器皆求倍勝於敵，則成師之日，即勝敵之日，即恢遼之日矣。伏乞聖裁。

崇禎四年十月十五日上。本月十九日奉聖旨：覽奏戰守步騎及精兵厚餉等事，俱兵家正論。但絶技絶力之人，作何招練，急可圖功？及本内三聚四言，卿還詳明條奏。

該部知道。

## 欽奉明旨敷陳愚見疏 崇禎四年十月二十一日①

奏爲欽奉明旨，敷陳愚見，以備聖明採擇事。臣於本月十五日具疏上言目前戰守事宜，十九日奉聖旨：「覽奏戰守步騎及精兵厚餉等事，俱兵家正論。但絶技絶力之人，作何招練，急可圖功？及本内三聚四言，卿還詳明條奏。該部知道，欽此。」欽遵。切照臣自東事以來，累次建言，皆以實選實練、精卒利兵、車營火器爲本，不意荏苒至今，未獲施用。而賊反用之，以至師徒撓敗。甚而西洋大砲我所首稱長技前無横敵者，并得而有之也，豈可不爲之深計乎？臣不敢謂當此之時遂無策也，但比之前時，力加難矣，費加鉅矣，選宜加精、練宜加習矣。夫兵器至於大砲，至猛至烈，無有他器可以踰之。今特當以多勝寡，以精勝粗，以習熟命中勝其妄發而已。然多矣，精矣，習熟矣，而非有堅固車營、精良甲胄及技力之士以相佐助，恐利器仍爲敵有，如向來故事。臣所言宜求必勝之策者，蓋爲此也。臣請先言車營之制，而後更端詳之。

① 據明鈔本《徐文定公奏疏》第三册迻録。

夫車營者，束伍治力之法也。昔人謂步不勝騎，騎不勝車。古時未有銃砲，其言如此，況今有極大之火器，而不爲保護持久之法，則何因得盡其用乎？臣今所擬：每一營用雙輪車百二十輛，砲車百二十輛，糧車六十輛，共三百輛。西洋大砲十六位，中砲八十位，鷹銃一百門，鳥銃一千二百門，戰士二千人，隊兵二千人，甲冑及執把器械，凡軍中所需，一一備具。然後定其部伍，習其形名，閑之節制。行則爲陣，止則爲營。遇大敵，先以大小火器更迭擊之；敵用大器，則爲法以衛之；敵在近，則我步兵以出擊之；若鐵騎來，直以砲擊之，亦可以步兵擊之。此則實選實練所至，非未教之民可猝得也。而不如是，又不足以破敵，臣所言宜得絶技絶力之士者，爲此也。臣言三聚當用六萬人，若欲悉皆招募，費必不貲，亦未可遽得。宜先用今之見兵及各路援兵先行選練，更行設法羅致技勇，或別立營部，或增入各營，無所不可。但選取招致，尚不爲難，難在軍需。宜儘見在擇取應用，無者作速置造。若先練一營之人，先辦一營之器，兩者齊備，即成營矣。一營既成，更辦次營，六萬人當爲十五營。若成就四五營，可聚可散，則不憂關內；成就十營，則不憂關外；十五營俱就，則不憂進取矣。倘止完一二營，僅可協助大城爲守，未堪野戰也，此臣所謂車戰之制，應須選募同强，教練同習，營陣同法，器械同利者也。其見在之兵，則速召孫元化於登州，令統兵以來，可成一營矣。蓋教練火器，必用澳商；廣中所解軍需，悉皆精好，而同來工匠，又可令董率造作。則此一營或可不勞餘力。

若盡撤旅順兵以來，可更成一營矣。此則風濤爲政，或未能速至也。其他秦翌明之兵，鄧玘之兵，饒勳之兵，王新民之兵，諸如此類，擇其上等以爲戰士，次等以爲隊兵，下等以助城守。多則分營，少則合營。次則擇取幹濟廉能之臣長於兵事者，先於近畿如式選募，速就教練，仍以原募諸臣綜理其事。更欲求多，則遠取之川浙，是一策也。紳弁士民其慕義急公如王新民者，所在有之，令其招募前來，選取入營。使其募主得以加爵，得以除罪，得以紀功，是又一策也。更加守廉所如臺臣錢守廉所議驗報技勇之士，令所在有司訪取資給，前來聽用，是又一策也。更加守廉所議招選之中，廣立收羅之法，但取勇技堪用，不必咎其既往，此即漢臣虞詡故事，可使搏噬之材，盡化爲爪牙之用，此又一策也。若此諸款，議緒頗煩，又須廣行條布，容臣別疏上聞，未敢雜陳也。若臣所謂三聚者：一在關外，一在關内，一在近畿，蓋取見兵所居之處，欲移練以就兵，不欲移兵以就練，庶無往來之擾，亦免安插之難。其實練成之後，有急聚而援救，將來聚而進取，非久置本處，爲貼防協守之兵也。但人數多寡，或與營制未合，宜就近裒益，如登、旅之兵，饒勳之兵，則當暫駐近畿耳。其統率不必大段更張，惟選士之糧餉，練將之俸給，皆宜考其上下，分別優厚，以鼓樂戰之氣，以杜剋減之端。又恐兵各異習，將各異心，則於臣所言營伍之制未能畫一，他日用之，不成臂指之勢，則其間經營聯絡，劑量分配，齊衆若一者，非孫元化不可也。至於從前積弊積習，徹底剗除，共圖勝算，諒在事諸臣，當有同心矣。若臣所謂四言者，謹條如左：

其一曰勿疑。勿疑之端有三：一、勿疑於守城。賊有大砲，攻城則易剋，守城者亦必以大砲守之。然賊專而我分，即數里之城合用大砲百位，乃足濟事，何從可得乎？一城如此，各城盡然，又何從可得乎？惟用爲戰車之營，即一城所需，足供數營之用矣。内地名城之外，民居廛市，延袤數里，清野之法，何從得行？早撤則不可，臨時則不及，惟車營盡制，足以制勝萬全。必不敢捨而攻城①，萬一被攻，亦有必救之兵也。一、勿疑於浪戰。浪戰者，十四年來凡戰皆是也。今敵有大砲矣，我又將以多砲當之矣，寧可先時遽發，見敵自潰，賫而予之，以益其强乎？一、勿疑於求全，勿疑於預備。臣昔言萬全矣，似爲難就；然而僥倖於一擲者，未見其能勝也。昔言早備矣，似爲難待，然而取辦於臨時者，未見其不敗也。况今之時勢，大異昔日，則備者宜更備，全者宜更全也。

二曰勿遲。勿遲之端有四：一、速召孫元化、王徵於登州，令先發見兵。即撤旅順兵俱至畿南，團練一二營，漸次增廣。其西洋統領公沙的等，宜差官星夜伴送前來，廣東軍火器械宜令原解官林銘作速解運聽用。其皮島事宜當令登州道臣暫管，以待欽命。一、速如舊年初

① 「必不敢捨而攻城」句上，疑脱一「賊」字或「虜」字。

議，再調澳商。昔樞臣梁廷棟議輟調者，恐其阻於人言，未必成行耳。後聞已至南昌，旋悔之矣。頃樞臣熊明遇以爲宜調，冢臣閔洪學等皆謂不宜阻回，誠以時勢宜然。且立功海外，足以相明也，況今又失去大砲乎？蓋非此輩不能用砲、教砲、造砲，且當陣不避敵，已勝不殺降，不奸淫，不虜掠。昔人言「勇莫善於倡」，以彼爲倡，未有不從者矣。又曰「明恥教戰」，見此輩之勝已，又將恥其不及矣。待我兵盡得其術，又率領大衆，向前殺賊，勝賊數次，膽力既定，便可遣歸。此輩皆係商販，止欲立效以明忠順，非能萬里久戍，亦不必其久戍也。一、速取廣東大小砲位。如神威大砲，以及中等，小至鷹鳥等，或向澳中市易，或於各營盡數抽選解運，就行扣除額解錢糧，補造還營可也。一、速行查明大小砲位車輛，有則修整，無則造作，及一應合用軍需，尚在營中。最急遠難驟致者，如貓竹急當得二三萬根，竹匠一二十名，當急取之浙直。如槍桿棍棒，長者一丈七八尺，短者一丈許，當用二三萬根，近當取之山西五臺等處，遠則河南嵩縣盧氏等處，皆宜星夜取用者也。至其他事宜，如前議各款并未及盡言者，容臣次第奏請施行。

三曰急用人。用人者，如臣所議孫元化、王徵而外，若選募畿内之兵，則天津道臣朱大典可使也；選募河南之兵，則道臣王肇生可使也；選募山東之兵，則兵部郎中今在告郭士奇可使也。若中外臣僚中，臣所目見其人，耳聞其説，深於兵學者，無如閩撫熊文燦。今雖拮据靖寇，然山寇不難，既平之後，允宜召用。至若諸營悉就，游弈往來，宜各有監軍。司道則以邊材荐者，皆宜酌量相應員缺，或補京職，或移近地，以備緩急也。

四曰勿惜財。按《三略》曰：「軍無財，士不來；軍無賞，士不往。」荀卿曰：「凡慮事欲熟，用財欲泰。」今者一加額，一召募，一置備軍需，皆須大費。而户工二部錢糧日不暇給，恐難措辦。惟乞皇上與閣部大臣熟計其便；若以臣愚論之，天下未嘗無財也。今雖暫費，待事計稍定，用臣愚計，如宋臣李綱所謂「生財節用，稽弊核實，開闔懋遷」六事，一一致行，恐歲出之數不難減於前時，歲入之數不難加於前時，非但今費可償，加派可蠲已也。又臣民中亦有慕義捐財、願助軍資者，如昔年臣卿太僕寺卿吳烱捐銀萬兩；臣練兵東昌，一日之間，中書楊之驊、指揮胡楫捐銀四千兩，其他臣所不知者尚多也。今事更急，樂輸者更多，倘有來者，似宜允許與前募兵同格，亦涓埃之助也。

臣欽奉明命，不敢久稽，率陳所見。惟是兵卒器械，一皆從新措辦，又須教訓練習，俱非旦夕之事。恐目前遽欲成師，實非愚臣所及。若矢口漫言，謂能速就，是在今日自蹈欺罔之罪，在他日復成誤國之罪，臣實不敢出此。伏惟聖明原鑒，裁擇施行。臣不勝激切惶悚待命之至。

崇禎四年十月二十一日上。本月二十五日奉聖旨：練兵制虜，製器用人，雖難猝辦速發，正須挈要力圖。奏內各款，深於戰守有裨。還着該部再行參詳，先擇目前要務緊關的條議酌覆。兵部知道。

奉旨後開送兵部：

一、速召登兵。初意謂可成一營，不意悉遣海行，今遺留不滿二千。若止此數，又急令援淩，比長山之師不過十之一耳，安得不敗？人人慮此，亦安能保其來至乎？似宜將小疏所云速移示之，謂此來將用此法選練，以保全勝，則當人人願來矣。其出海之兵亦宜召還。但風濤難必，音問難通，宜聽登撫酌量。其統率以來者，或登撫，或監軍道，必須一人。

一、謂登、萊兵至宜在近畿者，一謂軍需供億便易，二謂營制便於商榷，三謂車營既就可與都人士共見，知其可恃，四謂選練他營宜以此營爲根柢，則生息不絕。若徑驅出關，即此營不成大用，而後來各營師制造作，全無恃賴，何以藉手乎？

一、調取澳商，終不得已，宜悉如上年舊事。其統領教士俱在登、萊，宜聽登撫斟酌，差官伴送前行。其特遣官則在告御史金聲，忠猷夙著，亦習夷情，宜起補原職，遣官趣赴廣省。

一、廣東舊督王尊德進過西洋大砲一百七十五位，今分散各處，宜查核存留數目。并中銃鷹鳥銃須再於廣東選取，試驗解送。仍扣還價值，自行補造。福建搬運間關，大銃難致；鷹鳥二式亦可多多取用。

一、取貓竹于浙、直，取槍棍桿于五臺、嵩縣、盧氏，最急。

一、召募一事須先備餉給，次備軍需。兩者既備，隨選募，隨開糧，隨分派，隨訓練。若養徒手之人，空費安家行糧，而軍需不足，以待備辦，不止須待糜餉，亦終無時備矣。向來召募者盡然，所以終成一敗也。今宜先開金錢所出，有則宜行召募，不則先議選練關内各營援兵，查選軍需，如車輛銃砲盔甲器械，一一須如式足備。不足則速行置造。亦須星夜速取廣東工匠于登、萊，及西洋統領銃師偕來，仍取諸樣式，斟酌備辦。然後再議錢糧，陸續行事。

一、錢糧最稱缺乏，不宜多誘之。户工二部，索而不應，事必不成，宜與從長計議。不足，則叩閽請借數十萬金，以應目前。若悉行愚計，即一二年間，必可將新餉償還内帑也。又不可得，惟有聽人輸助一節，但須以加級、除罪、紀功三事鼓舞之，當多有應者。其召募入營之後，仍食官糧，則安家行糧及製造器甲，俱將費過錢糧，開數奏聞，以聽議敍。召募必須驗過技勇，器甲必須試過堪用，方准收用，亦不得濫徇也。

一、近畿召募未議，糧餉難以先行。除畿内河南二臣俱見任地方聽候議用外；其山東郭士奇今在告家居，昔年靖妖有功，又熟諳西器，此急宜推用，爲孫元化贊畫分理營事，成效必速。其地方有技勇可募者，亦令先行選取，聽後來發餉，差官取用，免本官重復往還。此舊年已有成説，諒不至爲空言也。

# 卷四　治曆疏稿一

## 禮部爲日食刻數不對請敕部修改疏 崇禎二年五月初十日①

禮部題爲日食事，祠祭司案呈奉本部送本月初三日奉上傳諭内閣：「欽天監推算日食前後刻數俱不對。天文重事，這等錯誤，卿等傳與他，姑恕一次，以後還要細心推算。如再錯誤，重治不饒。欽此。」欽遵：傳出到部送司，隨行該監查取推算官員職名，據該監五官夏官正等官戈豐年等回稱，備陳日食時刻少差，切照本監所用《大統曆》，乃國初監正元統所定，其實即元太史郭守敬等所造《授時曆》也。二百六十年來，曆官按法推步，一毫未嘗增損，非惟不敢，亦不能，若妄有竄易，則失之益遠矣。切詳曆始於唐堯，至今四千年，其法從粗入細，從疎入

① 據明刻明印十二卷本《治曆緣起》迻録。

密，漢唐以來有差至二日一日者，後有差一二時者，至於守敬《授時》之法，古今稱爲極密。然中間刻數，依其本法尚不能無差，故向來遵用推算，每有一二刻不合；若在早晚，又不止一二刻矣。此其立法固然，非職自能更改，亦非敢鹵莽失誤也。豈惟職等，即守敬以至元十八年成曆，越十八年爲大德三年八月，已推當食而不食，大德六年六月又食而失推，載在《律曆志》，可查也。是時守敬方以昭文殿大學士知太史院事，亦付之無可奈何。蓋一時心思技術，已盡於此，不能復有進步矣。夫彼立法者尚然，况職等斤斤守法者哉！切聞創始難工，增修易善，自古以來每覺差訛，即令專門宿學之臣，爲之修改。故漢曆改五次，魏至隋改十三次，唐至五代改十六次，宋改十八次，金元改三次，獨我朝二百六十年來未經修改，中間又有年遠數盈及歲差增損諸事，致差之因非一端也。今欲循守舊法，向後不能無差；欲行修改，更非淺陋所及。遵奉聖諭嚴切，措躬無地，爲此備陳情悰等因，到部送司。案呈先該欽天監題稱：推算到崇禎二年五月初一日乙酉朔，日食二分二十四秒，初虧巳正三刻西南，食甚午初三刻正南，復圓午正三刻東南。至期劄委本司主事黃鳴俊公同測驗，回呈據該監五官靈臺郎孔文進等手本回稱：先該曆科夏官正戈豐年等推算到崇禎二年五月初一日乙酉朔日食，候至午初一刻觀見日食，初虧西南，午正一刻食甚正南，約食三分餘，測參宿度分，午正三刻復圓東南，等因到司，與先題互異，例應罰治。案呈到部，臣等看得本月初一日日食，原題初虧巳正三刻，而今在午初一刻，則已差二刻矣； 乃原推復圓在午正三刻而實在午正一刻，又差二刻矣。據推算官戈豐年等稱： 此所用《大統曆》乃國初監正元統所定，實元郭守敬《授時曆》之成法也。曆官按書推步，一毫不敢擅自增減，今驗日食時刻俱不合，以爲原法固然。臣等查考近來交食，果有先後一二刻至三四刻者，其分秒之數亦有多寡不對者，必求符合，須將今曆大加修改。測驗布算，務求萬分精密，十倍勝於守敬，乃可定今日之所以差，又期他日之可以不差耳。且曆法大典，唐虞以來咸所隆重，故無百年不改之曆。我高皇帝神聖自天，深明象緯，而一時曆官如元統、李德芳輩，才力有限，不能出郭守敬之上，因循至今。後來專官修正則有童軒、樂護、華湘等，著書考定則有鄭世子載堉，副使邢雲路等，建議改正則有俞正己、周濂、周相等，是皆明知守敬舊法本未盡善，抑亦年遠數盈，即守敬而在，亦須重改故也。況《曆法》一志，歷代以來載之國史，若《史記》、《漢書》晉唐書宋元史尤爲精備，後之作者稟爲成式，因以增修。我國家事事度越前代，而獨此一事，略無更定。如萬曆間纂修國史，擬將《元史》舊志謄録成書，豈所以昭聖朝之令典哉！ 萬曆四十年十一月朔日食，先天四刻，有兵部員外郎范守己具疏參駁，臣部曾經覆請修改，至四十一年正月十五日月食不合，又經覆請，未奉皇祖俞旨，是以迄今尚用舊法。今本監曆官既荷聖恩寬宥，又復具呈前來，意亦謂元初至今相沿三百五十年，無能改正，而一旦於彼責成，非其識力所及。且崇禎三年應月食者一，四年應日食者一，月食者二，臨時必不能無差，又諸臣所惴惴焉不寧者。如蒙皇上垂念制作大事，伏乞敕下臣部，照依萬曆四十年原議修改，庶國典有光，而世業疇人亦藉手以免於罪戾矣。

崇禎二年五月初十日上，本月十三日奉聖旨：曆法皇祖曾議重修，今日食刻數復差，允宜更正。依卿等所請修改一應事宜，再着另行具奏。

## 禮部爲奉旨修改曆法開列事宜乞裁疏 崇禎二年七月十一日①

禮部爲欽奉明旨，修改曆法謹開列事宜，請乞聖裁事。祠祭清吏司案呈：照得本年五月初一日日食，先該欽天監推算，刻數不對。初三日奉上傳：「欽天監推算日食，前後刻數不對。天文重事，這等錯誤，卿等傳與他，姑恕一次，以後還要細心推算。如再錯誤，重治不饒。欽此。」隨該本部具題：查得曆法久未經修，推算難免錯誤，請乞查例修改等因。奉聖旨：「曆法皇祖朝曾議重修，今日食刻數復差，允宜更正。依卿等所請修改，一應事宜，再着另行具奏。欽此。」欽遵抄出到部送司，案呈到部。臣等查得萬曆四十年十一

① 據《治曆緣起》迻録，用《徐世宗譜》卷四校。

月朔日食，欽天監推算得未正一刻初虧，而兵部員外郎范守己候得中初一刻，則是先天四刻，以此累疏駁正。該監亦稱候得初虧在未正三刻，則是先天二刻，以此具疏争辯。臣部看得四刻二刻，總非密合，所以然者，《授時曆》本元初郭守敬諸人所造，而《大統曆》因之，比於漢唐宋諸家誠爲密近，尚未能確與天合。加以年遠數盈，至今三百五十年未經修改故也。以此具疏覆請，乞博選知曆之人，講求考驗，務期悉合天度，超越前古，以垂永久。未果施行①。今兩奉聖旨，仰見我皇上欽若敬授之至意，稽古垂憲之鴻猷，臣等雖才識駑下，敢忘竭蹶，以副隆指。謹依四十年十二月及四十一年正月部議二疏事理，斟酌增損，開列款目，具疏上請，伏候命下，遵奉施行。

計開

一、議選人員。竊惟治曆明時，古人以爲重事，臣等不敢繁稱，止據《元史》所載，以宰相王文謙、樞密張易主領裁奏於上，仍命左丞許衡參預其事；王恂、郭守敬並領太史院事，分掌測驗推步於下。而又博徵楊恭懿諸人助之。猶然五年而成，六年而頒行，十年而進書五種二

① 「未果施行」上，《宗譜》本有「未蒙皇祖俞允，至今」八字，但明清印本《治曆緣起》並無，觀《宗譜》本異同甚多，殆《宗譜》所據爲光啓所擬底稿，而《緣起》所載則禮部修改後奏呈原稿。

十六卷，後三十年續進書九種七十九卷，則成之綦難已。高皇帝倡興大業，元朝所有①，典章散失，止存授時成法數卷，元統等因之爲《大統曆》，僅能依法布算，而不能言其所以然之故。後來有志之士，亦止將前史《曆志》，揣摩推度，並未有守敬等數年實測之功力，又無前代灼然可據之遺書，所以言之而未可行，用之而不必驗也。夫莫難於造曆，莫易於辨曆，天之高，星辰之遠，而先期布算，使時刻分秒，毫髮不差，非積久測驗，累經修改，其勢不能，是故難也。若欲辨術業之巧拙，課立法之親疎，則以日月交食，五星淩犯，豫令推算，臨時候驗，時刻分秒，合即是，不合即非，若數一二，安可欺乎？是故易也。今日用人，務求其能合者而已。即法未遽成，務精擇其言其書，可以必合者而已。臣部四十等年原疏，推舉五人：爲史臣徐光啓、臬臣邢雲路、部臣范守己、崔儒秀、李之藻，今三臣俱故，獨臣光啓見在本部，似可督領其事，恭候皇上任使施行。至臣之藻以南京太僕寺少卿丁憂服滿在籍，如蒙聖明録用，伏乞敕下吏部，查明履歷，酌量相應員缺，起補前來，協同任事。臣部仍劄委祠祭司官一員，職司分理。但以《元史》及國初舊事考之，又似非一二臣工所能獨就，所能速成者。尚須博訪遍求，選擇共事，

① 「倡興大業，元朝所有」，《宗譜》本作「驅逐胡元，北遜沙漠」。

庶集衆思以底成績，則又俟督領之臣，另行斟酌題請，伏惟聖裁①。

一、議博訪取。按《大明會典》：凡天文地理等藝術之人，行天下訪取考驗收用。弘治十一年令訪取精通天文者，試中取用。嘉靖三年科臣建議部覆保舉，於是以户科給事中樂護、工部主事華湘俱陞光禄寺少卿，提督欽天監事。然二臣終不能改守敬之舊，所以至今寢閣。今亦不敢遽謂海内無人，但私習天文，律有明禁，而監官不知律意，往往以此沮人，是以世多不習，或習之而不肯自言耳。臣等考之《周禮》，則馮相與保章異職，稽之職掌，則天文與曆法異

① 此款後，《宗譜》本有「議用西曆」一款，則共有五款，與聖旨所稱「這修改曆法四款」不合（崇禎四年十月初二日《日食疏》亦稱「開列四款」）。明清兩印本《治曆緣起》亦無此款，則禮部奏疏未用此款甚明。兹依《宗譜》本附載於下，以備參考。

一、議用西曆　自宋以前，未聞西國之曆，元至正間始用西域札馬魯丁之《萬年曆》，其法不傳。至洪武十五年高皇帝命翰林臣李翀、吴伯宗及靈臺郎海達兒、回回大師馬沙亦黑等，譯修西域曆法，今本監設有回回科及刊行《西曆法》三卷是也。萬曆間歸化陪臣利瑪竇等數輩，觀光入覲，所攜曆法等書尤爲精密，其所預推交食，時刻分秒，無不悉驗。故四十等年議曆，有監正周子愚呈部，乞令陪臣龐迪我、熊三拔翻譯本書，令與中曆會通歸一。今二陪臣雖故，尚有同事龍華民、鄧若翰偕其徒侣，現居賜寺梵修，合無仍依子愚昔年之請，令與欽命諸臣對譯成書。依其成法測驗推步，以正訛謬，以補闕略，則事半於古，而功效十百倍之矣。何者？天有經度緯度，地亦如之。古曆止有天之經度，至《回回曆》乃有天之緯度。《高皇帝御製集》言：「《回回曆》乃乾方先聖之書，有驗其緯度之法」是也。唐以來始知有地之緯度，故言北極出地某處若干度凡十三處，而元人廣之爲二十九處。若地之經度惟利瑪竇諸陪臣始言之，亦惟彼能測驗施用之。故交食時刻，非用此經度，則不能必合也。其他精微的確，種種夐異，與製作儀器，皆非思力所及。子愚自父祖（按當作皇祖）以來累請修改，監中推爲知曆，而於此陪臣誠心信服，惟恐失傳，蓋以此耳。伏惟聖裁。

科，蓋天文占候之宜禁者，懼妄言禍福，惑世誣人也。若曆法則止於敬授人時而已，豈律例所禁哉！今議臣部訪求，及通行各省直，不拘官吏生儒、草澤布衣，但有通曉曆法者，具文前來。其言天文者一概不取，即明曆者亦不必遽行起送，先取其著述文字，並令豫算交食凌犯數條，或製造儀器式樣，並申到部查核，果有裨益，方行取用，庶真材得以自見，而贋鼎濫竽無能雜進矣。但據臣等所見聞，近世言曆諸家，大都宗郭守敬舊法，比於見在監官，藝猶魯衛，無能翹然出於其上也。至若歲差環轉，歲實參差，天有緯度，地有經度，列宿有本行，月五星有本輪，日月有真會似會，皆古來所未聞，惟西國之曆有之，而舍此數法，則交食凌犯，終無密合之理。高皇帝嘗命史臣吳伯宗與西域馬沙亦黑翻譯曆法，蓋以此也。萬曆四十年監正周子愚建議，欲得參用，務令會通歸一，今亦宜倣其説，參用西法。果得會通歸一，即本朝之曆，可以遠邁前代矣①。伏乞聖裁。

一、議用錢糧。修曆事重且繁，用人既多，經費亦鉅，如《元史》所説鄭重若斯，即當時用度可想見已。今時詘不能舉嬴，則取人必求實幹，造器必求實益，供億必不可虛冒，時日必不

① 自「但據臣等所見聞」至「可以遠邁前代矣」一百八十字，《宗譜》本無，蓋以已有「議用西法」一條故也。

可虛度，庶事成而費亦可省也。如官俸除見任外，其餘擇職事稍簡衙門，見缺補用①。欽天監亦考取見任曆官三四員聽用，則官俸省矣②。若訪求草澤知曆人等，必須心精手巧，確當一臂之用者，不得過十人。欽天監天文生，考取其心手精敏、能善書算者，不得過十五人。則餼廩省矣。又如觀象臺見在渾儀簡儀正方案等，體大費鉅，目今墊平修整，即可施用。就有新式，未敢議造。若必須製用者，量造小樣，或兼用銅木材料，以爲準則，所費不多。其臺上下舊議造房數間，今亦止須修舊，以便測驗人員更番歇息。其開局之處，查得宣武門内有舊創首善書院，係在空閑，堪以整理暫住，則造作省矣。以上諸費，除見任見役官生俸給照常支領外，其餘應添給本色者，量行户部添給；　應估計修整者，量行工部修整。其紙劄筆墨等費及零星合用，查得臣部所屬太醫院，及訓科訓術僧道録司等項，有上納事例銀兩收貯户工二部者，舊議於中咨取應用，合無暫准前議，臣等酌量減省，擇其必不可已者量行取用。仍造四柱文册，按季奏聞達部；　事竣之日，仍造總册奏報。伏乞聖裁。

一、議考成績。按《唐書》載僧一行造《大衍曆》，七年而僅成草稾；　元郭守敬等造《授時

① 「補用」下，《宗譜》本多「必無簡缺，或倣兵部堂屬事例，添設二員，事竣即止」二十一字。

② 「省矣」下，《宗譜》本多「又如西土陪臣並其從僅五六人」十三字。

曆》，十年而始進書籍。今古書盡亡，測驗推步，必須星迴歲轉；著述講究，動經年月①。若更優游時日，未免積久躭延，不止失時，亦且多費。臣等議得開局之後，宜倣《周禮》日考日成、月考月要之法，每月終，將日逐測驗推算簿類報臣部；季終，將三月内所成簿籍書册或所造儀器法式總報臣部，進呈御覽。事竣之日，將已未進呈者，一并具奏。至若成造重大儀器，及刊刻全書，以章一代之鴻摹，以垂萬世之法式，及劾勞官生人等，計功議敍諸事，至期容臣部酌量議擬，請旨施行。伏乞聖裁。

崇禎二年七月十一日上，本月十四日奉聖旨：這修改曆法四款，俱依議。徐光啓見在本部，着一切督領。李之藻速與起補，蚤來供事。該部知道。

## 禮部題請修改曆法敕書關防疏 崇禎二年七月二十一日②

禮部題爲欽奉明旨，修改曆法，謹開列事宜，請乞聖裁事。照得修改曆法已經本部具

---

① 「今古書盡亡，測驗推步，必須星迴歲轉；著述講究，動經年月」，《宗譜》本作「今若翻譯成書，固可事半功倍，然測議一事，必須星迴歲轉。著述則有法有論，有度有數，講究推步，動經歲月」。

② 據《治曆緣起》迻録。

題，於七月十四日奉聖旨：「這修改曆法事宜四款，俱依議。徐光啓見在本部，着一切督領。李之藻即與起補，蚤來供事。該部知道。欽此。」欽遵到部，臣等奉旨改修曆法，欽命見在本部左侍郎徐光啓一切督領，所有各衙門應行事宜，必須敕書關防，以慎重大典，相應題請，合候命下，行移翰林院撰文，本部鑄給關防施行。緣係云云事理，未敢擅便，謹題請旨。

**崇禎二年七月二十一日上，本月二十四日奉聖旨：是，與做督修曆法關防。**

## 條議曆法修正歲差疏 崇禎二年七月二十六日①

太子賓客禮部左侍郎兼翰林院侍讀學士臣徐光啓謹奏：爲恭承恩命，自揣無能，謹陳愚見，以祈聖明採擇事。臣以庸愚，備員佐禮，曠官素食，每抱兢慚。頃因日食不合，伏蒙欽允臣部所請，修改曆法。臣以昔年舊議，廁名其間，欽奉聖旨：「這修改曆法事宜四款，俱依議。徐光啓見在本部，着一切督領。李之藻速與起補，蚤來供事。該部知道，欽此。」欽遵：臣聞

① 據《治曆緣起》迻録，用《明經世文編》卷四九三校。

命自天，有如蚊負，雖知才識短淺，而君父之命，所不敢辭。除報名廷謝外，切念曆數一家，今爲絶學，而臣濱海豎儒，無從師授，萬曆四十等年禮臣謬相推舉者，亦爲臣能虚心採聽，庶或因人成事，以襄大典，非謂臣能剏立矩矱，自勝前人也。十八年來，益加衰老，舊學遺忘，勉肩重任，亦率循素志，廣集衆長，冀幸得當，以報欽命而已。臣惟古來言曆者有二誤：其一、則《元史》曆議，言考古證今，日度失行者十事；夫已則不合，而歸咎於天，謬之甚也。其一、則宋儒言天必有一定之數，今失傳耳。夫古之曆法當時則合者多矣，非不自謂已定，久而又復不合，則豈有一定可拘哉！臣所聞者，天行有恒數而無齊數也。有恒者，如夏至日長，冬至日短，終古不易；不齊者如長極漸短，短極漸長，終歲之間無一相似。歲法如此，他法皆然，以至百千萬年，了無相似；而用法商求，仍歸輳合，遲速永短，悉依期限，此天地之所以爲大也。今所求者，每遇一差，必尋其所以差之故；每用一法，必論其所以不差之故。上推遠古，下驗將來，必期一一無爽。日月交食，五星淩犯，必期事事密合。又須窮原極本，著爲明白簡易之説，使一覽瞭然。百世之後，人人可以從事，遇有少差，因可隨時隨事，依法修改。且度數既明，又可旁通衆務，濟時適用，此則臣之所志而非臣之所能，故不無望於衆思羣力之助也。謹陳急要事宜四款，分三十三條，上〔呈〕御覽①。伏惟聖明裁擇施行。事緒繁多，有踰限制，懇祈聖鑒，臣不勝激切惶悚待命之至。爲此具本，謹具奏聞。

計開

一、曆法修正十事：

其一、議歲差。每歲東行漸長漸短之數，以正古來百年、五十年、六十六年等多寡互異之説。

其二、議歲實小餘。昔多今少，漸次改易，及日景長短歲歲不同之因，以定冬至，以正氣朔。

其三、每日測驗日行經度，以定盈縮加減真率、東西南北高下之差，以步日躔。

其四、夜測月行經緯度數，以定交轉遲疾真率、東西南北高下之差，以步月離。

其五、密測列宿經緯行度，以定七政盈縮、遲疾、順逆、違離、遠近之數。

其六、密測五星經緯行度，以定小輪行度遲疾、留逆、伏見之數，東西南北高下之差，以推步凌犯。

---

① 《治曆緣起》、《明經世文編》均無「呈」字，據二徐本補。

其七、推變黄赤道廣狹度數，密測二道距度及月五星各道與黄道相距之度，以定交轉。

其八、議日月去交遠近及真會似會之因，以定距午時差之真率，以正交食。

其九、測日行、考知二極出入地度數，以定周天緯度，以齊七政。因月食考知東西相距地輪經度，以定交食時刻。

其十、依唐、元法，隨地測驗二極出入地度數，地輪經緯，以定晝夜晨昏永短，以正交食有無多寡先後之數。

右十事俱目前切要。其餘備細條目，未敢瀆陳，伏乞聖裁。

一、修曆用人三事：

其一、中外臣僚、臣部所舉南冏臣李之藻，已蒙録用，仍令蚤來。其餘果有嵩門名家，亦宜兼收，容臣等隨時訪求。有立法超卓、陳義精當者，具實奏聞，以待簡用。

其二、用西法。高皇帝嘗得《回回曆》法稱爲乾方先聖之書，令詞臣吴伯宗等與馬沙亦黑同事翻譯，至今傳用。惜亦年遠漸差。萬曆間西洋天學遠臣利瑪竇等尤精其術①，四

① 「天學遠臣」，《明經世文編》作「歸化陪臣」。

十等年曾經部覆推舉，今其同伴龍華民、鄧玉函二臣，見居賜寺①，必得其書其法，方可以較正訛謬，增補闕略。蓋其術業既精，積驗復久，若以《大統》舊法與之會通歸一，則事半而功倍矣。

其三、修曆合用人員，如測驗推步、製造儀器及能書善算者，臣部已經條列，但目前未能齊集。姑就見在堪任者，著令效用，再俟訪求招致。有實用者，半年之後聽臣部類齊考試，各取所長，不敢濫收以滋糜費。考後在事諸人，若著述論議，推算簿籍，造作儀象，凡係進呈及見用存貯者，俱册記本人姓名，使各見所長。且在今可以上下其食，他日可以差次其功。至諸人所用廪糧本折，容臣部分理司官，酌量案呈，另行具奏，伏乞聖裁。

一、争用儀象十事：

其一、造七政象限大儀六座，俱方八尺，木匡、銅邊、木架。

其二、造列宿紀限大儀三座，俱方八尺，木匡、銅邊、木架。

其三、造平渾懸儀三架，用銅圓徑八寸，厚四分。

① 明印本《治曆緣起》與《明經世文編》均作「寺」，清印本《治曆緣起》與二徐本均作「宇」，今定作「寺」。

其四、造交食儀一具，用銅木料方二尺以上。

其五、造列宿經緯天球儀一架，用木料油漆，大小不拘。

其六、造萬國經緯地球儀一架，用木料油漆，大小不拘。

其七、造節氣時刻平面日晷三具，用石長五尺以上，廣三尺以上。

其八、造節氣時刻轉盤星晷三具，用銅徑一尺，厚二分。

其九、造候時鐘三架，用鐵大小不拘。

其十、裝修測候七政交食遠鏡三架，用銅鐵木料。

右諸事俱目前急用。餘可接續製造者，未敢備開。其舊法須用銅者，爲費不貲，今兼以銅鐵木料成造，小者全用銅鐵，總計所費，數亦不多。懇祈敕下工部，隨時應用。臣部依前覆議，按季類奏。但木料止堪暫用，事完仍須精銅鑄式，以垂永久。伏乞聖裁。

一、度數旁通十事：

其一、曆象既正，除天文一家言災祥禍福、律例所禁外，若考求七政行度情性，下合地宜，則一切晴雨水旱，可以約略豫知，修救修備，於民生財計大有利益。

其二、度數既明，可以測量水地，一切疏濬河渠、築治堤岸、灌溉田畝，動無失策，有益民事。

其三、度數與樂律相通，明於度數即能考正音律，製造器具，於修定雅樂可以相資。

其四、兵家營陣器械及築治城臺池隍等，皆須度數爲用，精於其法，有裨邊計。

其五、算學久廢，官司計會多委任胥史，錢穀之司關係尤大；度數既明，凡九章諸術，皆有簡當捷要之法，習業甚易，理財之臣尤所亟須。

其六、營建屋宇橋梁等，明於度數者力省功倍，且經度堅固，千萬年不圮不壞。

其七、精於度數者能造作機器，力小任重，及風水輪盤諸事以治水用水，與凡一切器具，皆有利便之法，以前民用，以利民生。

其八、天下輿地，其南北東西縱横相距，紆直廣袤，及山海原隰、高深廣遠，皆可用法測量，道里尺寸，悉無謬誤。

其九、醫藥之家，宜審運氣；曆數既明，可以察知日月五星躔次，與病體相視乖和順逆，因而藥石針砭，不致差誤，大爲生民利益。

其十、造作鐘漏以知時刻分秒，若日月星晷、不論公私處所、南北東西、欹斜坳突，皆可安置施用，使人人能分更分漏，以率作興事，屢省考成。

右十條於民事似爲關切。臣聞之《周髀算經》云：「禹之所以治天下者，勾股之所繇生也」，蓋凡物有形有質，莫不資於度數故耳。此須接續講求，若得同事多人，亦可分曹速就，伏乞聖裁。

崇禎二年七月二十六日上，本年八月初一日奉聖旨：這條議曆法，立論簡確，列款明備。修正歲差等事，測驗推步、參合諸家，西法自宜兼收，用人精擇毋濫。李之藻着速催前來。儀象急用，工部委官督造；度數旁通有關庶績，一併分曹料理。該衙門知道。

## 奉旨修改曆法開列事宜乞裁疏 崇禎二年九月二十三日①

太子賓客禮部左侍郎兼翰林院侍讀學士督修曆法臣徐光啓謹題：爲欽奉明旨，修改曆法，謹開列事宜，請乞聖裁事。照得臣於本年七月十四日奉聖旨督領修曆事務，即於次日選用知曆人並匠役等，製造儀器。原題大儀九座，今因工料未敷，先完三座，略可給用，已移置本局安頓訖。今月十五日祇領敕書，並本部鑄給欽降關防，隨行欽天監擇日具題，奉旨已於本月二十二日開局訖。所有合用官生人等支給，並儀器工料，謹酌量中數，列款具題請旨，伏惟聖明裁定，敕下各該衙門欽遵施行。

一、支給

① 據《治曆緣起》迻録。

一、協理、分理官各一員，光禄寺日給酒食等項，似應同纂修官照品支給。

一、欽天監官原題選取官三員；　今據稱曆官七員，藝能相等，而局中又不必七員俱到，合無日輪二員供事；　其二員似應照纂修館署丞等官事例支給。

一、後有取用官員，俱斟酌前例，一體給與。

一、西洋天學遠臣二名，萬曆間原有光禄寺下程廩給，似應該寺酌量，照舊給與。

一、選取徵用知曆人，不拘吏監生儒，原題准選用十名，今欲分别三等藝能：　其一，能明度數本原、講解意義傳教官生者；　其一，測驗推步精密不差者；　其一，製造大小儀器工巧合法者。　三項皆屬上等，每名每月給米一石，銀一兩八錢。　其有兼長特出，三藝俱全，一人當數人之用者，酌量加給。　但今三月以來，訪取僅得三人，其藝能不及者不敢濫收；　後有續取者照例支給。

一、曆科天文生考取能書善算者，原題准選用十五人，今局中不必多人，止輪三名常川供事，每名除月糧外加給米五斗，鹽菜銀九錢。　其餘但有成書並工謄録者，計日支給，每名每日給銀五分。　諸人中有術業進益能及上等者，照前加給。　已上二款，一時人數或缺，逐名扣給；　有掛名曠廢者，計日除減。

一、督修協理各用書辦一名，每名月給銀九錢。　看管儀器局夫一名，廚夫一名，每名月給銀六錢。

一、每月用呈文紙一千張，岡連紙一簍。

一、曆局觀象臺二處，每月用煤六十斤。

一、寒月四個月，每日用木炭四十斤。

一、工料

一、七政列宿大義九座，每座約工料銀三十兩。若會有銅鐵木植，約用工價銀二十兩。

一、平渾懸儀三架，每架約工料銀三兩。

一、交食儀一具，約工料銀五兩。

一、天球地球儀二架，每架約工料銀六兩。

一、平面日晷三具，每具約工料銀五兩。

一、星晷三具，每具約工料銀一兩。

一、自鳴鐘三架，中樣者每架價銀五十兩，大者及小而精工者價值甚多，今不必用。

一、望遠鏡架三副，每架約工料銀六兩。鏡不在數。

前器止目前急用，他可續造者不在此數。至於分晝界限，工力精細，有小器一具應費百日之功者，俱知曆人幹辦。另有前項本身廩給，不在工料之數。又諸器未經成造，難以定估，人數亦有多寡不齊，通俟按季造成四柱支銷文册，具奏達部。

一、該局房屋合應工部量行修理，當加添者量行加添，並量備桌椅器物數事。

**崇禎二年九月二十三日具題，二十六日奉聖旨：　這修曆官生人等支給，並儀器工料等項，俱着依議辦給。該衙門知道。**

## 修改曆法請訪用湯若望羅雅谷疏 崇禎三年五月十六日①

太子賓客禮部左侍郎兼翰林院侍讀學士督修曆法臣徐光啓等謹題爲修改曆法事：崇禎二年七月十一日該本部題爲日食事，十四日奉聖旨：「這修改曆法四款，俱依議。徐光啓見在本部，着一切督領。李之藻速與起補，蚤來供事。該部知道。欽此。」欽遵：隨行一面製造儀器，續於九月十五日祇領敕書關防，二十二日開局。行據欽天監開送選取官生戈豐年、周胤等到局，分番測驗晷景。臣之藻祇奉簡命，亦於去冬十一月自原籍杭州府起程前來，行至揚州、滄州兩處，爲因血疾再發，醫療躭延；今幸獲痊，已於本月初六日陛

①　據《治曆緣起》迻録。

見訖，旋即到局，協同臣光啓恪遵原議規則，督率該監官生，在局供事，推求測驗，改正諸法。先是臣光啓自受命以來，與同西洋遠臣龍華民、鄧玉函等，日逐講究翻譯，至十月二十七日計一月餘，所著述翻譯《曆説曆表》稿草七卷。忽因警患，臣光啓屢奉明旨，拮据兵事，因之輟業，獨兩遠臣與知曆人等自行翻譯，復得諸色《曆表》稿草八卷。日稽月省，臣等凛凛職業，不敢怠荒。獨念天道幽遠，曆學精奧，自古聖喆皆不能爲一定之法，獨郭守敬稱爲絶倫，今復與天不合，則其法亦未精密。臣等佔僤老儒，所誦習者不過漢唐宋元史册之所紀載，資性愚蒙，亦豈能自出聰明，高睨往古。第今改曆一事，因差故改，必須究其所以差之故而改正之。前史改曆之人皆不其然，不過截前至後，通計所差度分，立一加減乘除，均派各歲之下，謂之改矣，實未究其所以然也。臣等昔年曾遇西洋利瑪竇，與之講論天地原始、七政運行，併及其形體之大小遠近，與夫度數之順逆遲疾，一一從其所以然處，指示確然不易之理，較我中國往籍，多所未聞。臣等自後每聞交食，即以其法驗之，與該監所推算，不無異同，而大率與天相合。故臣等竊以爲今兹修改，必須參西法而用之，以彼條款，就我名義，從曆法之大本大原，闡發明晰，而後可以言改耳。臣等藉諸臣之理與數，諸臣又藉臣等之言與筆，功力相倚，不可相無。然而布算既密，事緒亦繁，汗牛充棟之書，臣等方愁精力有限，歲月易銷；不意本年四月初二日臣鄧玉函患病身故。此臣曆學專門，精深博洽，臣等深所倚仗，忽兹傾逝，向後緒業甚長，止藉華民一臣，又有本等道業，深懼無以早完報命。臣等訪得諸臣同學尚有湯若望、羅雅谷二臣者，其術業與玉涵相埒，而年力正強，堪以効用。及今西洋掌教遠臣陸若漢南行，即令訪求速來，共襄盛典，事理亦便，伏乞敕下臣部，就便行文，敦諭二臣，並行所在官司，資給前來，庶令人出所長，早奏厥績。臣等竭其愚昧，諮訪商量，一則通曉曆法之人，悉宜收集京師；一則此二臣者皆係外國賓旅，請乞皇上明旨徵求，重其事亦重其人，故不免以一事之微，仰瀆聖聽。至於各省直地方，有學術能窺原本，推步確見左驗者，臣等再勤博訪取用，未敢一一瀆陳也。謹題請旨。

崇禎三年五月十六日具題，本月十九日奉聖旨：曆法方在改修，湯若望等既可訪用，着地方官資給前來。該衙門知道。

## 修改曆法遠臣羅雅谷到京疏 崇禎三年七月初二日①

禮部尚書兼翰林院學士協理詹事府事督修曆法臣徐光啓等題爲修改曆法事：先該

---

① 據《治曆緣起》迻録。

臣等於本年五月十六日題爲前事，十九日奉聖旨：「曆法方在改修，湯若望等既可訪用，着地方官資給前來。該衙門知道。欽此。」欽遵：通行咨訪去後，訪得遠臣羅雅谷見寓河南開封府，隨經訪府知府袁楷具文起送，資給前來，於今月初二日到京。理合具題，伏候命下，令赴鴻臚寺報名，習儀見朝，隨令到局，與遠臣龍華民一體供事。其湯若望另俟訪取到日，具題請旨施行。

崇禎三年七月初六日奉聖旨：羅雅谷准朝見，到局供事。該部知道。

## 修曆因事暫輟略陳事緒疏 崇禎三年九月二十日①

禮部尚書兼翰林院學士協理詹事府事督修曆法臣徐光啓等謹題：爲奉命修曆，因事暫輟，謹略陳事緒，以明職守事。竊照臣光啓於崇禎二年七月十四日奉旨督領修正曆法事務，於九月十五日祇領敕書，二十二日開局供事。一月有餘，與歸化陪臣龍華民、鄧玉函等前後翻譯著述書表七卷，製造大儀三座，不意忽遭虜警，臣光啓奉命協同料理城守事宜，繼以造銃訓丁

① 據明印本《治曆緣起》迻録。

等事，獨兩陪臣與知曆人一二輩常川供事，譯成立成表八卷。其二臣所著述方言稿草，尚多未經翻譯，不敢開具。至本年五月以後，臣之藻、陪臣羅雅谷前後到局，偕臣光啓撰述翻譯，復得書表六卷，先後共成書籍立成表一十九卷。案照禮部原題議考成績一款内稱，每季終將簿籍書册類報該部，進呈御覽。今臣等奉命經年，而大半輟業，然鳩工合作已三月，前項書表理合進呈。但緣多事以來，止咨到户部事例銀一百兩，製造儀器等項支用訖。工部錢糧乏竭，事勢倥偬，臣光啓又營他務，向未咨取。至今月初九日咨到事例銀三百兩，而該監官生方併工辦曆，未能繕寫，謹將前項書籍儀器名目開坐上聞，仍將書表稿草一十九卷送閣部諸臣查看訖，容臣等竢辦曆畢日，行欽天監鳩集官生，領給工食，次第繕寫進呈御覽。緣係奉命修曆，因事暫輟，謹略陳事緒，以明職守事理，理合具本，謹具題知。

計開

書表一十九卷：

《測天約説》二卷

《大測》二卷

《元史揆日訂訛》一卷

《通率立成表》一卷

散表一卷

已上係臣光啓同陪臣龍華民、鄧玉函等譯撰。

《測圓八線立成長表》四卷

《黄道升度立成中表》四卷

已上係陪臣鄧玉函等同知曆人等翻譯通算。

《曆指》一卷

《測量全義》二卷

《比例規解》一卷

《日躔表》一卷

已上係臣光啓臣之藻同陪臣羅雅谷譯撰。

大儀器三座：

七政象限大儀二座

測星紀限大儀一座

已上係(倍)〔陪〕臣鄧玉函同知曆人陳于階等製造①。

**崇禎三年九月二十日上,本月二十三日奉聖旨: 這奏修曆事緒,知道了。原議按季考成,既因事暫停,譯成書表着繕寫完日進覽。該部知道。**

## 推算月食起復方位並具圖象疏 崇禎三年九月二十日②

禮部尚書兼翰林院學士協理詹事府事督修曆法臣徐光啓謹題爲月食事: 竊照本年十月十六夜望月食,已該禮部具題奉旨施行,臣等仰承欽命,職專修改,今雖功緒伊始,未有全書定法,然西洋二臣所有諸書,亦具載本法。祇因東西相去數萬里,交食時刻早晚相去約二十七刻,曆家謂之里差。此數非從月食時測驗數次,不能遽定。今與二臣約用其法,酌量加減推算,得本日月食分秒時刻起復方位,仍具圖象及欽天監原推二法,一併開坐上聞。伏乞敕下禮部,令監督司官至期會同臣等及該監官生登臺測候。如果密

---

① 原本誤作「倍」,當作「陪」。

② 據明印本《治曆緣起》迻録。

近，便可尋迹推求，倘猶疎遠，則當立法增損。不惟驗今日之異同，亦可備他日之擬議，庶幾庶仰副皇上欽若至意，而臣等亦得一心營職，勉效其尺寸矣。緣係月食事理，未敢擅便，謹題請旨。

計開

崇禎三年十月十六日辛酉夜望月食分秒時刻並起復方位：

依《大統曆》推算：　其法月體一十五分。

月食七分一秒約二分之一弱。

月未入已復光一分六十一秒。

月已入未復光五分四十秒。

| 初虧 | 寅正三刻 | 五更三點 | 東北 |
|---|---|---|---|
| 食甚 | 卯正二刻 | 曉刻 | 正北 |
| 復圓 | 辰正初刻 | 在晝 | 西北 |

食甚，月離黄道昴宿四度二十三分一秒。

依《回回曆》推算：

月食七分六十四秒二分之一強

月未入見復光七十一秒

月已入未復光六分九十三秒

初虧　卯初初刻　東北

食甚　卯正二刻　正北

復圓　辰正一刻　西北

食甚，月離黄道酉宫二十七度四十分四秒。

依西洋法加減推算：原法月體一十二分，今改從《大統曆》一十五分。

月食一十一分一十三秒七十五微約四分之三弱

月未入已復光五分二十一秒

月已入未復光五分九十二秒七十五微

初虧　在寅正一刻八十九分二十五秒算外　東北

月輪在地平上三十一度一十二分

食甚　在卯正初刻六十七分九十四秒算外　正北

月輪在地平上一十一度三十分

復圓　在辰初三刻五十一分六十二秒算外　西北

月輪在地平下七度五十分

共食限一十四刻一十二分二十七秒。

月離躔度

初虧、月離黄道經度在大梁之次二十六度三十分。

緯度離黄道南六十二分九十四秒。

食甚、月離黄道經度在大梁之次二十七度八分一十四秒。

緯度離黄道南五十五分五十秒。

復圓、月離黄道經度在大梁之次二十七度八十六分四十七秒。

緯度離黄道南四十八分三十三秒。

右凡言算外者在過此時刻之後，如初虧在寅正一刻八十九分二十五秒，算外則必過寅正一刻而交寅正二刻，又過正二刻之八十九分而交九十分，又過九十分之二十五秒而交二十六秒，則初虧之時即寅正二刻已過八十九分二十五秒近寅正三刻矣，非謂方交寅正一刻即初虧也。食甚、復圓，俱倣此。凡曆法中歲月日時宫度分秒俱倣此。

崇禎三年十月十六夜望月食圖

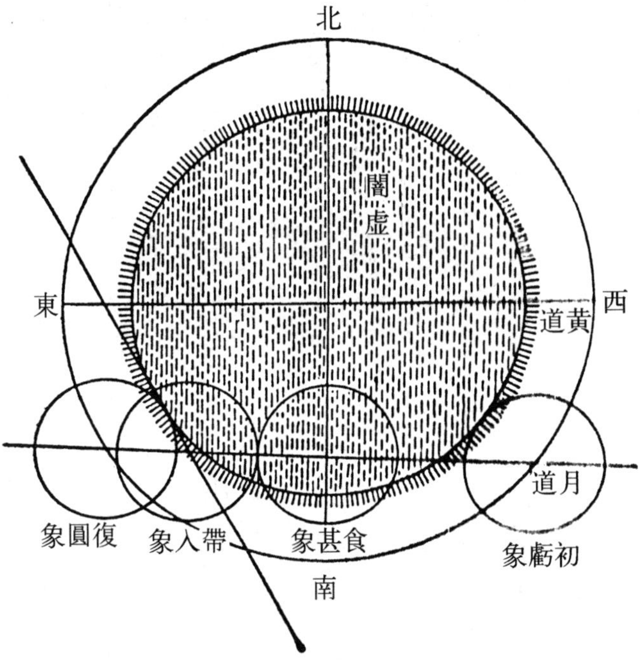

崇禎三年九月二十日上，本月二十三日奉聖旨： 這月食分秒時刻並起復方位，各曆推算互異，卿至期率同監督司官及該監官生登臺測候審驗，具奏。 該部知道。

## 月食回奏疏 崇禎三年十月十七日①

禮部尚書兼翰林院學士協理詹事府事督修曆法臣徐光啓謹奏爲月食事： 臣於九月十九日具題前事，二十三日奉聖旨：「這月食分秒時刻並起復方位，各曆推算互異，卿至期率同監督司官及該監官生登臺測候審驗，具奏。 該部知道。 欽此。」欽遵： 於今十月十六日夜望率同監督司官梁衍泗及該監堂屬官生葉震春等到臺測驗，臣用新造候時星晷一具，逐時逐刻測候，到寅正一刻九十分算外見初虧東北，至卯正初刻七十分算外食甚約一十一分以上，難定秒微，因闇虚體大三倍於月，掩月西行，食甚時刻頗久，適遇陰雲遮掩，以至月入地平，無從考其已未復光分數，較臣原題月食分秒起復方位，似不甚遠。 至該監官生於臺下就壺漏二器，多寡稍有異同，似不難較勘畫一也。 臣欽奉明旨，理合回奏，爲此具

① 據《治曆緣起》迻録。

本，謹具奏聞。

崇禎三年十月十七日具題，二十四日奉聖旨：考驗曆法全在交食，覽奏臺官用器不同，測時互異，還着較勘畫一，具奏。

## 測候月食奉旨回奏疏 崇禎三年十一月二十四日①

禮部尚書兼翰林院學士協理詹事府事督修曆法臣徐光啓謹題爲奉旨回奏事：臣於十月十七日登臺測候月食，具本回奏，奉聖旨：「考驗曆法，全在交食，覽奏、臺官用器不同，測時互異，還着較勘畫一具奏，欽此。」欽遵：隨行督率該監堂屬官並知曆人等到臺，前後較勘三次。設立表臬及用合式羅經，於本臺日晷簡儀立運儀正方案上，較定本地子午真線，以爲定時根本。據法當製造如式日晷，以定晝時；造星晷，以定夜時；造正線羅經，以定子午。若晨昏陰雨，當造如式行漏，與該監所有銅漏比驗畫一，以濟二晷所不及。但備辦界畫，工力甚細，今工尚未竣，而較勘略定，理合先行奏聞。臣等竊照定時之法當議者五事：一曰壺漏，二曰

① 據《治曆緣起》迻録，用《明經世文編》卷四九三校。

指南針，三曰表臬，四曰儀，五曰晷。其一、壺漏等器規制甚多，今所用者水漏也。然水有新舊滑濇，則遲速異；漏管有時而塞，有時而磷，則緩急異。定漏之初，必於午正初刻，此刻一誤，無所不誤，雖調品如法，終無益也。故壺漏者特以濟晨昏陰雨晷儀表臬所不及，而非定時之本。所謂本者，必準於天行，則用表、用儀、用晷，晝測日，夜測星，是已。其二、指南針者，今術人恒用以定南北，凡辨方正位，皆取則焉。然所得子午非真子午，向來言陰陽者多云泊於丙午之間，今以法考之，實各處不同。在京師則偏東五度四十分，若憑以造晷，則冬至午正先天一刻四十四分有奇，夏至午正先天五十一分有奇。然此偏東之度，必造針用磁，悉皆合法，其數如此。若今術人所用短針、雙針、磁石同居之針，雜亂無法，所差度分或多或少，無定數也。今觀象臺有赤道日晷一座，及正方案，臣等以法考之，其正方案偏東二度，日晷先天半刻，計在當時亦用羅經與表臬參定，故差數爲少。若專用羅經者，恐所差刻分多少亦無定數，而大抵皆失於先天。據此以候交食時刻，即其失不盡在推步也。今但用表臬或儀器以求子午真線，或依偏針加減，別造正線羅經，以與舊晷較勘，差數立見矣。三曰表臬者，〔既〕〔即〕《周禮》匠人置槷之法①，識日出入之景，參諸日中之景，以正方位。今法置小表於地平，午正前後累測日

① 《明經世文編》作「即」。

景，以求相等之兩長景，即爲東西；　因得中間最短之景，即爲真子午。其術更爲簡便也。四曰儀者，本臺原有立運儀，用以測驗七政高度，臣等即用以較定子午。於午前累測日高度，分至於長極而消，則因最高之度即得最短之景，此午正時南北真線也。五曰晷者，造成平面晷體依前儀器表臬南針三法，參互考合，務得子午卯酉真線，因以法分布時刻，加入節氣諸線，即成平面日晷。若今時所用圓石欹晷，是爲赤道晷，亦用所得子午線較定。此二晷者，皆可得天正時刻，所謂晝測日也。若測星之晷，亦即《周禮》夜考極星之法。然周時北極一星，正與真北極同壤；　今時久密移，此星去極三度有奇，《周官》舊法不復可用。故用重盤星晷，上盤書時刻，下盤書節氣，展轉相加，依近極二星用時指垂權，測知天正時刻，所謂夜測星也。總五事而論之：　壺漏用物用其分數，南針用物用其性情，然皆非天不因，非人不成。惟表、惟儀、惟晷，悉本天行，私智謬巧無容其間，故可爲候時造曆之凖式也。今若於准表、准儀、准針任用一事，因之以造日星二晷，又因二晷以較定壺漏，用加減輕重之法令遲疾如意，則天正時刻人人通知，在在畫一矣。如是而交食時刻尚有後先，則失在推步也。然而推步之學，其中事理有須申明奏聞者。蓋曆自漢迄元一千三百五十年，凡六十八改而後有《授時》之法，是皆從粗入精，先迷後得，謂古法良是，後來失傳誤改者，皆謬論也。自元至今又三百五十年，略無修正，並郭守敬之遺書一百餘卷，悉皆散逸，徒取其僅存之粗迹，爲熙朝之大典，詎是事宜？　而昔日臺官阻撓特甚，此則前代曆家義所不敢出也。近蒙聖明加意釐正，諸臣專己成心，悉已捐除，而見臣等著述稍繁，似有畏難之意。不知其中有理、有義、有法、有數。理不明不能立法，義不辨不能著數。明理辨義，推究頗難；法立數著，遵循甚易。即所爲明理辨義者，在今日則能者從之，在他日則傳之其人，今可據爲修改地耳，非必在臺諸臣悉皆曉暢也。若立成諸表皆先爲一定之法，一成之數，如舊用測圓術求距度一率，即須展轉乘除，窮日之力；而臣等翻譯原文二萬一千六百率，又改從《大統》，加減演算爲三萬六千率，用之推步，展卷即得。其他諸法，亦多類此。此則今之愈繁，乃後之愈簡；以臣等之甚難，開諸臣之甚易，何足畏哉！此臣等所嘗面諭，而今以入告，庶諸臣知臣言之不欺，旁觀者知曆法曆理，一成俱成，遠尋前緒，下啓來兹，實未易也。緣係奉旨回奏事理，除赤道晷恒是先天半刻可用，原晷修改或臨時扣減定算平面晷，可於正方案界畫其星晷，行漏羅經，待工完之日，付該監臺官施用，並指授造法、用法外，合應先行回奏。爲此具本，謹具題知。

崇禎三年十一月二十四日上，二十八日奉聖旨：曆學甚微，其理數法象，必須悉心互參，不可偏執。覽奏製器測晷及指傳臺官等事，具見詳審，知道了。該部知道。

## 咨禮部轉咨都察院文 崇禎三年十一月①

禮部尚書兼翰林院學士協理詹事府事督修曆法徐光啓爲欽奉明旨修改曆法，謹開列事宜請乞聖裁事。准禮部咨：「准都察院咨、據巡按四川監察御史馬如蛟呈：奉本院勘劄先該本部咨題前事内開，博訪得資縣儒學生員冷守中執有成書，言論娓娓，謹令抄録原書，先行呈覽，如果堪用，行文起取等因到院移咨過部，轉咨查覽」等因。准此，看得曆法一家本於《周禮》馮相氏「會天位、辨四時之敘」，於他學無與也。從古用大衍、用樂律。牽合傅會，盡屬贅疣，今用《皇極經世》，亦猶二家之意也。此則無關工拙，可置勿論。惟是曆之始事，先定氣朔；曆之終事，必驗交食。今崇禎四年辛未歲前冬至，《大統曆》推在庚午十一月十八日亥正一刻，本部從前推步臨期測驗，定在十九日丑初一刻五分四十一秒，則於《大統曆》已是先天一十二刻有奇，而於來術所推在酉初四刻，又先於《大統》一十六刻，則比本部新法共先二十八刻有奇，燕越蒼素，不啻遠矣。然而此事奥賾難宜，逝駒莫挽，彼此是非，孰從定之，亦姑未論。

① 據《學曆小辯》迻録。

獨辛未年日月交食，此可豫推，尤難掩覆，合離疏密，毫髮畢呈，此不必以口舌争也。考是年四月十五日戊午夜望月食，欽天監推到食限一十四分九十九秒，初虧於正東爲丑初三刻，食既爲丑正三刻，食甚爲寅初二刻，生光爲寅正一刻，復光於正西爲卯初初刻。本部新法所推，則食限二十六分六十秒，其在順天府則初虧在丑初一刻内第二十五分三十秒，食既在丑正一刻内第五十一分二十三秒，食甚在寅初一刻内第六分四十三秒，生光在寅初四刻内第五十九分零二秒，復圓在卯初初刻内第二分二十三秒。又依各省直道里約略推得先後時刻，不暇偏舉；今止論四川成都府，則初虧在子正初刻九十一分一十三秒，食既在丑初一刻二十六分六十七秒，食甚在丑正初刻七十零分六十三秒，生光在寅初初刻二十六分四十零秒，復圓在寅正初刻五十分七十三秒。蓋順天府復圓之時月輪准在地平上未入，四川復圓之時月輪尚在地平上一十五度有奇。來衎云「加時在晝」，則此相左之甚，而明白易見。本部原疏嘗云：「莫難於造曆，莫易於辨曆」，蓋爲此也。今時日既在指顧，事理又若列眉，合無聽令本生同該地方陰陽人等，至期詣公府一同候驗，如果加時在晝，即其法夐絶千古，本部當盱衡俟之；如或在夜，則尚宜虚心習學，以成先志。蓋三百年來此道寥寥，苟有志焉，樂與其進也。再照月食分數，寰宇皆同，不比日食多寡，隨處各異。特緣地有經度，東西易地則先後時刻亦隨處不一，如前所推蜀省時刻乃依《廣輿圖》計里畫方之法，揣摩推算，未委果否相合？如必欲得真數，又須以本地交食之數驗之。至期得本地方官令本生同陰陽人等測定初虧真正時刻，分秒備細，具申轉咨前來，使本部得藉手以告成事，是所甚願也。爲此合咨貴部，煩爲查照轉咨施行。崇禎三年十一月。

## 因病再申前請以完大典疏 崇禎三年十二月初二日①

禮部尚書兼翰林院學士協理詹事府事督修曆法臣徐光啓奏：爲因病再申前請，懇祈聖鑒以完大典事。臣等近推本年十一月十八日冬至時刻，用儀器三事，累測日躔，如法布算，與該監原推不合；而該監原推與近來議曆者所言又不合。欲求畫一，使人人暢曉，確然無疑，當於臬表二器酌就一巧便之法。因於二十八日前往觀象臺再行備細考驗計畫，不意偶然失足，顛墜臺下，致傷腰膝，不能動履。見今延醫調治，據例止應註籍，未宜輒以上聞。而在臣特不得不言者，爲修曆事務勢難闕人故也。案查去年七月十一日禮部爲日食事條陳四款，內一款言治曆重事，須博訪遍求，選擇共事，庶集衆思，以底成績，則又俟督領之臣，另行斟酌題請

① 據《治曆緣起》迻録。

等因。本月十四日奉聖旨：「這修改曆法四款俱依議。徐光啓見在本部，著一切督領。李之藻速與起補，蚤來供事。該部知道。欽此。」續於本年七月二十六日臣復具奏，爲恭承明命，自揣無能，謹陳愚見以祈聖明採擇事，内開「專門名家，亦宜兼收，容臣等隨時訪求，有立法超卓、陳義精當者，具實奏聞，以待簡用」等因。八月初一日奉聖旨：「這條議曆法，立論精確，列款明備。修正歲差等事，測驗推步，參合諸家，西法自宜兼收。用人精擇勿濫。李之藻着速催前來。儀象急用，工部委官督造；度數旁通有關庶績，一并分曹料理。該衙門知道。欽此。」臣自兹奉命以後，料理未幾，旋遭報警，輟業逾時；今秋纔欲續成，而寺臣李之藻物故。目下算數測候謄寫員役雖不乏人；而釋義演文，講究潤色，較勘試驗，獨臣一身，即使强健踰人，尚苦茫無究竟，况今疾困支離，臥病一日則誤一日之事。以此再申前請，伏乞敕下吏禮二部，商求堪用人員，更簡數輩前來供事。若使臣醫藥遂効，可速於告成；如或痊可未期，亦便於承接矣。臣昨具疏以較勘時刻回奏，伏奉聖旨：「曆學甚微，其曆數法象必須悉心互參，不可偏執。覽奏製器測晷及指傳臺官等事，具見詳審，知道了。該部知道。欽此。」仰見我皇上通微之睿慮，無窮之教思，臣自今以往，敢不夙夜佩服！無論一己原無特見，不敢偏執；即載籍有異同，衆論有彼此，亦不敢偏徇，而惟以七政運行爲本。昔元統、李德芳争言曆事，高皇帝曰：「二統皆難憑，只驗七政行度交會無差者爲是。」洋洋聖謨，垂訓至矣。臣欽承此意，故一切立法定數，務求與天相合，又求與衆共見。但其理義甚奥而賾，法數甚曲而繁，自非集思廣益，何能速就！况臣既衰且病，展轉迴惶，不得不瀆陳於聖明之前也。外訪取西洋遠臣湯若望，向寓陝西西安府，今經該府咨給前來，理合奏聞；並候命下，令赴鴻臚寺報名見朝，隨令到局，一體供事。伏候敕旨，臣無任激切惶悚待命之至。

崇禎三年十二月初二日上，本月初六日奉聖旨：審曆非比他藝，果有精曉堪任的，着吏禮二部擇用，不得偏徇。取到人員知道了。該衙門知道。

## 月食起復方位具圖呈覽疏 崇禎三年十二月初三日①

禮部尚書兼翰林院學士協理詹事府事督修曆法臣徐光啓謹題爲月食事：竊照崇禎四年四月十五日戊午夜望月食，其食限分秒時刻並起復方位，例應先期具奏，除《大統》、《回回》二曆近經欽天監自行具題外，臣等法雖未定，約略推步，謹將所得諸數逐一開坐，並具圖象進呈御覽，仍附陳四事，以祈聖鑒。其一，凡論時刻臣等皆言算外，是曆家古法；

① 據《治曆緣起》迻録。

而該監皆言算内，所以愈似差殊。如今年十月十六夜望月食，初虧臣等言寅正一刻八十九分二十五秒，該監稱寅正三刻，此所差者十分七十五秒耳，若止據寅正一刻之文似差二刻也。《元史曆》議言考算交食同刻者爲密合，相較一刻爲親，二刻爲次親，三刻爲疏，四刻爲疏遠，内外之説不明，是本密合而反似次親矣。臣今亦言算内，以期畫一。如寅正一刻八十九分二十五秒算外，今言寅正二刻内第八十九分二十五秒，則與正三刻止差十分七十五秒明白易見。其二，臣等較定觀象臺正方案上子午線偏東二度，赤道日晷先天半刻，今曆書未成，法數未備，該監未能據改。臣今推算每具兩率云依新晷則若干，依臺晷則若干，以待臨時候驗。其三，上天下地各有經度緯度，測天則經度易，緯度難；測地則經度難，緯度易。日食隨地不同，則用地緯度算其食分多少，用地經度算其加時早晏；月食分數寰宇皆同，止用地經度推求先後時刻而已。漢安帝元初三年三月二日日食，史官不見，遼東以聞，五年八月朔日食，史官不見，張掖以聞。蓋食在早獨見於遼東，食在晚獨見於張掖，當時京師不見食，非史官之罪；而不能言遼東、張掖之見食，則其法未密也。然曆本數千年間自粗入精，如日食即是定朔，漢人尚推日食在朔二日，而暇責其早晚異分之數耶？《唐書》載北極出地自林邑十七度至蔚州四十度，元人設四海測驗二十七所，庶幾知詳求經緯之法矣。臣等職專修正，不一推算，恐他日東西南北見食不同，難辭疏遠之誚。但功緒未就，無暇及此，未能實知各省直經緯幾何，特從輿地圖約略推步，開載各省今食初虧度分。蓋食分多少既天下皆同，則後來四率可以類推，不若日食之經緯各殊，必須詳備也。其四，舊法月體一十五分，則盡入闇虛亦十五分止耳；而臣等今推二十六分六十秒者，蓋闇虛體大於月，若食時去交稍遠，即月體不能全入闇虛，止從月體論其分數。是夕之食，極近於二道之交，故月入闇虛一十五分方爲食既，更進一十一分有奇乃得生光，故爲二十六分有奇。如《回回曆》推十八分四十七秒，略同此法也。如蒙聖鑒，伏候命下該部，至期令監督等官測候上聞。緣係月食事理，未敢擅便，謹題請旨。

計開

崇禎四年四月十五日夜望月食分秒時刻並起復方位：

月食二十六分六十秒，舊法月體一十五分，除食既外餘食一十一分六十秒。

初虧，依新曆在丑初一刻内第二十五分三十秒，依臺曆在丑初一刻内第七十五分三十秒，月在地平上二十九度一十分。　正東。

食既，依新曆在丑正一刻内第五十一分一十三秒，依臺曆在丑正二刻内第二分二十三秒，月在地平上二十三度二十八分。

食甚，依新曆在寅初一刻内第六分四十三秒，依臺曆在寅初一刻内第五十六分四十三秒，月在地平上一十七度五十二分。

生光，依新曆在寅初四刻内第五十九分二秒，依臺曆在寅正初刻内第九分二秒，月在地平上八度八十八分。

復圓，依新曆在卯初初刻内第二分二十三秒，依臺曆在卯初一刻内第三十四分九十秒，月輪准在地平上無度分。　正西。

計食限内凡十五大刻爲一千五百分，三小刻爲五十分，又餘分五十三分六十五秒，共十六大刻三分六十五秒。

日月經度：

食甚日躔黄道在大梁之次二十四度五十五分七十二秒。

食甚月離黄道經度在大火之次二十四度三十五分七十二秒。

月離緯度：

初虧月距黄道北一十分二十六秒。

食甚月距黄道北四十七秒。

復圓月距黄道南八分八十五秒。

各省直食時：

京師順天府：　初虧在丑初一刻内第二十五分三十秒。

南京應天府、福建福州府：　初虧在丑初一刻内第五十一分四十秒。

山東濟南府：　初虧在丑初初刻内第七分七十三秒。

山西太原府：　初虧在子正三刻内第六十五分三十秒。

湖廣武昌府、河南開封府：　初虧在子正四刻内第二十五分三十秒。

陝西西安府、廣西桂林府：　初虧在子正二刻内第九十五分三十秒。

浙江杭州府：　初虧在丑初初刻内第一十二分一十三秒。

江西南昌府：　初虧在子正四刻内第五十五分八十三秒。

廣東廣州府：　初虧在子正三刻内第九十一分四十秒。

四川成都府：　初虧在子正一刻内第七十五分八十秒。

貴州貴陽府：　初虧在子正二刻内第七十一分四十秒。

雲南雲南府：　初虧在子初四刻内第七十一分四十一秒。

崇禎三年十二月初三日上，初六日奉聖旨：　覽奏月食方隅晷刻，互有異同，便着監督官測候及各省直奏報，參驗自見。　所陳四事，務講求詳確，以資修改。　該部知道。

崇禎四年四月十五日夜望月食總圖

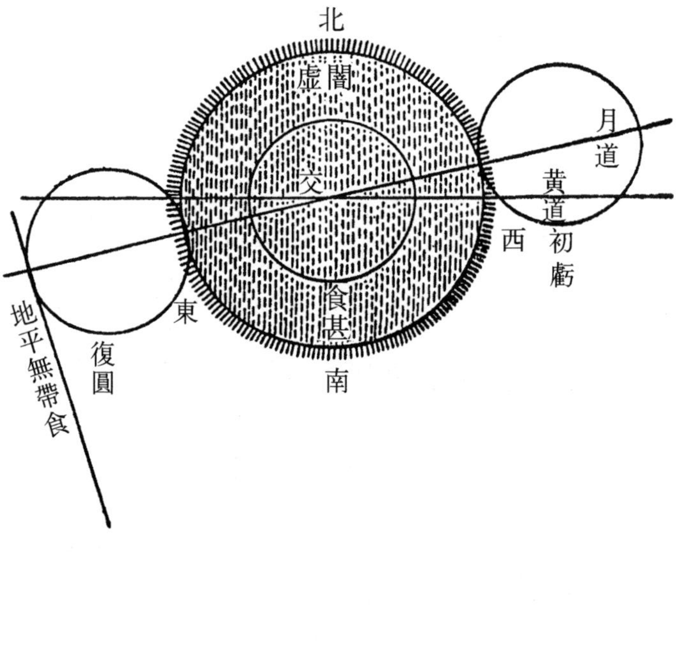

月體一十五分之圖

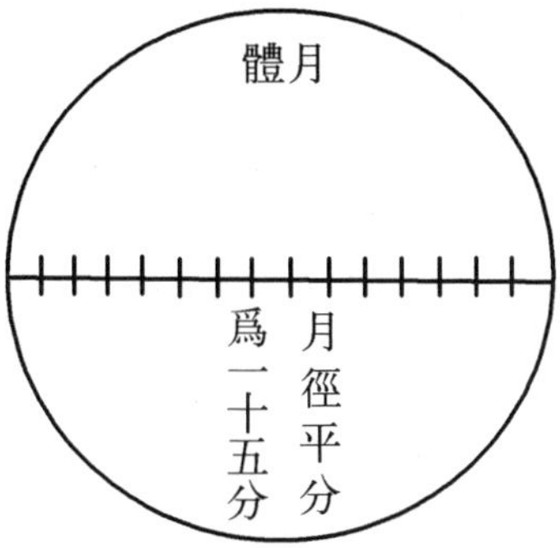


月食限二十六分之圖

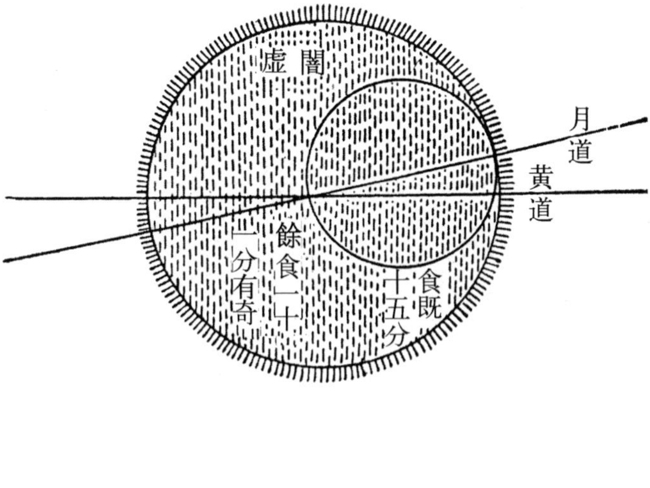

# 卷五　治曆疏稿二

## 奉旨恭進曆書疏 崇禎四年正月二十八日①

禮部尚書兼翰林院學士協理詹事府事督修曆法徐光啓謹題：　爲欽奉明旨，恭進曆書事。案照崇禎三年九月二十日該臣題爲奉旨修曆，因事暫輟，謹略陳事緒，以明職守事，内開「先後共成曆書并立成表一十九卷，竢辦曆畢日，糾集官生次第繕寫，進呈御覽」等因。二十三日奉聖旨：「這奏修曆事緒，知道了。原議按季考成，既因事暫停，譯成書表着繕寫完日進覽。該部知道。欽此。」欽遵：　隨將翻譯譔述過書表等二十三卷，并總目一卷，共二十四卷，行欽天監官生繕寫完備。其間卷數有多於前題者，係近日續成；　有前經開載今未完者，因本書卷數

① 據《治曆緣起》迻録。

尚多，合待通完並進。爲此謹將見在曆書曆表二十四册，二套，進呈御覽，伏祈聖鑒。緣係欽奉明旨，恭進曆書事理。理合具本，謹具題知。

計開

曆書一套六卷内

《曆書總目》一卷

《日躔曆指》一卷

《測天約説》二卷

《大測》二卷

曆表一套一十八卷内

《日躔表》二卷

《割圓八線表》六卷

《黄道升度表》七卷

《黄赤道距度表》一卷

《通率表》二卷

**崇禎四年正月二十八日上，二月初一日奉聖旨：曆書留覽，未完的繕寫續進。該部**

知道。

## 曆書總目表 崇禎四年正月二十八日①

臣竊惟：星曆之學，興於邃古，如伏羲作干支，神農分八節，黄帝綜六術，顓頊命二正是已。六經可考者，則《虞書》之在璣齊政，曆象授時，《周禮》之土圭致日月，馮相氏會天位、辨時敍也。而黄帝以下六曆皆不傳，其傳者自西漢《太初曆》始。太初以後迄於勝國，千四百年，改曆者七十餘次，創法者十有三家。約略計之：二十餘年而一修改，百餘年而一創法。其間學士疇人、布衣草澤、流傳衍繹，曾無絶緒。即有守株之陋，時呈秀林之材矣。元郭守敬兼綜前術，時椒新意，《授時》既就，以爲終古絶倫，後來學者謂守此爲足，無復措意。三百五十年來並守敬之書亦皆湮没，即有志之士殫力研求，無能出守敬之藩，更一舊法，立一新義，確有原本，確有左驗者。則是曆象一學，至元而盛，亦自元而衰也。我高皇帝神聖首出，深明象緯，元統、李德芳争言歲實消長，諭云：但以七政行度交會無差者爲是。然而二臣亦各不能自爲無

① 據《治曆緣起》迻録，用《明經世文編》卷四九三校。

差。是後欽命儒臣吴伯宗等翻譯《西域曆書》三卷，載在掌故。又面諭詞臣李翀等曰：邇來西域陰陽家推測天象，至爲精密有驗，其緯度之法又中國書之所未備，此其有關於天人甚大。宜譯其書，隨時披閱，庶幾觀象可以省躬修德，順天心、立民命焉。又稱其測天之道，甚是精詳，豈非禮失而求之野乎？所惜者翻譯既少，又絶無論説，是以一時詞臣曆師，無能用彼之法，參入《大統》，會通歸一者。又其本法係阿剌必年所造，是隋開皇己未，去今一千三十二年。其地復迤西數萬里。千年以來，天象密移，事事遷革，從無更定；數萬里外，地度經緯，亦各參差，牽彼就此，自多乖迕。今本科所推交食，與《大統》互異，五星淩犯亦未能悉合天行，蓋爲此也。邇來星曆諸臣頗有不安舊學，志求改正者。故萬曆四十年有修曆譯書、分曹治事之議。夫使分曹各治，事畢而止。《大統》既不能自異於前，西法又未能必爲我用，亦猶二百年來分科推步而已。臣等愚心，以爲欲求超勝，必須會通；會通之前，先須翻譯。蓋《大統》書籍絶少，而西法至爲詳備，且又近今數十年間所定，其青於藍、寒於水者，十倍前人。又皆隨地異測，隨時異用，故可爲目前必驗之法，又可爲二三百年不易之法，又可爲二三百年後測審差數因而更改之法。又可令後之人循習曉暢，因而求進，當復更勝於今也。翻譯既有端緒，然後令甄明《大統》、深知法意者，參詳考定，鎔彼方之材質，入《大統》之型模；譬如作室者，規範尺寸一一如前，而木石瓦甓悉皆精好，百千萬年必無敝壞。即尊制同文，合之雙美，聖朝之鉅典，可以遠邁百王，垂貽永世。且於高皇帝之遺意，爲後先合轍，善作善承矣。臣惟茲事，義理奧賾，法數殷繁，述敍既多，宜循節次；事緒尤紛，宜先基本。今擬分節次六目，基本五目，一切翻譯譔著，區分類別，以次屬焉。謹條列如左：

節次六目：

一曰《日躔曆》。

二曰《恒星曆》。

三曰《月離曆》。

四曰《日月交會曆》。

五曰《五緯星曆》。

六曰《五星交會曆》。

基本五目：

一曰法原。

二曰法數。

三曰法算。

四曰法器。

五曰會通。

有六節次，循序漸作，以前開後，以後承前，不能兼并，亦難凌越。五基本，則梓匠之規矩，漁獵之筌蹄，雖則浩繁，亦須隨時並作，以周事用。然而臣更有說者：大事必須衆力，疾行當無善步。郭守敬時，曆學未墜，集合大僚數輩及南北曆官，然猶五年而成曆，七年而頒行，二十餘年而典籍始備。今人數既乏，功緒倍繁，恐旁觀者議其曠日遲久，則臣有三議於此：其一，苟求速就，則豫算日月交食三四十年，次用舊法，略加損益附會其間，數月可竣。夫曆家疏密，惟交食爲易見，餘皆隱微難見者也。交食不誤亦當信爲成曆，然三四十年之後，乖違如故矣。此則昧心罔上，臣等所不敢出也。其二，依循節次，辨理立法，基本五事，分任經營。今日躔一節，大段完訖，恒星半已就緒，太陰方當經始。次及交食，次及五星。此功既竟，即有法有數，疇人世業，悉可通知，二三百年必無乖舛。然其書已多於曩昔，其術亦易於前人矣。其三，事竣曆成，要求大備。一義一法，必深言所以然之故，從流遡源，因枝達榦，不止集星曆之大成，兼能爲萬務之根本。此其書必逾數倍，其事必閲歲年。既而法意既明，明之者自能立法，傳之其人，數百年後見有違離，推明其故，因而測天改憲，此所謂今之法可更於後，後之人必勝於今者也。兩端臚列，事在徐圖，先其易簡，次其繁重。惟是功非朝夕，人必旁求，藉非多助，爲時愈久，此必然之勢也。若臣弱植衰年，庸才末學，即第一議必非臣所能竟，何况其三？特如精衛填海，有求成之望；　愚叟移山，論可爲之理而已。伏惟聖明矜詧①。

崇禎四年正月〔二十八日〕②，禮部尚書兼翰林院學士協理詹事府事奉敕督領修正曆法事務臣徐光啓謹譔，今第一次進呈書目。

計開：

書五卷内

日躔曆指一卷　屬法原

測天約説二卷　屬法原

大測二卷　屬法原

表一十八卷内

日躔表二卷　屬法數　屬日躔

割圓八線表六卷　屬法數

黄道升度表七卷　屬法數

---

① 《明經世文編》所録止此。又《文編》選此篇爲治曆疏稿第一篇，故有旁批云：「《崇禎曆書》文定公所作，凡數百卷，不能詳悉。只録疏稿數篇，以見今上憲章奉若之至意，而文定亦可謂絶學矣。」

② 「二十八日」四字據崇禎五年十月十一日上疏補。

黄赤距度表一卷　屬法數

通率表二卷　　屬會通

## 月食推算里差疏 崇禎四年四月十六日①

禮部尚書兼翰林院學士協理詹事府事加俸一級督修曆法臣徐光啓謹奏爲月食事：臣於崇禎三年十二月初三日具題前事，本月初六日奉聖旨：「覽奏月食方隅晷刻，互有異同，便着監督官測候及各省直奏報，參驗自見。所陳四事，務講求詳確，以資修改。該部知道。欽此。」內除所陳四事，欽奉明旨遵依及各省直方隅晷刻各有異同，聽該地方奏報參驗外，臣謹於本月十五日督同監督官祠祭司主事劉繼吴、欽天監監正葉震春及本監官生本局訪取知曆人等登臺測驗，內分遣天文科官生以壺漏測，又令天文科官生在臺用簡儀測月。臣等用近來所教習曆科官生及知曆人等在臺用星晷測紫微垣二星，用象限儀測織女大星經緯度數，以推變時刻，蓋臣之前疏所云「定時之本，必準於天行，晝測日，夜測星」者，此也。於時臣等測算：得初虧在

① 據《治曆緣起》迻録。

丑初一刻三十六分，食既在丑正一刻六十分，食甚在寅初一刻三十分，生光在寅初四刻八十分，復圓當是卯初初刻，在地平上無度分，而雲氣稍重，未復約三四分，在地平上三度一十分，即已遮掩，不及見其全復。同時陪臣羅雅谷等在局亦用象限儀測大角星經緯度，以推變時刻，其初虧亦在丑初一刻三十八分，與臣等相合。若食分則原推二十六分，其徵驗在初虧正東，生光正西，闇虛本三十分，今月體直穿闇虛而過，稍稍偏北，所差甚微，而食限原推一十六刻，今並無短少，知其食分不在二十六刻以下也。再惟臣等原推有先後時刻，今刻數不差，而分數稍異者，蓋從來算曆，分秒微纖，一一備具，若測驗雖大儀器每度不過半寸，不能畫爲百分，又闇虛之旁多有游氣，無灼然分畫之限，亦難定其分秒。譬如會計錢穀，備算畸零，以防總撒之不合；至如權衡之上，則釐毫絲忽，未易辨也。故郭守敬舊術止載刻數，不及秒分，該監向依此法；今所以必推分數者，蓋臣舊年九月原疏内稱里差一術，東西時刻隨在各異，必以地之經度爲本，非從月食時測驗數次不能遽定其數，故依法細推分數，正欲得其差殊，以爲後來根本。今所差者大概推步之數在前，實測之數在後，後來推算當依此以定里差，然亦須每次細推詳測，隨差隨改，既定之後，永以爲式矣。至各省直必須奏報者，亦欲得其里差故也。蓋該監官生惟曆科近經教習，亦多解頤會意，測星定時已皆諳曉；他科用簡儀測月者，臣亦未諗其術，用壺漏者亦止可得其刻數，似須漸次講求，以臻畫一。若今欲強其相合，恐致那移遷就，更非修曆改憲之初意矣。伏惟聖明裁鑒，臣無任惶悚待命之至。

崇禎四年四月十六日上，本月十九日奉聖旨：禮部知道。

## 月食先期進呈起復方位並具圖象疏 崇禎四年六月十一日①

禮部尚書兼翰林院學士協理詹事府事加俸一級督修曆法臣徐光啓謹題爲月食事：竊照本年十月十五日乙卯夜望月食，其食限分秒時刻並起復方位例應先期上聞，除《大統》、《回回》二曆近經欽天監具題外，臣等新法雖未全備，謹斟酌推步，將所得諸數逐一開坐，並具圖象進呈御覽。伏乞敕下該部，至期令監督等官測候，謹奏聞。緣係月食事理，未敢擅便，謹題請旨。

計開：

崇禎四年十月十五日乙卯夜望月食分秒時刻並起復方位：

月食一十六分三十秒，依日食例月體爲一十分，除外餘六分三十秒，爲既内分。

① 據《治曆緣起》迻録。

初虧、寅正四刻内七十五分，月在地平上二十三度三十三分。正東。

食既、卯正一刻内三十四分七十二秒，月在地平上一十二度一十七分。

食甚、辰初一刻内一十六分六十六秒，月在地平上一度七十一分，後一刻月入地平。

曉刻。

生光、辰正初刻内九分七十二秒。在晝。

復圓、巳初一刻内八十七分五十秒。在晝，正西。

計食限内凡一十七刻爲一千七百分，五小刻爲八十三分三十三秒，餘十二分五十秒，

共一十七刻九十五分八十三秒。

食甚日躔黄道在大火之次一十六度一十四分一十三秒。

食甚月離黄道在大梁之次一十六度一十四分一十三秒。

月離緯度：

初虧、月距黄道北一分。

食甚、月距黄道北四分五十秒。

復圓、月距黄道北九分。

各省直初虧時刻：

京師順天府、在寅正四刻内七十五分。

南京應天府、福建福州府、在卯初初刻内六分九十四秒。

山東濟南府、在卯初初刻内一十三分八十八秒。

山西太原府、在寅正三刻内一十二分五十秒。

湖廣武昌府、河南開封府、在寅正三刻内七十五分。

陝西西安府、廣西桂林府、在寅正二刻内四十一分六十六秒。

浙江杭州府、在卯初一刻内四十一秒。

江西南昌府、在寅正四刻内九十七分二十一秒。

廣東廣州府、在寅正三刻内四十分二十七秒。

四川成都府、在寅正一刻内五十分。

貴州貴陽府、在寅正二刻内一十五分二十五秒。

雲南雲南府、在寅初四刻内八十六分一十秒。

**崇禎四年六月十一日具題，本月十三日奉聖旨：覽奏併圖像，知道了。該部知道。**

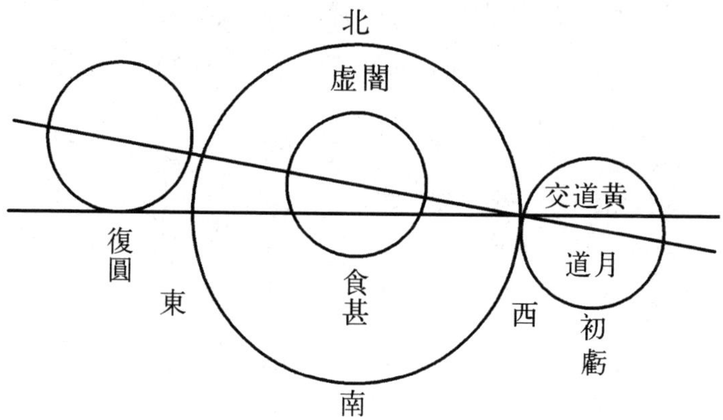
北
闇虛
黃道交
月道
東
西
食甚
復圓
初虧
南

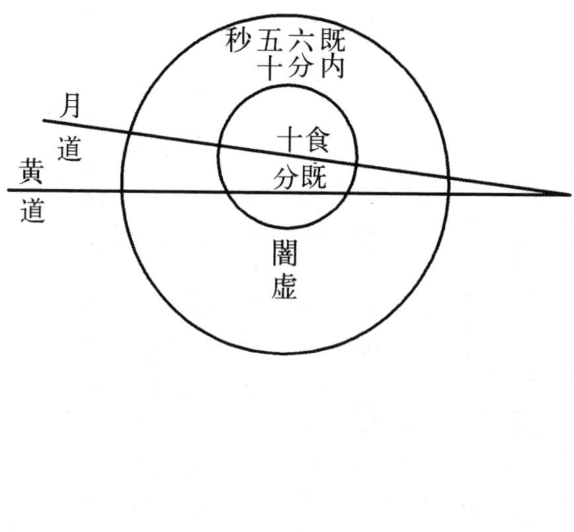
既內六分五十秒
月道
黃道
食既十分
闇虛

## 奉旨續進曆書疏 崇禎四年八月初一日①

禮部尚書兼翰林院學士協理詹事府事加俸一級督修曆法徐光啓題：爲欽奉明旨，恭進曆書事。案照本年正月二十八日該臣題爲前事，恭進第一次曆書二十四卷。二月初一日奉聖旨：「曆書留覽，未完的繕寫續進。禮部知道。欽此。」欽遵：一面譔述修潤，一面測算繕寫，依禮部原題三月一考成，則四月終宜有續進；但討論潤色，原擬多用人員，今止臣一人，每卷必須七八易稿。且《測量全義》十卷，《恒星曆》八卷，兩遠臣分曹著述，於時尚未完全，難以截數先進；而恒星圖表務求分秒無差，兩臣與在局人員日算夜測，最難就緒。近今繕寫齊備，凡書表圖像三種，共二十卷，一摺，謹具本進呈御覽。臣於本年正月有進呈《曆書總目》一卷，內開基本五目，其「法原」「法器」，今《測量全義》並前《測天約說大測》等書，已陳其大約矣；「法數」即立成表，各依七政本曆附載；「會通」止二卷，已經進訖；「法算」即係算術，暫用舊法亦足供事。更有超捷深奥者，宜待異日。是則基本五目，略已足用，今未敢多端旁

① 據《治曆緣起》迻録。

鶩，以致稽延。若節次六目，前已完過《日躔》書表三卷，今續完《恒星》書表圖像八卷，一摺。其《月離曆》則稿草半就，《交食曆》、《五星曆》方當經始，容臣等陸續完進，伏祈聖鑒。緣係欽奉明旨恭進曆書事理，未敢擅便，謹具題知。

計開

第二次進呈書目

《測量全義》十卷

《恒星曆指》三卷

《恒星曆表》四卷

《恒星總圖》一摺

《恒星圖像》一卷

《揆日解訂訛》一卷

《比例規解》一卷

崇禎四年八月初一日具題，初四日奉聖旨：覽奏進第二次曆書，著述詳悉，知道了。該部知道。

## 日食分數非多略陳義據以待候驗疏 崇禎四年九月初八日①

禮部尚書兼翰林院學士協理詹事府事加俸一級督修曆法臣徐光啓謹題：爲日食分數非多，曆法藉爲明證，謹具數上聞，略陳義據，以祈聖鑒、以待候驗事。案照本年六月十一日該臣題爲月食事，本年十月十五日夜望月食，十三日奉聖旨：「覽奏并圖像知道了②，該部知道，欽此。」其本月辛丑朔仍該日食，爲是二分以上，未及三分，例不救護，止應具本題知。然臣竊思之：論救護可以例免通行，論曆法正宜詳加測驗。蓋曆不差不改，不驗不用，如日月交食皆天驗之大者。而月食在夜，加時早晚，苦無定據，壺漏遲速，自昔以爲難憑，星算切準，臺官業已傳習，又獨諳者知之，不能共見也。惟日食明白易曉，按晷定時，無可遷就，無容隱匿，故曆法疎密，獨此最爲的證。況臣等翻譯纂輯，漸次就緒，而向後交食，爲期尚遠；此時不一指實，與該監諸臣明白共見，即曆成之後，臣等之術無憑取驗，諸臣在事，何從強其必信而安意習

① 據《治曆緣起》迻録，用《明經世文編》卷四九三校。
② 「像」，《明經世文編》及清印本《治曆緣起》作「象」，明印本《治曆緣起》作「像」，兹依明印本。

之。諺曰：「千聞不如一見」，未經目擊而以口舌争，以書數傳，雖唇焦筆秃，無益也。非獨此也，是日之必當測候，臣等於此有四説焉。按日食有時差，舊法用距午爲限，中前宜減，中後宜加①，以定加時早晚；若食在正中則無時差，不用加減。故臺官相傳，謂日食加時有差，多在早晚，日中必合。獨今此食既在日中，而加時則舊術在後，新術在前，當差三刻以上。所以然者，七政運行皆依黄道，不繇赤道，舊法所謂中乃赤道之午中，而不知所謂中者，黄道之正中也。黄赤二道之中，獨冬夏二至乃得同度，餘日漸次相離。今十月朔去冬至度數尚遠，兩中之差二十三度有奇，豈可仍因食限近午，不加不減乎？若食在二至，又正午相值，果可無差；即食於他時，而不在日中，即差之原尚多，亦復難辨。適際此日，又值此時，足爲顯證，是可驗時差之正術，一也。交食之法，既無差誤，及至臨期實候其加時，又或少有後先，此則不因天度而因地度。地度者，地之經度也。本方之地經度未得真率，則加時難定，其法必從交食時測驗數次，乃可較勘畫一。今此食依新術測候，其加時刻分，或先後未合②，當取從前所記地經度分，斟酌改定，此可以求里差之真率，二也。臺官見臣等述譔頗多，推算甚繁，疑爲不可幾及之

① 《明經世文編》作「中前宜加，中後宜減」。
② 《明經世文編》作「前後未合」。

事，若云差違幾刻，宜當改正，即蒽然懼矣，繇未能根極要領故也。即如時差一法，溺於所聞，但知中無加減，而不知中分黄赤；今一經目見，一經口授，人人知加時之因黄道，人人知黄道極之歲一周天，奈何以赤道之午正爲黄道之中限乎？一時發覆，蹊徑了然，何足爲難。而臣等又取黄道中限，隨時隨地，算就立成，監官已經謄録，臨時用之，最爲簡便。其他諸術，亦多類此。足以明學習之甚易，三也。該監諸臣所最苦者，惟從來議曆之人詆爲擅改，不知其斤斤墨守者郭守敬之法，即欲改不能也。守敬之法加勝於前多矣①，而謂其至竟無差，亦不能也。如時差等術，蓋非一人一世之聰明所能揣測，必因千百年之積候，而後智者會通立法；若前無緒業，即守敬不能驟得之，况諸臣乎？人雖上智，於未傳之法，豈能自知，有而後盡心焉可矣，此足以明疎失之非辜，四也。有比四者，即分數甚少，亦宜詳加測候，以求顯驗。故取冒昧上聞，伏乞敕下該監，量撥曆科官生到局，該監到臺，各豫定晷景，臨時依法瞻測。則分數畢呈，疎密具見。密合則向來述作，不爲空言；有差則向後各法，因之裁定，其於曆事，深爲裨益。所以當詣局者，觀象臺日晷甚小，儀器稍粗，臣局有石晷木儀，似爲詳密，又難移動，故須分投實候，以相印證也。爲此謹將本日日食分秒時刻，起復方位，九服異同，並具圖象，一並上

① 「加勝於前多矣」，《明經世文編》衍「多」字，作「加勝於前矣」。

進。伏惟聖明裁度施行①。緣係日食事理，未敢擅便，謹題請旨。

計開

崇禎四年十月初一日辛丑朔日食分秒時刻並起復方位：

日食二分一十二秒，依《大統曆》日體十分推算。

初虧午正一刻，内九十四分四十一秒。 西北。

食甚未初二刻，内一十三分三十三秒。 正北。

復圓未初四刻，内五十一分三十三秒。 東北。

計食限内凡七刻八十三分二十四秒。

食甚日躔黄道經度，大火一度二十五分二十八秒。

食甚月離白道經度，未至中交二度一十五分二十一秒。

月緯度距黄道北實行七十五分二十二秒，不應見食，用三差差法算得本地視行距黄道北二十七分，應見食，又用二徑折半法算得月入日體二分一十二秒。

各省直食分：

① 《明經世文編》止此。

京師順天府見食二分一十二秒。

河南、陝西、山東三省俱見食一分内外，人目難見，與不見食略同。

南京應天府以南全不見食。

向北食分漸多，至大漠以北食既。

崇禎四年九月初八日具題，本月十一日奉聖旨：這日食分數，差該監局各預定晷景，臨期分投測驗，以相印證。述旨内覽字誤鑒，辛丑誤辛亥，改正，行該部知道。

## 日食用儀器測驗疏 崇禎四年十月初二日①

禮部尚書兼翰林院學士協理詹事府事加俸一級督修曆法臣徐光啓謹奏爲日食事：本年九月初八日該臣題爲前事，本月十一日奉聖旨：「這日食分數着該監局各預定晷景，臨期分投測驗，以相印證。述旨内覽字誤鑒，辛丑誤辛亥，改正。行該部知道。欽此。」欽遵：於今月初一日到局督領欽天監秋官正周胤、五官司曆劉有慶、漏刻博士劉承志、天文生周士昌、薛

① 據《治曆緣起》迻録。

文燦同兩遠臣羅雅谷、湯若望率在局知曆人等，預將原推時刻點定日晷，調定壺漏。又將測高儀器推定食甚刻分，應得此時日軌高於地平三十五度四十分。又於密室中斜開一隙，置窺筩眼鏡以測虧復，晝日體分數圖板，以定食分。各安頓訖，候至午正二刻內，方見初虧，則臣等所推，實先天半刻有奇。至正四刻食甚，儀上得日高三十五度四十分，係司曆劉有慶守測，實爲密合。至未初三刻内已見復圓，則臣等所推又後天一刻有奇。而食甚分數，以窺筩映照實未及二分，比原推亦少半分以下。此諸官生人等，衆目所共見也。臣於本月初八日疏中開列四款，其第二言本方之里差經度未得真率，則加時難定，故欲因此一食，斟酌改正。今食甚之度分密合，則經度里差似已的確，無煩更改。蓋交食經度，以食甚爲主故也。獨食分加時未及原推者，蓋因太陽光大，昔人言日食須至一分以上，乃得見之，而臣前疏已言。今食在河南、山東、陜西等處，食止一分内外，人目難見，與不見食略同。今因此推究知日光閃爍，惟食及四五分以上者，乃得與原推相合，若分數原少者其見食更少，故一分内外者與不見食略同，則二分有奇者所見宜不及二分也。食分既少，則食限時刻因之亦少矣。然惟密室窺筩形象分明，故得此分數時刻，與該監官生明白共見，不能不信。若不用此法，止憑目力，則眩耀不真；或用水盆映照，亦蕩摇難定，恐所見者僅可一分以上，加時或止三四刻也。今交食書表半已就緒，候完成之日，教習官生，令已後推算日食，合應先用本法算定，再查食分多寡，酌量加減。仍將本法當食若干，今當見食若干，明白開載。其觀象臺上原有板房一間，至日食時亦宜如法障蔽，仍置備窺筩眼鏡一架，與該監應用，以便據實奏聞。其月食目所易見，止時刻難定，除壺漏外再用星晷測量，及用恒星推算時刻。先定某星高幾度分爲初虧，某星高幾度分爲食甚，至期用儀器測驗，以定真正時刻。此法諸官生已諳，依法用之，必可得其實率矣。臣無任激切惶恐待命之至。謹具奏聞。

崇禎四年十月初二日上，初七日奉聖旨：覽奏知卿測候詳審，以後推驗事宜，即如議行，該部知道。

## 月食回奏疏　崇禎四年十月十七日①

禮部尚書兼翰林院學士協理詹事府事加俸一級督修曆法臣徐光啓奏爲月食事：本年六月十一日該臣題爲前事，本月十三日奉聖旨：「覽奏並圖像知道了，該部知道，欽此。」欽遵：於今月十五日夜到局，督率欽天監部覆議處候命。秋官正周胤、五官司曆劉有慶、賈良琦、漏

① 據《治曆緣起》迻録。

刻博士劉承志、天文生周士昌、薛文燦、劉崇儒、西洋陪臣羅雅谷、湯若望及在局知曆人等，安頓測量儀器，候至寅正四刻內，瞻見初虧，測得參宿左肩高四十九度五十分，就令監官依法推算，得在寅正四刻內七十二分，則臣等原推止後天三分。候至卯正一刻，瞻見食既，仍測得參左肩高三十五度一十六分，就令推算，得在卯正一刻內八十六分，則臣等原推乃先天五十二分，是半刻也。其食甚本無測法，待得生光時刻，用食既相距時刻折半取之，而本日生光已在晝刻，則無從可得也。臣等切照夜中時刻壺漏，實爲難定，星晷一具，已付該監在臺施用。惟儀器測星，用以求時，乃是正法。兩陪臣官生一同瞻測度分之數，大略不爽。又日食之難，苦於陽精晃耀，每先食而後見；月食之難，苦於游氣紛侵，每先見而後食。且闇虛之實體與外周之游氣界限難分，臣等亦用窺筩眼鏡，乃得邊際分明。而臣自守自窺，凡初虧食既，皆臨時令諸人共見，然後報守儀者測量星度，則虧既時刻亦不宜甚遠；而今差至半刻，若依元人舊法，謂同在一刻之內者爲密，合差一刻者爲親，即半刻亦稱密合。而臣等尚欲深求其故，詳定其法，則疑儀器未備，所得度分無憑對勘，今當再造小儀一二，以便質正。更求精密，須得重大儀器，工費頗繁，今未敢言也。又兩次測驗，率覺前差爲少，後差爲多，或地經度尚有微差，容臣等再加酌議推測。至於差較分數，委因一日判爲萬分，其一分二分，瞬息之間耳，而器力目力，率皆有限。天高星遠，爲數無窮，是以數分之差，古今名曆咸所不免。蓋漢以前差以日計，唐以前差以時計，宋元以來差以刻計，今則差以分計；必求分數不差，宜待後之作者，而臣等不敢那移牽合，自蹈欺罔之罪也。臣無任惶悚待命之至。

崇禎四年十月十七日具題，本月二十一日奉聖旨：覽奏知道了。卿還密法詳測，以求脗合。禮部知道。

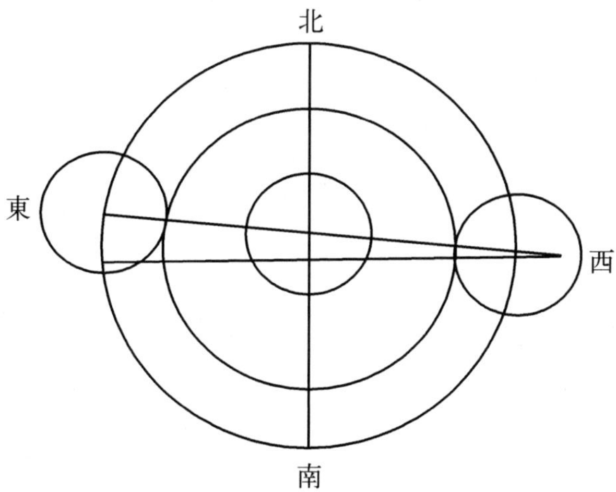

## 月食依法推步具圖呈覽疏 崇禎四年閏十一月初六日①

禮部尚書兼翰林院學士協理詹事府事加俸一級督修曆法臣徐光啓謹題爲月食事：竊照崇禎五年三月十六日癸丑夜望月食，其食限分秒並起復方位，例應先期上聞。除《大統》、《回回》二曆近經欽天監具題外，臣等新修《交食曆》漸次就緒，謹依法推步，將所得諸數逐一開坐，並具圖像進呈御覽。再照臣等於今年十月十六日回奏《月食疏》，内開「月食之難，苦於游氣紛侵，往往先見而後食。且闇虚之實體與外周之游氣界限難分，非目力可辨」。今用窺筩眼鏡，已得邊際分明。但初虧前約半刻許，游氣已見；復圓後約半刻許，游氣方絶。此游氣者似食非食，在所推食限分秒之外，其分數係是本法所無。今次測候，尚當詳細推算，附載本法。至前推食既未合天者半刻，今更製造小儀二具，以便密測詳較。亦欲先造急用大儀一座，業已製就木模，但須用銅千餘斤，工價百餘兩，若此費無出，則未敢必也。伏乞敕下該部，至期令監督等官如前測候，奏聞施行。緣係月食事理，未敢擅便，謹題請旨。

① 據《治曆緣起》迻録。

計開

崇禎五年三月十六日癸丑夜望月食分秒時刻並起復方位：

月食五分八十秒，依日食例，月體爲一十分。

初虧，酉正四刻内五十一分五十秒，月將出地平。東北。

食甚，戌正一刻内二十三分一十四秒，月在地平上十度三十分。正北。

復圓，亥初二刻内一十分八十三秒，月在地平上二十度四十三分。西北。

計食限内凡九大刻、三小刻，又五十九分三十三秒，共一十刻九分三十三秒。

食甚日躔黄道在大梁宫，一十四度二十五分五十四秒。

食甚月離黄道在大火宫，一十四度二十五分五十四秒。

月離緯度：

初虧，月距黄道南四十分三十二秒。

食甚，月距黄道南四十四分四十七秒。

復圓，月距黄道南四十九分二秒。

各省直初虧時刻：

京師順天府：　酉正四刻内五十一分五十秒。

南京應天府、福建福州府：　酉正四刻内七十九分二十五秒。
山東濟南府：　酉正四刻内八十六分二十二秒。
山西太原府：　酉正二刻内八十四分八十四秒。
湖廣武昌府、河南開封府：　酉正三刻内四十六分八十四秒。
陝西西安府、廣西桂林府：　酉正二刻内一十五分三十九秒。
浙江杭州府：　酉正四刻内九十三分一十六秒。
江西南昌府：　酉正三刻内八十二分四十六秒。
廣東廣州府：　酉正三刻内一十二分六十九秒。
四川成都府：　酉正初刻内七分五秒。
貴州貴陽府：　酉正一刻内八十七分六十九秒。
雲南雲南府：　酉初三刻内九十五分九十五秒。

**崇禎四年閏十一月初六日具題，本月初九日奉聖旨：　該部知道。**

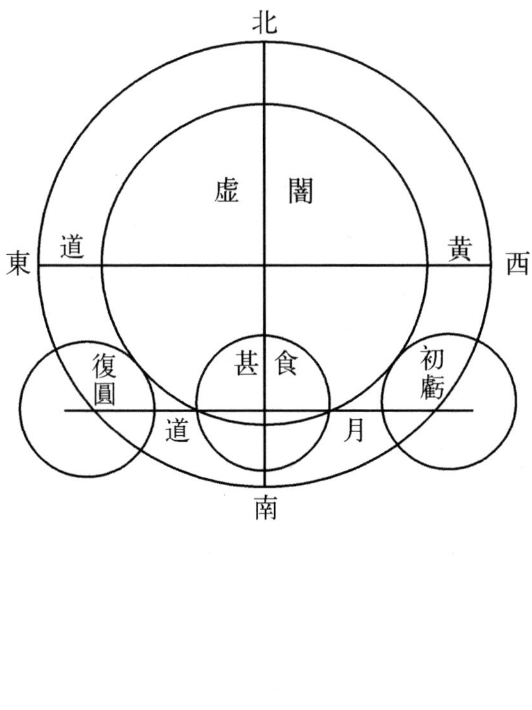
北
虚
闇
東
道
黄
西
復
圓
甚
食
初
虧
道
月
南

## 月食疏 崇禎五年三月十七日[1]

禮部尚書兼翰林院學士協理詹事府事加俸一級督修曆法臣徐光啓題爲月食事：臣於崇禎四年閏十一月初六日具題前事，本月初九日奉聖旨：「該部知道，欽此。」欽遵：於今年三月十六日督領該監秋官正周胤、五官司曆劉有慶、博士薛文燦、天文生朱國壽、周士昌、朱光燦同兩遠臣羅雅谷、湯若望率訪取知曆人等，於本局登臺測驗。看得臣等原推初虧在酉正四刻內五十一分，本日日入酉正四刻內八十三分月應帶食而出，因雲陰不見。食甚在戌正一刻內二十三分，應食五分八十秒，候至本刻，雲氣朦朧，約食大半，似與原推相合。復圓在亥初二刻內一十分，候至本刻，雖雲氣未盡，約見復圓，亦與原推相合。其時刻本以測星爲正法，諸官生悉皆通曉，今設有測高儀器，亦因雲陰難用； 止用新式壺漏，豫先點定三限時刻。除初虧、食甚雲陰難定外，其復圓時刻亦爲脗合，官生人等所共見也。再照臣等譯譔曆書，除前二次進呈過四十四卷外，今年正月間續完《月離》、《交食》等書三十卷，已謄訖二十八卷，餘因冬月紙張

① 據《治曆緣起》迻録。

用盡，旋於市中鬻買謄完，覺未合式，未敢輒進。如蒙聖鑒，不妨紙色稍異，當即日裝潢進呈；或容臣等少待南販到日，並續完數卷，一并謄寫上進。伏候敕旨。

**崇禎五年三月十七日具題，本月二十日奉聖旨：　知道了，書着進覽。該部知道。**

## 奉旨恭進第三次曆書疏　崇禎五年四月初四日①

禮部尚書兼翰林院學士協理詹事府事加俸一級督修曆法臣徐光啓謹題：　爲欽奉明旨，恭進第三次曆書事。臣於本年三月十七日題爲月食事，奉聖旨：「知道了，書着進覽。該部知道。欽此。」欽遵：　謹將《月離曆指》並本表十卷，《交食曆指》並本表六卷，《南北高弧表》十二卷，《諸方半晝分表》一卷，《諸方晨昏分表》一卷，共三十卷，裝潢成帙，謹具本進呈御覽。竊照臣初次恭進曆書，開具節次六目：　一曰日躔，二曰恒星，三曰月離，四曰交食，五曰五緯星，六曰五星凌犯。除前二次共書四十四卷，内完過《日躔曆指》並表三卷，《恒星曆指》並表圖九卷，一摺。今次完過《月離曆指》並表十卷外，其《交食曆》六卷係是總論總表，日食月食

① 據《治曆緣起》迻録。

所宜共用，而月食一法附載其中。若日食一法，理數甚繁，尚須譯譔《曆指》約三卷，《立成表》約二十卷，今屬草將半。又須於星度里差等事，精加參訂，乃敢著爲定論。五星一節比於日月倍爲繁曲，漢以來治曆者七十餘家，而今所傳《通軌》等書，其五星法不過一卷，以之推步，多有乖失。所以然者，日月有交食可證，作者盡心焉；五星無有，故自古及今，此理未晰也。《回回曆》則有緯度，有淩犯，稍爲詳密，然千年以前之書，未經更定，而兩書皆無片言隻字，言其立法之故，使後來者入室無因，更張無術，凡以此耳。今諸遠臣所傳，獨爲詳備，而譯譔頗艱，書成亦須二十餘卷，不能不少費時日也。再惟該監官生向來在局供事，止令與訪取諸人，一同推算。立成諸表繼以謄寫，進呈書册因書籍未備，尚未能專功習學。今交食總法及月食本法既以就緒，容臣等督令到局漸次演習。月食既通，後來書籍，亦當續完，次及日食，次及氣朔躔離，次及五星諸法，可以節次成就矣。但人情安於故習，不有勸懲，無繇策勵，容臣等時加督課，其有怠惰頑梗者，輕則量懲，重則參罰；其勤學有成者，容臣依前節次，移送禮部考試。術業如果精諳，懇乞聖明量加敍録，以示鼓舞。其見在諸人而外，該監官生有志上進者，容臣從優立格，招徠選取，一體訓習。冀其中有褎然特出，悉通大義者，庶幾羲和世業，復見於聖代也。

計開

第三次進呈書目：

《月離曆指》四卷

《月離曆表》六卷

已上係遠臣羅雅谷譯譔。

《交食曆指》四卷

《交食曆表》二卷

已上係遠臣湯若望譯譔。

《南北高弧表》一十二卷

《諸方半晝分表》一卷

《諸方晨昏分表》一卷

已上係二臣指授監局官生推算。

崇禎五年四月初四日具題，本月初十日奉聖旨：卿所進曆書已留覽，具見用心詳密。未完的陸續譔進。其督教勸懲等事，依議行禮部知道。

## 爲月食具圖呈覽乞測驗施行疏 崇禎五年四月二十九日①

禮部尚書兼翰林院學士協理詹事府事加俸一級督修曆法臣徐光啓題爲月食事：竊照本年九月十四日己酉夜望月食，其食限分秒時刻並起復方位，例應先期上聞。除《大統》、《回回》二曆已經欽天監具題外，臣等用新法推步，謹將所得數逐一開坐，並具圖像進呈御覽，伏乞敕下該部，至期令監督等官如前測驗，奏聞施行。緣係月食事理，未敢擅便，謹題請旨。

計開

崇禎五年九月十四日己酉夜望月食分秒時刻並起復方位：

月食四分四十二秒，依日食例，月體爲十分，月未入，見食三分五十秒；月已入，不見食九十二秒。是日日出卯正三刻内八十一分九十二秒。

初虧，卯初三刻内六十一分七十四秒，月在地平上十度六分一十一秒。東南。

食甚，辰初一刻内三十七分四十五秒，月在地平下五度七分二十八秒。正南。

① 據《治曆緣起》迻録。

復圓，辰正三刻内二十二分七十七秒，月在地平下二十一度六十四分三十九秒。西南。

共食限内凡一十一大刻三小刻，又二十四分三秒，共一十一大刻九十四分三秒。

食甚，日躔黄道大火宫四度五十六分三十秒，

月離黄道大梁宫四度五十六分三十秒。

月離緯度：

初虧，距黄道北六十七分三十三秒。

食甚，距黄道北七十三分四十八秒。

復圓，距黄道北七十九分五十七秒。

各省直初虧時刻：

京師順天府：　卯初三刻内八十八分七十四秒。

南京應天府、福建福州府：　卯初四刻内一十六分四十九秒。

山東濟南府：　卯初四刻内二十三分四十六秒。

山西太原府：　卯初二刻内二十三分八秒。

湖廣武昌府、河南開封府：　卯初二刻内八十四分八秒。

陝西西安府、廣西桂林府：　卯初一刻内五十二分六十三秒。

浙江杭州府：卯初四刻内三十分四十秒。

江西南昌府：卯初三刻内一十九分七十秒。

廣東廣州府：卯初二刻内四十九分九十三秒。

四川成都府：寅正四刻内一十九分九十七秒。

貴州貴陽府：卯初一刻内二十四分九十三秒。

雲南雲南府：寅正三刻内三十八分八十九秒。

**崇禎五年四月二十九日上，五月初二日奉聖旨：禮部知道。**

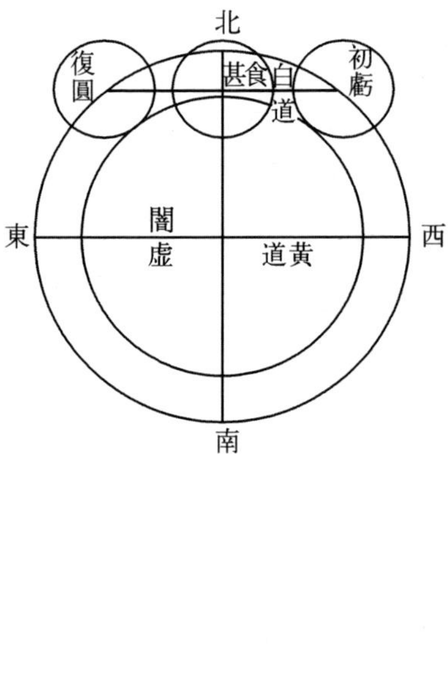

## 月食乞照前登臺實驗疏 崇禎五年九月十二日①

大學士徐題：本月十四日夜望月食，臣已於本年五月初二日題，奉聖旨：「禮部知道，欽此。」竊惟交食之法，臣等所譯譔新法與舊法不無參差，若在早晚，其驗尤著。蓋郭守敬之術視古爲密，其差最多不過四五刻；惟是四五刻之差，在日出入之交，未免以夜刻爲晝，以晝刻爲夜，故前世有推而不食，有食而失推者，以此之故，非星官曆人敢有改易也。如今次一食，《大統》法日出卯正二刻，新法日出卯正三刻，所差約一刻。其食時，《回回曆》推初虧在辰初初刻，則晝食矣；《大統》推初虧卯初一刻，依本法見食者五刻，依新法見食者六刻；新法初虧卯初三刻，在舊法後二刻，依本法見食者四刻，依舊法見食者五刻。此外若定時有先後，升降有正斜，地氣有厚薄，亦皆參差之緣也。故每交食時，臣曾題請身往測候，必得其真時刻、真分數，少有參錯。又因而究其所以然，然後目前辯難可據以剖晰，異時推步可用以尋求矣。今臣仰荷聖恩，備員揆地，例當於中府衙門隨班救護，如此則本局督視無人，雖有遠臣臺官等依

① 據《治曆緣起》迻録。

法測驗，不至乖舛，然非臣目所親見，而即憑以上聞，且勒以垂後，實臣心所未安也。且是日見食者僅四刻，月又當斜入於地，初虧時月在地上僅十餘度，若在中府則牆屋隱蔽，恐不可得見候驗(乎)〔矣〕①。以此請乞容臣於是日照前登臺實測，次日具本奏聞，庶於欽若大典不無裨益。伏候敕旨，謹題。

崇禎五年九月十二日上，十四日奉聖旨：覽卿奏以月食詣局候驗，具徵恪慎，朕知道了。

## 奉旨測候月食雲氣隱蔽無憑測驗疏 崇禎五年九月十五日②

大學士徐題：臣於本月十四日欽奉明旨，至今十五日丑時前往曆局督同遠臣及該監官生在局知曆人等測候月食，依法用儀器二具，測量星度，推算時候，參以星晷壺漏，務求四事脗合。逐時逐刻測至卯初一刻，忽有雲氣隱蔽月體，至天明雲尚未開，凡食分時刻，皆無憑測驗。

---

① 「乎」，依二徐本當作「矣」。
② 據《治曆緣起》迻録。

理合奏聞，謹題。

崇禎五年九月十五日具題，十八日奉聖旨：朕知道了。

## 月食先後各法不同緣由及測驗二法疏 崇禎五年十月十一日①

禮部尚書兼東閣大學士臣徐光啓謹奏爲月食事：本年九月十五日臣奉旨前往曆局，測候月食，自卯初至日出時，俱雲陰不見。隨於本日具揭回奏，十八日奉聖旨：「朕知道了，欽此。」又本日該欽天監一本爲觀候事，二十一日奉聖旨：「月食據靈臺官奏卯初一刻，初虧忽遇薄雲漸布，該監逕稱雲陰不見，何故異同？其食時先後，各法不一，也着奏明，禮部知道。欽此。」案照先時推步本食，據欽天監靈臺官俱依郭守敬《授時曆》法，初虧在卯初一刻，臣等譯譔新法初虧在卯初三刻，《回回曆》初虧在辰初初刻，三法之不同如此。至期測候，正欲藉以辨其離合，合則據爲準式，離則尚費推求。不意候至卯初一刻，遂有陰雲，迄於天明，未見開朗，諸法是非無從徵驗。該靈臺官言先有薄雲，後見濃雲；該監言雲陰不見，靈臺語意稍詳，

① 據《治曆緣起》迻録。

而陰雲不見，亦曆書成語，略有異同，其實一也。迨奉明旨，該監已經呈部覆奏。但三法不同之因，則曆科官生專諳舊法，其習學新法時日未久，未能一一究明，臣不得不代陳之。蓋聞交食之法先求平朔望，平朔望之算起於曆元。今曆法本用元《授時曆》，以至元辛巳爲曆元，當時所立四應，稍有未合。臣等新法以崇禎元年戊辰爲曆元，兩者相提，已推得舊法後天六十五分，爲半刻有奇矣。既得平朔望，以求定朔望，定朔望即日月之食甚定分也。法以日躔盈縮，月轉遲疾，推其各差，又以兩差之較爲加減時差，用以加減於平數，得定數焉。昨九月十四日夜望則太陽在縮曆，而《授時》法縮曆起夏至，不知日有最高、有夏至兩行異法，縮曆宜從最高起算也。惟宋紹興年間兩行同度，郭守敬後此百年，去離僅一度有奇；故未及覺；今最高一行已在夏至後六日有奇，以推縮差，則舊法後天一十八分有奇也。是日太陰在疾曆，遲疾之法授時止論一轉周，新法謂之自行輪，月自行之外又有兩次輪，以次密推，則舊法疾曆先天二度有奇，以推疾差，又後天四十分也。次以縮疾兩差相較，變爲時而求定望，宜用減法，舊法則一推而得四十八刻九十分，新法再推，先得四十一刻一十三分有奇，次得四十四刻八分，兩得相較又差三刻弱，故舊法之食甚定分得二十八刻弱，新法得三十刻弱。以推初虧，則舊法得在子正後二十二刻二十二分，爲卯初一刻；新法得在子正後二十三刻五十九分，爲卯初三刻。此舊法與新法異同之因也。若《回回曆》又異二法者。臣等實未能盡曉其故，僅知彼曆元爲阿刺必年，與隋開皇相值，去今一千三十餘載矣，年遠數殊，意其平朔望亦未合也。即以減分論，則是日太陽縮曆在四宫一度，依彼法得縮差一度四十一分；新法得一度四十三分，其差二分。太陰疾曆在十宫十七度，依彼法得疾差二度一十九分半；新法得三度六分，其差一十三分半，兩差相併得十五分半，變爲時約彼法在新法後四刻，今差五刻者，意其緣正在曆元四應；否則創法之處距西一萬餘里，或里差又未合也。總之三家所報，各依其本法展轉推求，乃始得之，不能立異以相畸，亦不能中變以相就，必欲辨其疎密，則在臨食之時，實測實驗而已。今已往之事無復可論，將來準法，似須商求。所宜求者蓋有二端：其一曰食分多寡。按交食法中不惟推步爲難，併較驗亦復未易，臣前疏嘗言：日食時陽晶晃耀，每先食而後見；月食時游氣紛侵，每先見而後食。蓋食者二體相交之謂也，日食既交，因其大光，人目未見，必至一分以上乃得見之；月食未交，闇虛之旁先見黑影，侵入於月，及其體交，反無界限。故推步縱無舛謬，而較驗多任目任意，揣摩影（嚮）〔響〕①，不能灼見分數，以證原推，得失亦無繇知。如宋臣周琮所定差天一分以下爲親，二分以下爲近，三分以下爲遠，非苟自恕，蓋其術止此而已。今欲灼見實分，有近造闚筩新法，日食時用於密室中，取其光影映照尺素之上，自

① 「嚮」，依二徐本當作「響」。

初虧至復圓，所見分數界限真確，畫然不爽。月食不能定其分秒之限，然二體離合之際，鄞鄂著明，中間色象，亦與目測迥異。此定分法也。其一曰加時早晚。定時之術，相傳有壺漏，爲古法；近有輪鍾①，爲簡法。然而調品皆繇人力，遷就可憑人意，故不如求端於日星，晝則用日，夜則任用一星，皆以儀器測取經緯度數推算得之，是爲本法。其驗之，則測日有平晷新法，測星有立晷新法，皆礱石範銅，鑱畫數度節氣時刻，一一分明，以之較論交食，皆於本晷之上，某時某刻，先期注定，至時徵驗，是合是離，灼然易見，此定時法也。二法既立，一遇交食，凡古今諸術得失疏密，如明鏡高懸，妍媸莫遁矣。然而臺官之情，甚以此爲苦，何者？彼之本法，有時先後天一二刻或四五刻，自以爲差天，至此不免於罪戾故耳。以臣論之：臺官之曆，郭守敬之曆也，守敬之法，今日之所謂差，當時之所謂密也。臣嘗歷考古今疏密之致矣，月食諸史不載，所載日食，自漢至隋凡二百九十三，而食於晦日者七十七，晦前一日者三，初二日者三，其疏如此。唐至五代凡一百一十，而食於晦日者一，初二日者一，初三日者一，稍密矣。宋凡一百四十八，則無晦食，更密矣；猶有推食而不食者十三。元凡四十五，亦無晦食，更密矣；猶有推食而不食者一，食而失推者一，夜食而書晝者一。至加時先後至四五刻者，當其

① 「鍾」，應作「鐘」。

時已然，至今遵用，安能免？ 此乃守敬之法三百年來世共歸推，以爲度越前代，何也？ 高遠無窮之事，必積時累世乃稍見其端倪，故漢至今千五百歲，立法者僅十有三家，蓋於數十百年間一較工拙，非一人之心思智力所能黽勉者也。 守敬集前古之大成，加以精思廣測，故所差僅四五刻，比於前代洵爲密矣； 若使守敬復生今世，欲更求精密，計非苦心極力，假以數年，恐未易得，何可責於沿襲舊法，如諸臺臣者乎？ 今食分加時，並如臣等新法較勘，則差殊畢露，儻遂以此爲諸臣罪，能無惶怖，能無畏葸？ 然而實非彼罪！ 即加之譴責，亦付之無可奈何而已。 事有非力所及者，亦古法所必寬也，豈惟諸臣，即臣等新法遂成，似可悉無前代之誤，乃食限或差半分上下，加時或差半刻上下，慮所不免，惟是臣等不敢以差自安，亦不敢以差自廢，正須緣此微差，遡厥因起，別求新意，據理改定。 臣所懼者： 諸臣以惶恐畏咎之心，堅其安習溺聞之陋，臣等書雖告成，而願學者少，有倡無和，有傳無習，恐他日終成廢閣耳。 伏望聖明察其從前之失，實非繇己； 開其向往之路，嘉與圖新，即有疎遠，且勿遽加罪譴，但令陳說所以然之故。 有能精習透曉者，量加優異； 久而不諳，罰亦隨之，將必有翹然傑出，明羲和之大業，應唐虞之景運者矣。 若日晷、星晷、闚筩三器者，局中所用體製甚小，工作尤粗，儻須上塵聖覽，則模式應加廣長，賦列應加精贍，其費亦不過數十金耳。 如蒙賜俞，容臣等仰遵前旨，仍於户工二部事例銀内咨取，令在局諸臣募工備料，造成恭進。 伏候敕旨，臣無任悚惕待命之至。

爲此具本，謹具奏聞。

崇禎五年十月十一日具奏，十五日奉聖旨：　覽卿奏，月食先後各法不同緣繇及測驗二法考據詳悉，朕知道了。即着傳示監局官生，依法占測，務求至當，以稱朕欽若授時之意。日晷等器如議，製成進覽。該部知道。

## 修曆缺員謹申前請以竣大典疏 崇禎五年十月十一日①

禮部尚書兼東閣大學士臣徐光啓謹奏：　爲修曆缺員，謹申前請，以竣大典事。臣於崇禎二年七月十四日欽奉明旨，督領修正曆法事務，中因兵事輟業；　至三年八月續理前緒，四年正月二十八日以後，三次進過曆法書表共七十二卷，一摺，於日躔、月離、恒星經緯、日月交食各種法義，併立成數目，略已具備，所少者止日食一卷及五星經緯交會，以較全功，則未完者約四分之一也。猥以疎庸，仰蒙特簡入閣辦事，控辭未遂，乞今五月，竟不能復尋舊業，止令在局遠臣該監官生併知曆人等，推算得各色立成表二十餘卷，譯譔得日躔交食及土木火星曆指藳

① 據《治曆緣起》迻録。

草六卷，内立成表則諸臣自能詳加磨覆，陸續繕寫；　惟曆指譚述法意，義多奥賾，臣不在局，尚未能修潤成書也。　臣曾於崇禎三年十二月初二日，以協修缺員具奏請補，奉旨下部，至今未得其人。　今者日多草創，而莫爲成全，恐稽大典，則用人一事似屬難緩。　但治曆明時，古昔視爲鴻鉅，故前漢首用丞相張蒼，而近代著作有以宰相樞密主領裁奏於上，太史令丞等測驗推步於下者，誠重之也。　方今在任大臣，既各有本等職掌；　外臣之中，臣所知者如山東巡撫朱大典、陝西按察使李天經又有封疆方面之責，不得不於庶僚草澤中求之，是以廣咨博訪，徘徊數月。　今看得原任監察御史告病在籍金聲，思致沉潛，文辭爾雅，博涉多通，兼綜理數，堪以委用，使居討論修飾之任，其遺文析義，當復勝臣。　若已成諸書，方令該監官生漸次學習，中間會通二法，亦須甄明大意者爲之董率，臣又看得原任誥敕房辦事大理寺評事今聽降王應遴，學亦通綜，且數請修曆，屢疏奉旨，在部可據，用之率領官生，可以集事。　且此二臣者不煩徵求，不增資費，在金聲病已痊愈，乞敕下都察院催取赴補，便可前來；　在王應遴見在候缺，亦乞敕下吏部，量與相應職級，使之供事。　儻得此兩臣在局，而臣亦時加稽覈，即前項未完書表，可計期告竣矣。　若草澤中未必無人，臣所求惟取好學深思、心知其意、試有徵驗者，方敢上聞，今未敢濫及也。　臣不勝惶悚待命之至。　爲此具本，謹具奏聞。

崇禎五年十月十一日具奏，十五日奉聖旨：　該部知道。

## 月食依新修交食曆推步並具圖像呈覽疏 崇禎六年九月二十九日①

太子太保禮部尚書兼文淵閣大學士臣徐光啓謹題爲月食事： 竊照崇禎七年二月十五日壬申夜望月食，其食限分秒並起復方位，例應先期上聞。除《大統》、《回回》二曆近經欽天監具題外，臣等新局諸臣所修《交食曆》藁，業已就緒，謹依法推步，將所得諸數逐一開坐，並具圖像進呈御覽。伏乞敕下該部，至期令監督等官併臣局陪臣官生各如前測候，奏聞施行。緣係月食事理，未敢擅便，謹題請旨。

計開

崇禎七年二月十五日壬申夜望月食分秒時刻併起復方位：

月食九分二十一秒，

月未入已復光約九分，

月已入未復光二十一秒。

① 據《治曆緣起》迻録。

是日日出卯正二刻内五十五分五十五秒。

初虧，丑正三刻内五十七分五十二秒，月在地平上高三十八度一十分。

食甚，寅正三刻内二十二分四十六秒，月在地平上高一十八度四十四分。

復圓，卯正二刻内九十二分三十八秒，月在地平下。

共食限内一十五刻三十四分八十六秒。

食甚日躔黄道娵訾宫二十四度二十六分三十六秒，爲室宿六度二分。

月離黄道鶉屋宫二十四度二十六分三十六秒，爲翼宿五度四十六分。

日躔赤道室宿一十二度四十八分。

月離赤道翼宿一十三度五十四分。

月離緯度：

初虧，距黄道北三十三分八秒。

食甚，距黄道北二十分二十九秒。

復圓，距黄道北二十三分一十九秒。

各省直初虧時刻：

京師順天府：　丑正三刻内五十七分五十二秒。

南京應天府、福建福州府：　丑正三刻内八十四分三十秒。

山東濟南府：　丑正三刻内二十二分八十秒。

山西太原府：　丑正一刻内九十分八十五秒。

湖廣武昌府、河南開封府：　丑正二刻内五十三分三十五秒。

陝西西安府、廣西桂林府：　丑正一刻内二十一分四十一秒。

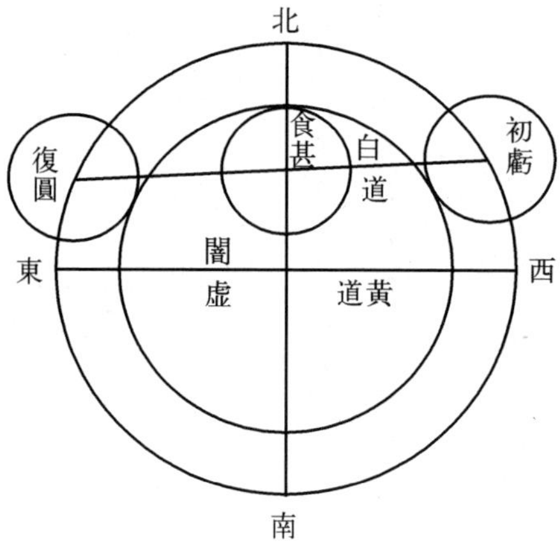

浙江杭州府：丑正四刻内二十六分九十六秒。
江西南昌府：丑正二刻内八十八分八秒。
廣東廣州府：丑正二刻内一十八分六十三秒。
四川成都府：丑初二刻内九十六分四十一秒。
貴州貴陽府：丑初三刻内九十三分六十三秒。
雲南雲南府：丑初一刻内八十五分二十九秒。

**崇禎六年九月二十九日具，十月初四日奉聖旨：是，禮部知道。**

## 曆法修正告成書器繕治有待請以李天經任曆局疏 崇禎六年九月二十九日①

太子太保禮部尚書兼文淵閣大學士臣徐光啓謹奏：爲曆法修正告成，書器繕治有待，謹申前請，以竣大典事。臣於崇禎二年七月十四日欽奉明旨，督領修正曆法事務，仰體皇上欽若敬授至意，廣集衆思，求底成績，已經進過曆書七十四卷。猥以疎庸，荷蒙特簡入閣辦事，會因

① 據《治曆緣起》迻録。

閣務殷繁，不能復尋舊業，止於歸寓夜中篝燈詳繹，理其大綱，訂其繁節，專責在局遠臣該監官生併知曆人等，推算測候，業已明備，少需時日，將次報竣。不意臣以衰齡，嬰此重證，犬馬之力已殫，痊可之期尚遥。新成諸書共六十卷，如《黄平象限》共七卷，《火木土二百恒年表》並《周歲時刻表》共三卷，《交食表》共四卷，《交食曆指》共三卷，《交食諸表用法》共二卷，《交食簡法表》共二卷，《五星圖》一卷，《木星加減表》一卷，《方根表》二卷，《土星加減表》一卷，《日躔表》一卷，《五緯總論》一卷，《日躔增》一卷，《恒星總圖》八幅，已上三十卷，略皆經臣目手，業已謄繕。如《火土木經度》三卷，《三星緯度》一卷，《三星表用法》一卷，《三星緯表》一卷，《日躔考》二卷，《交食蒙求》一卷，《夜中測時》一卷，《古今交食考》一卷，《日月永表》二卷，《金水二星曆指》二卷，《日月五星會望弦等表》一卷，《火星加減表》一卷，《金水二星表》四卷，《高弧表》五卷，甲戌乙亥二年《日躔細行》二卷，《恒星出没》二卷，已上三十卷，尚屬草藁，内經臣目者十之三四，經臣手者十之一二，亦可續寫進呈。其餘卷帙及教習官生續製儀器並料理旁通諸務，尚須擇人省成，恐局無職掌，或致中廢。臣於崇禎五年十月以協脩缺員具奏請補，奉旨下部，以山東巡撫朱大典、山東參政李天經、山東道御史金聲等堪以委任，曾經具題。内金聲復經部覆咨催，今聞聲實患病，不能前來①。局中臣工，豈能坐待，不得不復理前説。但朱大典見有衡藩重寄，勢難移動，惟李天經分管税糧，在彼亦腹背之羽，非當六翮之用，稍爲更置，似亦無難。而博雅沉潛，兼通理數，曆局用之尤爲得力，伏乞敕下吏部，將該道别行推補。

① 《金忠節公文集》卷三有金聲《上徐玄扈相公書》，與本疏有關，附載於下：

伏惟太老師閣下：身倡絶學，道濟蒼生，懷千萬世之心，應五百年之運，材篤器使，廣益集思，如聲孤陋，幸依末光，感服明德，未嘗去心。頃乃以經天大事，收及病廢，奬借稱譽，溢邁常分。遂俾小子濫徼新命，自顧樸樕，何具何因，輒以疏遠，膺寵君相，固宜矢竭才分，力圖報稱，即日就道，兼程赴闕！而有不能，有不忍，有不敢，敢佈微忱，上懇寬放。聲不幸負疾，傷在神氣，蒙聖恩放歸，偃息二年，僅可不死。而火症時作，痰根不拔，雖其尋常無事，尚不耐思慮，不任勞苦，開卷未幾，輒欲瞑目，對客語多，即時委頓。況於長安鞍馬風塵之間，何以自支？定曠厥職，速戾厥躬，聲不足惜，奈負明舉！又聲思路本粗莽疎闊，敬服西儒，嗜其實學，乃在理道及修行法律；至於象數，全所未諳。即太老師所譯《幾何原本》一書，幾番解讀，必欲終集，曾不竟卷，輒復迷悶，又行掩寘。況曆法淵浩，對以淺思狹識，將若編簣移山，卷葉竭海，此其所不能也。老父今年行年七十有二，老母六十有三，並多疾病，備嘗衰苦。往以聲不度力，漫蹈凶危，痛苦幽思，幾絶而甦，幸生相見，有若再世。今蒙君相拔置，雖坐理清業，要當捐棄庭闈，絶裾而來，風燭草露，腹裂心酸，一日九迴，何以堪忍！且又有宜忌分應遲回者，聲之謬膺斯舉也，非聲有干於左右；太老師之偶以聲承乏斯職也，亦非太老師有私於不才，甫聞邸報，驚出望外，既復念之，實泠然喜；喜茲上下之間，庶幾古道之遺，知己恩遇，應足千秋，而流俗之人，或有猜度，以爲臥病之人，藉此出山。或謂聲爲禄位，乃以學術依附明公，如此譏嫌，本不足惜，然而聲於此則有所不敢也。況聲近發薄願，不自揆度，欲倡明大法，盡區區筆舌，將次第譯授西學，流佈此土，並爲人廣細宣説，此非十年不仕，優閒專精，未易卒辦；非身豎坊表，力存砥柱，出處進退之間，卓然有以見信於天下，亦未易經牖人心，遽信其書及其言也。故聲今日輒爲大道計，聲處或流通有日，聲仕恐闡明無期，雖微前三者，太老師救世心切，尚應念之。聲曷勝懇篤之至！

李天經則議其事任，或以原官量兼京銜，或以銓法改補京秩，使之供事，則以討論修飾之任，更兼承前啓後之責，行見皇上敬天立極之鴻摹，授時熙績之令範，永有光於萬世矣。臣不勝惶悚待命之至。

崇禎六年九月二十九日具，十月初四日奉聖旨：覽奏具覘勤恪，書成次第進覽。李天經着吏部議覆。卿還慎加調攝，痊可即出佐理，以慰延佇。該部知道。

## 治曆已有成模懇祈恩敍疏 崇禎六年十月初六日①

太子太保禮部尚書兼文淵閣大學士臣徐光啓謹奏：爲治曆已有成摹，課功會應嚴核，謹將在事臣工分別上請，懇祈恩敍，以光大典事。臣才識疎庸，濫膺重任，欽承明旨，修正曆法，夙夜殫竭，四載於兹。業與該局遠臣及知曆官儒等，修改測候，譯書造器，如從前進過曆書，及昨報完曆書，並前後所造儀器，已經上聞，用塵聖覽。特以微臣臥病私室，藥石罔效，日致尫羸，恐難終事，故請補缺員，蒙皇上俞允，下部議覆矣。第見在臣工，勤敏有加，勞瘁堪録，惟

① 據《治曆緣起》迻録。

臣察之最審，考之允當，苟不及臣目覩身承之日，陳其萬一，設朝露忽溘，後事之臣，誰有爲皇上請者，敢分别敍之。如遠臣羅雅谷、湯若望等，譔譯書表，製造儀器，算測交食躔度，講教監局官生，數年嘔心瀝血，幾於穎秃唇焦，功應首敍；但遠臣輩守素學道，不願官職，勞無可酬，惟有量給無礙田房，以爲安身養贍之地，不惟後學攸資，而異域歸忠，亦可假此爲勸。知曆生員鄔明著、訪舉儒士陳于階等，思精推測，巧擅繪製，書器方藉前勞，講解正需後効，所當照纂修辦事例優敍者也。知曆人如生員程廷瑞、孫嗣烈、孟履吉、監生李次虨、訪舉儒士楊之華、祝懋元、張寀臣、黄宏憲、董思定、李遇春、趙承恩等，同心績學，殫術承天，十狐之腋堪裘，衆集之思成益，所當照纂修効勞例量敍者也。原任大理寺評事今帶銜光禄寺録事王應遴、武英殿辦事中書陳應登督率官生，參訂訛正；武舉魏邦綸測算明曉，堪備策使，三臣著聲勤慎，所當同行優敍者也。其該監官生如右監副戈承科、秋官正周胤、原任五官保章今降充天文生朱國壽、五官保章正劉有慶、中官正賈良棟、候缺保章正賈良琦、博士朱光顯、天文生朱光燦、朱光大等，勤學可嘉，俟學習完日另敍。伏念奏績課成，論功行賞，從來尚矣，况敬天勤民，攸繫更重！如唐曆《大衍》，一行造之七年而藁成；元曆《授時》，守敬造之十年而書進，未有子來適成如今日者。測驗推步，上合天行；講究著述，下窮人巧，日成月要，不敢悠忽而寮庶工，費省工良，共効精勤而襄鉅典，誠舉局之光，一時之選也。伏乞聖明俯賜鑒裁，敕下該部分别紀録，事完議敘，以彰激勸。臣無任惶悚待命之至。

崇禎六年十月初六日具，十二日奉聖旨： 該部知道。

## 進繳敕印開報錢糧疏 崇禎六年十月初七日①

太子太保禮部尚書兼文淵閣大學士臣徐光啓謹奏： 爲進繳敕印，開報錢糧，以清曆務，以完臣局事。臣叨受聖恩，兢兢拮据，不意勞備之餘，交加疾痛，高厚未効涓埃，犬馬將填溝壑，言念及此，惟有涕零。如曆法重務，雖幸告成，而未了規摹，尚須善後。荷蒙皇上俞臣所請，將李天經下部議覆，其督領曆局印信一棵及諭臣敕諭一道，臣應先期奏繳，俟接任官到日，另行奏請改給。至於錢糧一項，自崇禎三年正月至崇禎六年三月，共領户禮工三部咨到銀八百七十餘兩，臣逐項自行料理，纖悉明備，已開細數，封貯公所。因進内儀器正在鳩工，難以遽行銷算，俟接管官逐件查對奏繳，臣敢先以總數報聞。恐溘露不免乎朝夕，漏卮或誤於將來，則臣從來矢公節省之意，欽天報主之誠，兩失之矣。伏祈皇上敕下該衙門，驗收在案。謹將敕

① 據《治曆緣起》迻録。

諭印信差欽天監博士朱光顯，賫送到閣，候旨施行。臣不勝惶悚待命之至。

崇禎六年十月初七日上，本月十二日奉聖旨：敕印着該衙門驗收，其錢糧用完接管官奏銷。該部知道。

# 卷六 雜疏

## 辨學章疏 萬曆四十四年七月①

左春坊左贊善兼翰林院檢討臣徐光啓謹奏：爲遠人學術最正、愚臣知見甚真，懇乞聖明，表章隆重，以永萬年福祉，以貽萬世乂安事。臣見邸報：南京禮部參西洋陪臣龎迪我等，内言：「其說浸淫，即士大夫亦有信向之者」；一云：「妄爲星官之言，士人亦墮其雲霧。」曰士君子，曰士人，部臣恐根株連及，略不指名，然廷臣之中，臣嘗與諸陪臣講究道理，書多刊刻，則信向之者臣也。又嘗與之考求曆法，前後疏章具在御前，則與言星官者亦臣也。諸陪臣果應得罪，臣豈敢幸部臣之不言以苟免乎？然臣累年以來，因與講究考求，知此諸臣最真最

① 據《增訂徐文定公集》卷五迻録。

確，不止踪跡心事一無可疑，實皆聖賢之徒也。且其道甚正，其守甚嚴，其學甚博，其識甚精，其心甚真，其見甚定，在彼國中亦皆千人之英，萬人之傑。所以數萬里東來者，蓋彼國教人，皆務修身以事上主，聞中國聖賢之教，亦皆修身事天，理相符合，是以辛苦艱難，履危蹈險，來相印證，欲使人人爲善，以稱上天愛人之意。其説以昭事上帝爲宗本，以保救身靈爲切要，以忠孝慈愛爲工夫，以遷善改過爲入門，以懺悔滌除爲進修，以升天真福爲作善之榮賞，以地獄永殃爲作惡之苦報，一切戒訓規條，悉皆天理人情之至。其法能令人爲善必真，去惡必盡，蓋所言上主生育拯救之恩，賞善罰惡之理，明白真切，足以聳動人心，使其愛信畏懼，發於繇衷故也。

臣嘗論古來帝王之賞罰，聖賢之是非，皆範人於善，禁人於惡，至詳極備。然賞罰是非，能及人之外行，不能及人之中情。又如司馬遷所云：顏回之夭，盗跖之壽，使人疑於善惡之無報，是以防範愈嚴，欺詐愈甚。一法立，百弊生，空有願治之心，恨無必治之術，於是假釋氏之説以輔之。其言善惡之報在於身後，則外行中情，顏回、盗跖似乎皆得其報。謂宜使人爲善去惡，不旋踵矣。奈何佛教東來千八百年，而世道人心未能改易，則其言似是而非也。説禪宗者衍老莊之旨，幽邈而無當；行瑜迦者雜符籙之法，乖謬而無理，且欲抗佛而加於上主之上，則既與古帝王聖賢之旨悖矣，使人何所適從、何所依據乎？必欲使人盡爲善，則諸陪臣所傳事天之學，真可以補益王化，左右儒術，救正佛法者也。蓋彼西洋隣近三十餘國奉行此教，千數百年以至於今，大小相卹，上下相安，路不拾遺，夜不閉關，其久安長治如此。然猶舉國之人，兢兢業業，惟恐失墜，獲罪於上主。則其法實能使人爲善，亦既彰明較著矣。此等教化風俗，雖諸陪臣自言；然臣審其議論，察其圖書，參互考稽，悉皆不妄。

臣聞繇余西戎之舊臣，佐秦興霸；金日磾西域之世子，爲漢名卿，苟利於國，遠近何論焉？又見梵刹琳宮，遍布海内；番僧喇嘛，時至中國；即如回回一教，並無傳譯經典可爲證據，累朝以來，包荒容納，禮拜之寺，所在有之。高皇帝命翰林臣李翀、吴伯宗與回回大師馬沙亦黑、馬哈麻等翻譯曆法，至稱爲乾方先聖之書。此見先朝聖意，深願化民成俗，是以褒表搜揚，不遺遠外。而釋道諸家，道術未純，教法未備，二百五十年來猶未能仰稱皇朝表章之盛心。若以崇奉佛老者崇奉上主，以容納僧道者容納諸陪臣，則興化致理，必出唐虞、三代上矣。

皇上豢養諸陪臣一十七載，恩施深厚，諸陪臣報答無階，所抱之道、所懷之忠，延頸企踵，無繇上達。臣既知之，默而不言，則有隱蔽之罪，是以冒昧陳請。倘蒙聖明採納，特賜表章，目今暫與僧徒道士一體容留，使敷宣勸化，竊意數年之後，人心世道，必漸次改觀。乃至一德同風，翕然丕變，法立而必行，令出而不犯，中外皆勿欺之臣，比屋成可封之俗，聖躬延無疆之遐福，國祚永萬世之太平矣！

倘以臣一時陳説，難可遽信；　或恐旁觀猜忖，尚有煩言，臣謹設爲試驗之法有三，處置之法有三，併以上請。　試驗之法：　其一，盡召疏中有名陪臣，使至京師，乃擇内外臣僚數人，同譯西來經傳。　凡事天愛人之説，格物窮理之論，治國平天下之術，下及曆算、醫藥、農田、水利等興利除害之事，一一成書，欽命廷臣共定其是非。　果係叛常拂經，邪術左道，即行斥逐，臣甘受扶同欺罔之罪。　其二，諸陪臣之言與儒家相合，與釋老相左，僧道之流咸共憤嫉，是以謗害中傷，風聞流播，必須定其是非。　乞命諸陪臣與有名僧道，互相辨駁，推勘窮盡，務求歸一。　仍令儒學之臣，共論定之。　如言無可采，理屈辭窮，即行斥逐，臣與受其罪。　其三，譯書若難就緒，僧道或無其人，即令諸陪臣將教中大意、誡勸規條與其事蹟功效，略述一書，并已經翻譯書籍三十餘卷，原來本文經典一十餘部，一併進呈御覽。　如其蹐駁悖理，不足勸善戒惡，易俗移風，即行斥逐，臣與受其罪。　此三者試驗之法也。

處置之法：　其一，諸陪臣所以動見猜疑者，止爲盤費一節，或疑燒煉金銀，或疑洋商接濟，皆非也。　諸陪臣既已出家，不營生産，自然取給於捐施。　凡今衣食，皆西國捐施之人，展轉託寄，間遇風波盗賊，多不獲至，諸陪臣亦甚苦之。　然二十年來不受人一錢一物者，蓋恐人不見察，受之無名，或更以設騙科斂等項罪過相加。　且交際往來，反多煩費故耳。　爲今之計，除光禄寺恩賜錢糧照舊給發外，其餘明令諸陪臣量受捐助，以給衣食；　足用之外義不肯受者，聽從其便。廣海洋商，諭以用度既足，不得寄送西來金銀，仍行關津嚴查阻回。如此音耗斷絶，盡釋猜嫌矣。其二，諸陪臣所居地方，不擇士民，不論富貴貧賤，皆能實心勸化。目今宜令隨其所在，依止焚修，官司以禮相待，使隨人引掖。或官司未能相信，令本地士民擇有身家行止者，或十家或二十家，同具一甘結在官。如司教之人果有失德猥行、邪言妄念、表率不端者，依今部議放流迸逐，甘結諸人，一體科坐；其無人保結者，不得容留。若他人有以違犯事理、傳聞告言者，官司亦要體訪的確，務求實跡，則掩飾難容，真僞自見矣。其三，地方保舉倘有扶同隱匿，難以遽信，再令所在官司，不時備細體察，除有前項違犯登時糾舉外；其道行高潔、地方士民願從受教者，有司給與印信文簿二扇，令司教者循環報數在官。年終正印官備查從教人衆，曾否犯有過惡，間有罪名，另籍登記。三年總行考察，如從教人衆一無過犯，兼多善行可指，正印官於司教之人，優行嘉奬。如從教者作奸犯科，計其人之衆寡，罪之輕重，甘結士民，量行罰治。若從教之人故犯罪惡，司教同教戒勸不悛，因而報明官司除其教籍者；或教籍未除而同教之人自行出首者，或過犯在從教以前事發在後者，罪止本身，同教之人並不與坐。如此官府有籍可稽，諸人互相覺察，不惟人徒寡少，仍於事體有益，其他釋道諸人，或争論教法，更不必設計造言，希圖聳聽，只須分明。司教亦同此法，考察賞罰，誰是誰非，孰損孰益，久久自明矣。此三者處置之法也。已上諸條，伏惟聖明裁擇，如在可采，乞賜施行。

臣於部臣爲衙門後輩，非敢抗言與之相左，特以臣考究既詳，灼見國家致盛治、保太平之策，無以過此。倘欽允部議，一時歸國；　臣有懷不吐，私悔無窮。是以不避罪戾，齋沐陳請。至於部臣所言風聞之説，臣在昔日亦曾聞之，亦曾疑之矣。伺察數歲，臣實有心窺其情實，後來洞悉底裏，乃始深信不疑。使其人果有纖芥可疑，臣心有一毫未信，又使其人雖非細作奸徒，而未是聖賢流輩，不能大有裨益，則其去其留，何與臣事。修曆一節，關係亦輕。臣身爲侍從之臣，又安敢妄加稱許，爲之游説，欺罔君父，自干罪罰哉！　竊恐部臣之伺察詳盡，亦復如臣，其推轂獎許，亦不後於臣矣。臣干冒天威，不勝惶恐待命之至。

萬曆四十四年，御批「知道了」。

## 敬陳講筵事宜以裨聖學政事疏 崇禎元年九月初二日①

日講官禮部右侍郎兼翰林院侍讀學士協理詹事府事臣徐光啓謹奏：　爲感恩圖報，思效芻蕘，敬陳講筵事宜，以裨聖學聖政事。臣忤權被斥，久安廢棄，荷蒙召用，備員講幄，感德銘

① 據《徐氏宗譜》卷四迻録。

臣鏤，捐糜匪報。自惟文學侍從之臣，獨於經史典故中能以一得自效，庶免詩人素餐之誚也。臣竊見日講規則，稍似東宫舊儀，用之今日，未爲宜稱。蓋我皇上睿資天縱，聖學夙成，吐詞爲經，立儀成範，所講經書及《通鑑》、《寶訓》數條，一覽可盡，而自辰及申，殆將半日，恐裨益少而光陰多矣。時事艱虞，每廑宵旰，披覽商求，寸晷可惜。職竊謂《四書》、《書經》宜分派節段，令職等撰述簡明講章，其中果有關切，不妨開陳；如或不然，無須求備。《寶訓》事詞明白，或可不煩講解。并《通鑑》亦派定節段，至日於御前宣講一過，遇有疑義，願垂清問；若理涉淵微，職等淺陋，未能盡解，聽攜本書傳注等，查明奏對。既經問辨，闡發必多；其無疑者，片時可竟，似於聖學工夫省而有益。至若一應章奏，初於平臺召對，近於文華商確，仰見聖衷求治甚殷，誰敢不矢心殫竭者！但事體不同，或有一覽可決，或有屯田、鹽法、河漕、水利等事，中多古今沿革，利弊因緣，必須備細考求，精加參酌。倘於旬月之間得一必然之畫，不啻足矣；而欲求一見便明，片言即決，其將能乎？職請增置講官數員，更番入直。仍以文華門外直房一二間爲書庫，量將祕閣書籍移入其中，專官掌管。其諸臣家有藏書，欲資參考，亦聽攜入。遇有前項重難事情，必須援古證今，及按據國朝典故者，欽命閣臣令輪值諸臣，備細尋求考索，務須核實簡明，編次成章。閣臣據此甄裁詳定，或於本日或次日，其繁難者不妨多日，擬議進呈，仰候宸斷。如此每遇一事，必然確有定據，綽有成畫，不過浹歲之間，天下要務，略如指掌。更益以羣臣建白，久而勒成一書，其裨益聖政，匪淺尠矣。且方今造就人才，務求實用，人未必赴也；行職之説，天下皆知上意所注嚮，人人務博通以稱任使，數年之後，才不可勝用，而文體官方，亦將翕然改觀。救時急務，似當出此。如蒙皇上俯賜採擇，乞敕閣臣詳議，具奏施行。臣冒昧瀆陳，無任隕越待命之至。

崇禎元年九月初二日奏，本月初九日奉聖旨：覽奏條陳講筵事宜，具見忠愛。《寶訓》日進三條，不必註解，遇有疑義，特加剖析。朕召對商確，原爲修舉實事，各衙門若欽遵《會典》一書，着實舉行，自有成效，不須另輯。該部知道。

## 自陳不職乞賜罷斥疏 崇禎元年①

日講官太子賓客禮部右侍郎兼翰林院侍讀學士協理詹事府事臣徐光啓謹奏：爲自陳不職，懇乞聖明，特賜罷斥，以重計典事。該吏部題奉欽依六年考察在京官員，叨列三品，例應自

① 據明鈔本《徐文定公奏疏》第二册迻録。按光啓於崇禎元年十二月二十八日以日講敍勞加太子賓客，此疏疑即上於是日，或次年正月。

陳。臣以萬曆三十二年進士改翰林院庶吉士，授本院檢討，累陞左春坊左贊善詹事府少詹事，以至今官。臣一介庸流，行能無算，幸遇清時，歷叨宫寀。適東鄙阽危之日，荷皇祖特達之知，俾釋鉛槧而躬韎韐，結戎備器。未及受命，前驅乏餉撤兵，仍復廁身華貫。已晉銜於卿貳，旋被搆於權璫，賴先帝之明清，獲從寬典；屬聖明之在宥，忝預賜環。備位經幃，再參史局，未見開陳之益，可裨高深；遽成優敍之恩，有踰涯分。念即英賢際此，猶虞福過爲災；矧以譾劣居之，安免食浮之恥。且顧惟衰朽，已自擬於懸車；而際此澄清，復何辭於褫帶。如臣瘝曠，幽黜宜先，伏乞皇上敕下該部，將臣罷斥，俾弛擔負，歸老林泉，庶幾愚分獲安，而大典益肅矣。臣不勝激切懇仰待命之至。

## 再瀝血誠辨明冤誣疏 崇禎元年①

日講官太子賓客禮部右侍郎兼翰林院侍讀學士協理詹事府事臣徐光啓謹奏：爲自陳不職，蒙恩留用，謹再瀝血誠，辨明冤誣，仍祈罷斥，以安愚分事。臣近因計典，具疏自陳，奉聖

---

① 據明鈔本《徐文定公奏疏》第二册迻録。

旨：「徐光啓日侍講讀，學問素優，着照舊供職。吏部知道，欽此。」臣恭奉明綸，不勝感激，因逢大慶，業已報名廷謝，隨班朝賀。但今日講伊始，在臣情事有與諸臣獨異者，以臣昔年曾經御史智鋌論劾故也。雖則荷蒙環召，即聖明湔雪之恩，而鋌所誣臣者尚在六年之内，臣又未嘗一言自理，其敢藉口恩綸，冒昧就列乎？以此再懇天恩，乞賜褫訴。至被誣事情，謹辨晰一二，以祈聖鑒。按鋌《疏》中論列，止臣練兵一事。除一切虚詞辞語，臣無可辨亦不必辨者不敢枚舉外，其所指陳，獨有逃兵買免一節，以爲實事。不知兵非臣所召募之兵，而臣未受事以前，山、陝、河南僉派之民兵也。良民不習兵革，又雇覓亡賴以充之，安得無逃？逃者百之一二，且逃而勾，勾而必至，臣之法未廢也。其既至而放回者，則泰昌元年十一月奉旨汰兵八分之三，事竣之日，即已題知册報部科矣。是後復有逃兵解到者，已在存留册額之外，不得不放回故也。然止一月之内，解到押回者不過數名爲簡汰，得旨之日，即已移文三省，悉停勾解，所云解到數人者，其咨文未到、已發在途者耳。且鋌《疏》言：「有司費多少精神，户丁受多少賠累，始得清勾一軍。」夫費精神、受賠累者，爲本犯押役之盤費也；若盤費之外，又爲設處買免多金，一時有司户丁，安得愚謬至此乎？若本犯自有多金，自逃自解，又何必費精神、受賠累也。是則數言之間，亦已自相矛盾矣。至臣之陞職，則奉皇祖特旨，而四品京官，又無辭免之例。且暫作糠粃，旋爲砂礫，由後觀前，臣豈有意求之乎？盜餉之説，憑空着此二字，向使臣有分毫差錯，鋌亦何愛於臣，不一指實邪？總由臣與故輔魏廣微以文字語言，因懷忮害，秉政之日，數與人言，促臣赴任，而臣年餘不至，謂臣不入牢籠，故臣不免耳。然自惟通籍二十六年，悉成瘝曠。練兵一事雖兢兢黽勉，實亦未著勞績，緬懷尸素，褫斥允宜。伏祈聖明，准依前請，特賜罷免。臣雖跧伏田里，有餘幸矣。臣無任懇切惶恐待命之至。爲此具本親賫，謹具奏聞。

## 面對三則①

### 一

聖諭：用人何必專是甲科？鄉科吏員中豈無人才？臣光啓奏：聖諭及此，宗社生靈之福。臣以偉云：

① 據明鈔本《徐文定公奏疏》第三册迻録。原鈔無題，以意題爲「面對三則」。時間大約亦在崇禎二年。

二

聖諭：《周禮》三物，教萬民而賓興之云云。臣光啓奏：《周禮》三物，德行爲先，下至禮樂射御書數，亦皆是有用之學。若今之時文，直是無用。聖諭：祖宗朝以此取士，未嘗不善，只是後來云云。

三

久之，又奏：人才只要培養作興，今皇上專以德行取人，制科學政一一有法，再加以選舉之法，考課之法，將不可勝用，不必借才於異代也。

## 方孝（儒）〔孺〕裔奉祠疏①

禮部尚書兼翰林院學士協理詹事府事纂修實録副總裁官臣徐光啓謹奏：爲一事兩旨、

---

① 據明鈔本《徐文定公奏疏》第三册迻録。考徐光啓崇禎元年十二月題充《熹宗實録》副總裁，三年六月二十四日陞禮部尚書，是疏應上於崇禎三、四年間。

前後互異，謹據實直陳，懇乞聖明勘明歸一，以勸忠節、以昭信史事。臣以譾陋，承乏史局，充纂修《熹宗悊皇帝實録》副總裁官，近該閣臣差官賫送史官臣許士柔所纂天啓四年春季稿草，並起居注六曹章奏到臣，該臣查閲删補訖，謄真候送間，看得本年三月十五日下開：下應天撫按，勘先臣方孝(儒)〔孺〕裔奉祠生員方繼忠是否的派？其《冒認方忠奕革逐繼忠疏》稱：「方氏赤族之後，渾無噍類，獨祖次兄方孝伏先於洪武二十五年奏減麥糧，充寧夏軍，在伍獲免。仁宗宥赦孝伏子方琬歸籍。至神宗登極，詔革除殉節諸臣建祠崇祀，恤録苗裔，琬七世孫方池始得冠帶奉祀，繼(宗)〔忠〕即池之子也①。其方忠奕本姓余，名毅德，係松江府鹽商余瑊子，夤緣冒籍，懇行撫按勘實。」臣一見之，不勝駭歎！蓋孝(儒)〔孺〕有後，事在臣鄉，沈鬱二百餘載，至皇祖覃恩之後，又越三十八年，方氏子孫乃得自名其祖；正如千年幽室得曜光明，海内臣民咸所稱快，繼忠何人，乃敢於罔上，忍於覆宗至此極也！續查得方忠奕刻本奏疏係邸報抄傳，稱天啓二年四月二十九日該浙江台州府寧海縣(下缺)

① 「繼宗」，據前後文當作「繼忠」。

## 爲皇三子擬名疏 崇禎五年十二月①

禮部臣等謹題：本月初九日奉上傳：皇第三子百日命名，命臣等恭擬，謹遵例預擬四字進呈，伏候聖裁點用。嘉名載錫，繁祉茂膺，誕延則百之祥，式廣維城之助，臣等不勝雀躍歡欣之至！謹具揭，並擬名恭進以聞。

## 懇乞聖恩予假調理疏 崇禎六年二月②

臣徐光啓謹題：臣少患脾胃之疾，醫治獲痊，後來每每舉發，旋亦瘳減。乃今年齡頽暮積衰，忽焉大作，數日以來，飲食不進，强進少許，隨即嘔吐，因而通身疼痛，昏暈時作，此同官

① 據《徐氏宗譜》卷四迻録。按《明史》卷一百二十《諸王傳》：「定王慈炯莊烈帝第三子，崇禎十四年六月諭禮臣，朕第三子年已十齡」云云，則此疏應上於崇禎五年。又《文定公年譜》：「壬申十二月以皇三子命名」，則應上於是年十二月。

② 據《徐氏宗譜》卷四迻録。

二臣所共見。至夜來，與次輔臣宗達同在班行①，其委頓之狀，尤所深悉也。即今講幄宏開②，臣本欲力疾趨侍，其如跬步難前，氣息僅屬，勢不獲已，懇乞聖恩予假調理，不敢遽望全安，但得小愈，即不敢久安私寓也。伏惟垂久，臣不勝仰望之至。謹題③。

**奉聖旨：覽卿奏，偶恙未能入直，朕知道了。閣務殷繁，着暫調一二日即出佐理，不必請假。**

## 疾勢少減入直辦事疏 崇禎六年二月④

臣徐光啓謹題：臣因病給假，伏蒙温旨：「着暫調一二日即出。」日來疾勢少減，臣恭承明命，不敢久稽，謹於二月二十九日赴鴻臚寺報名⑤，今早詣午門前行五拜三叩頭禮，入直辦

① 即吴宗達。

② 據《文定公年譜》：「崇禎五年八月奉敕同知經筵事。」

③ 此疏無年月，以吴宗達在閣年月及光啓同知經筵年月推之，疑是疏即上於崇禎五年八月稍後，以後一疏考之，則應上於崇禎六年二月。

④ 據《徐氏家譜》迻録。

⑤ 依此月日推之，此疏與前一疏均應上於崇禎六年二月。

事矣。臣仰荷天恩，不勝感戴，恭陳謝悃，謹具題知。

## 衰病實深懇賜罷斥疏 崇禎六年七月①

禮部尚書兼東閣大學士臣徐光啓謹奏：爲衰病實深，人言波及，懇乞聖明亟賜罷斥，以無誤政本事。職猥以迂疎，遭逢聖主，擢居揆地，實不克勝。加以年逾七旬，尤多疾疢，心思耳目，俱見衰殘，時省曠瘝，冰兢淵凛。自崇禎三年六月二十四日伏蒙聖恩陞授禮部尚書，扣至今年六月二十三日通曆正二品俸三十七個月，知遇彌隆，罪戾彌積矣。伏讀《大明會典》一款，凡京官年七十以上，不論三、六、九年考滿，俱不考覈，行令致仕。係堂上官亦不引奏，特具本奏請，取自上裁。此則典制有恒，宜從簡絀。况近奉俞旨，推補閣員，抑又羣賢連茹之秋，駑駘息肩之日也。頃以同官諸臣出入參差，未敢過部具疏申請；昨入直看詳，見刑部都給事中陳贊化爲狡弁蓄謀等事，以舊輔周延儒故，刺及於職。謂「在綸扉者有同鄉密友，授衣鉢而思代，爲友所噬」，所云同鄉者職也。職與延儒雖同朝二十載，詞林前後，例少往還。獨己巳之歲，並

① 據《徐氏宗譜》卷四迻録。

佐禮曹，然延儒終歲杜門，職亦拮据任使，仍落落不相及也。去歲誤蒙簡命，乃始朝夕共事，於時幾務之間，職所迷者十三；既每資其匡引，職所得者十一，亦自效於劑調，實不敢開玄黄水火之端，顧豈敢爲阿私朋比之事哉！職生平愚見，每謂植黨爲非，涣羣爲是，是以孑然孤踪，東西無著，苟利社稷，矢共圖之，有何衣鉢？相傳何用？至於人臣留去，莫非主恩，延儒之行，恩禮備至，職未見其宜與贊化爲讐也。即如今日抨彈見及，職得因此遂果私衷，獲安愚分，感於不暇，何讐之有？已則不讐，而代人讐乎？又代人報乎？聖明在上，日月高懸，職似可以無辨；然念時事多艱，每廑宵旰，輔理之臣非長材强力，何堪久任！職無識無學，實病實衰，已過懸車之期，仍届黜幽之會，伏望我皇上俯垂慈允，即賜罷斥，使踽鼎無虞於覆餗，老馬不至於僨轅，在聖朝不過率由舊章，而所裨於政地者多，所全於微職者大矣。職不勝祈懇悚慄待命之至。

崇禎六年七月□日上，本月十六日奉聖旨：卿忠誠勤恪，精力正優，朕方切倚任，浮言妄搃，何待剖陳；閣務殷煩，着即日入直佐理，以慰眷注，慎勿少稽。該部知道。

## 恭承明命入直辦事疏 崇禎六年七月十六日①

禮部尚書兼東閣大學士臣徐光啓謹題：　臣因科臣陳贊化疏詞連及，具本求奉聖旨：「卿忠誠勤恪，精力正優，朕方切倚任，浮言妄捝，何待剖陳？　閣務殷煩，着即日佐理，以慰眷注。　愼勿少稽，該部知道，欽此。」臣恭承明命，不敢久稽，謹於今月十六日赴鴻臚寺報名，今蚤詣午門前五拜三叩頭禮②，入直辦事矣！　臣踈劣招尤，宜蒙譴斥，何期睿眷，俯賜温留，照覆鑒微，彌荷恩於高厚；　磨鉛勵朽，思効命於涓埃。　臣不勝感戴。　恭陳謝悃，謹題。

## 考課無能乞允辭免疏 崇禎六年七月二十五日③

具官臣徐光啓謹奏：　爲考課無能，隆恩難冒，懇乞聖明特允辭免，以安愚分事。　臣以二

---

① 據《徐氏宗譜》卷四迻録。

② 「午門前」下疑脱一「行」字。

③ 據《徐氏宗譜》卷四迻録。

品三年考滿，該吏部題奉聖旨：「徐光啓簡任密勿，協贊忠誠，兹當滿考，勞績茂著，着復職加太子太保文淵閣大學士，尚書如故。蔭一子中書舍人，照新銜給與應得誥命，欽此。」臣聞命自天，不勝徬徨感悚。伏念：臣通籍三紀，在告七年，叨蒙聖鑒，起自田間，洊歷卿貳，簡拔今官。皇上之恩，不可勝量；微臣之倖，不可勝慙；三年以來曠官尸禄之咎，不可勝紀。主爵之吏，循例具請，天錫之寵，渝分有加。竊惟揆度所司，實惟政本，三載考幽而黜，七十曰老而傳，匪止經言，亦惟令典。臣一介疏庸，四朝知遇，憶昔備員講幄，已貽蚊負之譏；兹且謬列贊襄，益切鵜梁之愧。在皇上海嶽崇深，或塵流概納，聖神函蓋，即葑菲不遺；但臣燭武之年云老，蹇叔之力既愆，修改曆書，方篤竭於此事；看評章疏，復竭窮於後塵。耳目肢體，悉露衰殘；志氣精神，日趨倦憊。當此省成之日，正應澄太之期，皇上寬其詿誤，免其罪愆，已荷聖德之如天，彌惕報稱之無地，何復詢以不可循之故典，假以非所望之厚恩！宮階上簉乎孤卿，命秩兼貤乎累世，豈所以全臣愚而彰風勵也！三復温綸，一字一汗，不得不備瀝循牆之悃，轉圜之聽，伏望皇上俯念愚誠毫無矯飾，收回新命，俾緩躋巔。還耕食鑿飲之素心，戴舜日堯天於永世。在微臣安疎拙之涯分，不過一己之私；在朝端慶政地之肅清，是則天下之福也。臣無任啣恩激切，祈懇待命之至。

**崇禎六年七月二十五日上，二十六日奉聖旨：卿深資夙望，忠著新猷，考績加恩，原**

屬彝典。宜祇遵成命，不必遜辭。該部知道。

## 入直辦事疏 崇禎六年七月二十九日①

臣徐光啓謹題：臣昨因二品考滿，蒙恩踰溢，不勝惴慄，再疏控辭；仰辱聖眷特隆，温綸寵錫，臣不敢瀆陳，謹於本月二十八日赴鴻臚寺報名，今早恭詣午門前行五拜三叩頭禮，即入直辦事矣！伏念臣行能無算，奉職多愆，少尚無庸，老而益憊，已謬塵於揆路，復躐晉於宫階，叨冒逾多，報稱滋尠。徒切循牆之懼，祇貽負乘之譏，輾轉多慙，迴惶罔措。股肱雖竭，終無裨於高深；頂踵可捐，願自方於塵露。臣不勝感激戴仰之至。謹具題奏謝以聞。

崇禎〔六〕年七月二十九日上②，〔八月初一日奉聖旨：覽卿奏，謝恩入直，朕知道了〕③。

---

① 據《徐氏宗譜》卷四迻録。
② 「六」字原空，據《文定公年譜》二品考滿在崇禎六年七月，補。
③ 括弧内月日及聖旨，據《徐氏宗譜》内的一個聖旨抄件補。

## 恭謝天恩疏 崇禎六年七月①

禮部尚書兼東閣大學士臣徐光啓謹奏：爲恭謝天恩事，本月二十五日伏蒙聖恩，以臣歷二品俸、三年考滿，特遣御前牌子李天祥齎賜原封鈔二千貫，羊一隻，酒十瓶，臣謹焚香叩頭，祗領訖。伏念臣猥以孱庸，濫塵密勿，傾葵向闕，初無補於天工；啜菽隨班，祗自深其内疚。會兹考績，顯候黜幽，乃荷皇仁，更隆寵錫。牲醪維旅，流甘旨於天庖；寶鏹累千，分瓌奇於御府。重撫躬而愧惕，謹稽首以登嘉。自非俯竭股肱，何以仰酬高厚！志忘溫飽，終愧調羹作醴之未能；戒在滿盈，益切食蘖含冰而自勵。臣不勝感激天恩之至。爲此謹具本奏謝以聞。

① 據《徐氏宗譜》卷四迻錄。

## 恭視寫篆進封貴妃册印頒賜謝恩疏 崇禎六年九月十三日①

具官臣徐光啓謹題：　本月十二日伏蒙皇上以閣臣恭視寫篆進封貴妃册印，頒賜每銀二十兩②，紵絲一表裏，臣蒙恩予假，不獲從二臣之後，趨蹌供事，而隆恩概及。誼當控辭；屬因同官臣温體仁等已列名具揭陳謝，臣不敢再行塵瀆，已於私寓叩頭恭領。然而輾轉迴惶，實爲忝冒，臣所以跼蹐彌深，感荷彌切者也。臣不勝戴仰天恩之至。謹具題謝恩。

**崇禎六年九月十三日。**

## 册封貴妃禮成頒賜謝恩疏 崇禎六年九月③

太子太保禮部尚書兼文淵閣大學士臣徐光啓謹題：　伏蒙皇上以册封貴妃禮成，頒賜輔

---

① 據《徐氏宗譜》卷四迻録。
② 「每」下疑有「人」字。
③ 據《徐氏宗譜》卷四迻録。按此疏無年月，以前疏推之，應在崇禎六年九月十三日以後的數日内。

臣每人銀二十兩，紵絲一表裏，羅一表裏，原封草二千貫①，臣因請假，即於寓中叩頭祗領訖。伏念嘉年告成，懽騰中外，臣既不獲與趨蹌之末，亦不獲從慶賀之班，綢疊恩膏，與蒙均被，誠慙誠懼，無以處心，踧踖靡寧，戴仰滋切。臣不勝感荷天恩之至。謹具題謝恩。

## 恭謝頒賜疏 崇禎六年九月②

太子太保禮部尚書兼文淵閣大學士臣徐光啓謹奏：　爲恭謝天恩事，本月二十二日欽蒙聖恩，以臣患病，特遣御前牌子趙進，頒賜臣鮮猪一口，鮮羊一羫，白米二石，酒十瓶，甜醬瓜茄子一罈，臣謹於私第恭設香案，扶掖行禮，祗領訖。伏念臣賦體素弱，積疢甚深，竭蹶經年，愧調羹之乏術；　優游玩日，慙作醴之未能。垂老馳驅，正值技窮於莫展；　浹旬賜假，方深眷恤於優容。未克爲國分憂，乃荷自天寵錫。爰勤中使，誕沛恩膏，分桂醑以浮香，載備腒肥之俎；　啓芝囊而投粲，兼羸肴蔌之芳。鏤骨冰兢，銘心感溢，敢不刻期入直，仰報皇仁；　實緣

① 「草」疑爲「鈔」字之誤。

② 據《徐氏宗譜》卷四迻録。

强起未能，俯滋愚悚。兹因陳謝宸嚴之際，更思籲請君父之前，伏冀聖明，容臣寬假調理。倘未遽填於溝壑，尚思圖報於彤庭，臣不勝激切感戴之至。爲謹具本奏謝以聞。

## 捍衛葡人疏（譯）崇禎三年六月初三日①

太子賓客禮部左侍郎兼翰林院侍讀學士徐光啓上言：臣已做過新的調查，奉旨向陛下陳述臣的感言，恭請陛下明鑒。同時，我也請陛下允許我卸職還鄉，在我自己的家中安度晚年。

臣奉陛下之命掌理火砲及相關事務。現在臣又奉旨向陛下奏明如何最好地練兵與養兵。在我手中有一個奏疏的抄本，就是科吏盧兆龍所奏者，他在疏中論述了是否應該讓正在路上的葡萄牙人來，此疏中涉及到我。

臣仔細回顧，十三年前，是臣第一個講到，欲摧毁敵人，必藉助火砲；臣立即尋找火砲，是臣第一個派人前往澳門尋獲四門火砲。現在各地均需要擁有火砲，但無一處能够擁有。我

① 增訂者按：本疏原文爲葡萄牙文，藏阿儒達圖書館，由董少新收集、翻譯，並提供。

們没有這麽多火砲，也没有這麽多人，即使有一些地方有這樣的火砲和人員，如果我們不能够將其整合成爲一個整體以前往抗敵，我相信反叛的韃靼人將不會得到懲處。正因爲如此，才會徵三百葡萄牙人。儘管此一想法爲公沙的西勞統領所提出，但是他向陛下所奏之事，以及他向陛下所請求的條例，我也都知道，所以我不能够坐視不管，保持沉默。

但是陛下知道，那時我希望獲得火砲以驅敵，并不僅僅是想獲得火砲，而是想鑄造更多的火砲，不僅因爲韃靼人的入侵，而且也因爲荷蘭人，蓋荷蘭人是西方來的殘暴的海盗。澳門葡萄牙人是西方温順的商人。那些海盗想搶劫這些商人，這些商人盡力以手中的火砲進行抵御，故雙方均想儘量擁有最精良的火砲。

荷蘭人來到這裏已經二十年了，期間無論其船的數量還是火砲的數量均有大量增加。可以肯定的是，他們的野心不小。他們知道我們的帝國不使用巨砲，因此尚未重視我們中國。澳門的葡萄牙人擁有精良的火砲，可以依靠這些火砲自衛，然而他們知道自己地小人寡，因此希望投靠我們，從我們這裏得到幫助。

我想長話短説。澳門葡萄牙人與荷蘭人的衝突，是荷蘭人想攻佔澳門，然後再覬覦我們的帝國。澳門葡萄牙人想在我們的帝國境内修築防御工事，以抵御荷蘭人的攻擊，荷蘭盗賊集中其所有力量以奪取澳門，而澳門葡人以堅定的決心，向我們的帝國表示出巨大的忠心。

雙方之良莠，動機之好壞，臣看得很清楚。因此我想利用火砲摧毀韃靼人，而葡萄牙人顯然將會竭盡全力助我們功成此事。這樣，我們帝國的人將看到火砲的巨大優勢，從今以後，我們的人將鑄造很多火砲，學習高超的鑄造技術，辨别和使用火砲。福建、廣東、浙江、南直以及其他沿海地區，將通過葡萄牙人獲得裝備，以應對他們所面臨的一切局勢。而荷蘭人得知我們的這些安排後，將會打消其覬覦中國的野心。但是那時，我的設想没有被實施，此後數年，荷蘭人果真在澎湖建起堡壘和要塞，今日他們又定居于Pequiam，臺灣，這兩個地方距離福建省三四百里，幅員遼闊而富足，而現在中國的流民、盜賊和叛亂者，招集倭寇，聚集在那裏，已經構成許多城市和村莊，人口衆多，城池堅固，裝備了火砲，而荷蘭人從那裏日夜窺視着我們帝國，而他們達到目的的最佳辦法，便是先佔據澳門，因爲澳門對他們進行了最堅決的抵抗，澳門想建防御工事也正是爲此。

因此，儘管我們不願用葡人作爲抵抗韃靼人的先鋒，我今天也建議最好保留澳門的葡人，以便通過他們保衛南部沿海地區。科吏盧兆龍對他的家鄉香山很關注，希望我們對澳門保持警惕，而不是將葡人趕走。但是陛下在那個省的官吏經常欺負、凌辱澳門葡人，造成了我們與澳門葡人之間的不和；因此，澳門葡人非常擔心，荷蘭人會懷疑陛下在廣東的官吏們能給澳門葡人提供幫助，而荷蘭人原本認爲廣東官吏會幫助澳門的。那裏的葡人也有從澳門撤離的想法，而我非常擔心，葡人早上撤走，荷蘭人晚上就佔據那裏了。

這些荷蘭人在最初來這裏的時候也會説自己是商人，説他們的誠意比葡萄牙人更大。但是根據我講的這些事實來看，我認爲葡萄牙人是商人，而商人是不會變爲强盗的。荷蘭人是海盗，他們不想做貿易，從開始到現在他們的所作所爲已説明了這一點，他們所注重的就是擁有更多裝備大量火砲的船、淡水和食物，然後一有機會便搶劫、擄掠，他們因此而獲得巨大財富，貴重之物堆積如山。而現在，有誰能够使他們懼怕，使他們能够放棄作惡，放棄搶劫的習俗，使他們安於在海上航行以賺取百分之十的利潤，如其他商人一樣？所有這些事情都需要慎重考慮。臣思慮已久，以前不敢向陛下奏明這些事情。

至於我們請的三百葡人和一千二百隻火槍，儘管他們到來之時將已入秋，但是那時叛敵仍將在我們的帝國之内，我們便可用葡人將他們驅逐出去。即便敵人被趕走，要想收復遼東、懲處北方叛亂分子，我們仍應該藉助于葡萄牙人，讓他們督導我們的訓練，精選兩三萬有經驗的士兵，將他們與葡兵組織在一起，提供花銷、供給、武器以及其他戰鬥物資，我們便將獲得所期望的勝利，兩年之内即可成功。爲了征服所有韃靼人，並極大地節省開銷，這是萬全而唯一的策略，等戰勝敵人一兩次以後，我們的士兵就會重新振作，焕發生機，積極投入戰争，那時我們便可以命葡萄牙人返回，而不必留他們在這裏兩年時間。總之，如果諸臣們認爲没有必要收復已失去的土地，或者他們有比我所講的策略更高明的計謀來收復土地，那麼毫無疑問，在三百葡人身上投入的花銷將是無用的，没有任何好處，因爲他們將幫不上我們什麼忙。臣與科吏誰的意見更正確，還望陛下明鑒。

我接下來略述天主教，據説此教在唐代便已存在於中國，被稱爲景教。該教認爲，大君無始無終，即是我們的主，我們的主滌蕩我們的過錯，賦予我們美德，讓我們恪守應盡的義務。從貞觀年間開始，該教在中國發展、繁榮了兩百年，我們可以從一塊石碑的銘文中得到證明，該碑在前幾年發現於陝西，看來這一聖教並不是在今日纔傳入中國的，而是已經在中國非常久了。利瑪竇神父及他的會友用中文翻譯了數十部各類書籍，其中數學書籍並非最受推崇的，那些講述致命的罪惡、與此相反的美德以及對良心的考驗的書籍，是寫給每個人看的，因爲書中每個詞匯都很明晰，都非常有用。

臣時常讀這些書以利臣之靈魂。於是該科吏説我受神父們蒙蔽，而毫無顧慮，對真理麻木不仁，從不敢揭露事實真相。現在我也得承認，我是一個無能之人，缺少德行，且上了年紀，諸病纏身。在過去數年中，當敵人又來入侵，我不敢爲自己着想，不能休息，無法顧及私人的事情，總是盡力效忠，爲國效力；但是現在，國家邊事平静，而反觀自己，並没有盡什麼力。因此我懇請陛下允許我卸職，以讓那些抱怨我的人滿意。我閉門獨處於陋室之中，但不會因此而忘記浩蕩皇恩。臣懷着敬畏、謹慎之心恭候皇上諭旨。

崇禎三年六月初五日奉旨： 朕已閲覽您的奏疏。前來效力的葡萄牙人已表現出忠心，他們對我們帝國之防衛與援救已盡全力，對此朕毫不懷疑。至於他們講述的關於我們的那些事情，各地方總督在他們的奏疏中没有提到。您徐光啓深謀遠慮，忠心效力，盡職盡責，這些朕均親眼所見，與您所言不符。朕命您安心修養，並繼續擔任您的職務，將您以前的策略付諸實施。欽此。

# 卷七　序　跋

## 題萬國二圜圖序①

西泰子之言天地圓體也，猶二五之爲十也。或疑焉，作正、戲、別三論解之。

正論曰：古法北極出地三十六度，此自中州言耳。唐人云南北相去每三百五十一里八十步而差一度，宋人云自交南至子岳臺六千里而差十五度，此定説也。夫地果平者，即南北相去百億萬里，其北極出地之度宜恒爲三十六，不能差毫末也；猶山高千尺不能差毫髀量之，自此山之下稍移之平地數十里外，宜恒爲千尺，不能差毫末也。以郭若思之精辨，南北測驗二萬里，北極之差至五十度，而不悟地爲平體，移量北極之不能差毫末，何也？又因而（柳）

① 據楊廷筠輯刻《絶徼同文紀》卷一迻録。

〔抑〕札(焉)〔馬〕魯丁使其術不顯，何也？

戲論曰：嵩高之下，北極出地三十六度，自此以北每三百五十一里八十步而差一度，則嵩高之北一萬八千九百六十六里正當北極之下矣。近世渾天之説明，即天爲圓體無疑也。夫天爲圓體，地能爲平體，北極又能爲遞差，則以《周髀》計之，北極之下、自天至地裁一萬三千八百二十九里而已，次以弧矢截圓法計之，則北極之下、更北行四千四百七十六里有奇，而地與天俱盡也。合計之，即自嵩高以北二萬三千四百五十里有奇，而地與天俱盡也。倍之則東西廣，南北袤，各四萬六千八百八十五里有奇，而地與天俱盡也。此三者以爲可不可也？

別論曰：楊子雲主蓋天，桓君山詘之，是也。然蓋天能知地平，則北極不能爲差，故云北極之下高於中國六萬里，但如其説者又不能爲圓天圖，天則高於中國六萬里之處，既與相及矣，故曰天之北極高於四周亦六萬里，斜倚之，合天與地不相及也。若言圓天而不言圓地，政不足以服《周髀》。

## 陽明先生批武經序①

武書之不講也久矣，釋樽俎而談折衝，不已迂乎？然天下有握邊算、佐廟籌者其人，則又如蟋蟀鳴堂除，纔振響，已爲兒童子物色，而卒不得一何者，夏蟲難語堅冰，鷃斥奚知南冥也。明興二百五十餘年，定鼎有青田策勳，中興稱陽明靖亂，二公偉績，竹帛炳然。乃其揣摩夫《正合奇勝》、《險依阻截》諸書，自日一氈，青宵一炬，人固莫得而窺也。嘉靖中，有梅林胡公筮仕姚邑，而得《武經》一編，故陽明先生手批遺澤也，丹鉛尚新，語多妙悟，輒小加研尋。後胡公總制浙、直，會值倭警，遂出曩時所射覆者爲應變計，往往奇中，小醜遂戢。則先生之於胡公，殆髣髴黄石與子房，而獨惜是書之未見也。時余被命練兵，有門人初陽孫子携一編來謁，且曰：此吴興鹿門茅先生參梅林公幕謀，獲此帳中祕，貽諸後昆，兹固其家藏也。緣其世孫生生氏欲授剞劂，屬請序於先生。余視陽明先生之手澤宛然，而慚碌碌靡所樹奇，分不當先生功臣。第竊喜《正合奇勝》、《險依阻截》諸書，實用固彰彰不誣也。然則今日果有握邊算、佐廟

① 據東北圖書館藏明朱墨印本《武經七書》迻録。

籌，如鹿門先生之於胡公者乎？ 余又請以新建餘烈，拭目竢之，是書或可借籌遼者之一箸云，是爲序。 時天啓元年歲辛酉重陽前一日，賜進士出身奉議大夫奉勑訓練新兵詹事府少詹事兼河南道監察御史徐光啓撰。

## 赤道南北兩總星圖敍①

道有理數所不能祕者，非言弗宣；有語言所不能詳者，非圖弗顯。 昔人云：爻象敍疇之辭煩，而河洛圖書之理晦，圖之重於天下久矣。 堯典創中星之說，所云平秩作訛，以授時而秩事，夏有《少至》，周有《時訓》，秦漢以下及唐宋皆有《月令》。 詩詠《定中》，《春秋傳》「啓蟄而郊，龍見而雩」，又云「凡馬日中而出，日中而入」，蓋人君出政，視星施行；人臣宣猷，戴星出入，乘時急民用之前，其關於世道人心，非細故也。

我太祖高皇帝專設靈臺郎，辯日月星辰躔次，及論曆法，日惟以七政有度無差爲是。 聖神

① 據巴黎國家圖書館藏原書明刻本迻録。 余廷燦《存吾文稿》卷一有是書跋。 徐光啓敍文不著年月，以所題官銜考之，當撰成於崇禎六年，蓋在卒前三數月。

欽若至意，千秋若揭。惟是古來爲圖甚多，而深切著明者蓋鮮。夫星之定位，原自分秒不移，乃於經緯度數溷而莫辯，按圖者將何據焉？昔之論星者有甘德、郭璞、宋均、郭守敬諸賢，皆亦青藍之互出；今予獨依西儒湯先生法，爲圖四種：一曰《見界星總圖》，一曰《赤道兩總星圖》，一曰《黄道兩總星圖》，一曰《黄道二十分星圖》，業已進上，公之海寓，似無遺義。兹所刻則因前圖尺幅狹小，位次聯絡之間，恐於天象微有未合，不便省覽；復督同事諸生鄔明著輩，從先生指授，製爲屏障八面，繪以兩大圖。就中每星每座，一一依表點定，分布既寛，體質自顯，則斜正疏密之界，殆和盤托出矣。

故以赤道爲界，圖各一周，外分三百六十度，内分三百六十五度四分度之一，是爲天之經。剖渾體二之：一以北極爲心，一以南極爲心，繇心至邊九十度，兩極相距百八十度，是爲天之緯。其去極二十三度半有奇復作一心者，黄道極也；從黄道極出曲線抵界者，十二宫也；從心至界分二十八直線者，二十八宿各距星所占度分也。又各有斜絡赤道上下，廣狹不等，疑若白練者，則俗所稱雲漢是也。南極圖自見界諸星外，尚有極旁隱界諸星，舊圖未載，此雖各省直未見，而從海道至滿剌加國悉見之，我國家大一統，何可廢也！因是測定星若干，爲座若干；增入星若干，增座若干，俱等以六，各各有黄赤經緯度，各各用崇禎戊辰年實躔度分，與他測有經無緯，有經緯無隨時隨地測候活法者迥别。

且不直此也，圖之上下隙爲《黄赤總圖》，左右隙爲《五緯圖》，以至分者合之，合者分之，具有本論。總期與皇上乙夜之觀，憬然悟天體之真，洞然晰經緯之道，羅星斗於胸中，授人時於指掌。爲諸臣者，鑒郎官列宿尚書北斗之任之重，効職布公，時廑熒惑守斗之慮，求致五星聚奎之祥，而共奏泰階六符於無艾乎？則是圖之有裨於朝廷世道，詎小補云。賜進士第光禄大夫柱國太子太保禮部尚書兼文淵閣大學士奉勅督修曆法徐光啓題。

## 刻同文算指序①

數之原其與生人俱來乎？始於一，終於十，十指象之，屈而計諸，不可勝用也。五方萬國，風習千變，至於算數，無弗同者；十指之賅存，無弗同耳。我中夏自黄帝命隸首作算，以佐容成，至周大備。周公用之，列於學官以取士，賓興賢能，而官使之。孔門弟子身通六藝者謂之升堂入室，使數學可廢，則周孔之教踳矣。而或謂載籍燔於嬴氏，三代之學多不傳，則馬、鄭諸儒先，相授何物？《唐六典》所列《十經》，博士弟子五年而學成者，又何書也？由是言

① 據《天學初函》本《同文算指》迻録。

之，算數之學特廢於近世數百年間爾。廢之緣有二：其一爲名理之儒土苴天下之實事；其一爲妖妄之術謬言數有神理，能知來藏往，靡所不效。卒於神者無一效，而實者亡一存，往昔聖人所以制世利用之大法，曾不能得之士大夫間，而術業政事，盡遜於古初遠矣。余友李水部振之，卓犖通人，生平相與慨嘆此事，行求當世算術之書，大都古初之文十一，近代俗傳之言十八，其儒先所述作而不倍於古初者，亦復十一而已。俗傳者余嘗戲目爲閉關之術，多謬妄弗論；即所謂古初之文與其弗倍於古初者，亦僅僅具有其法，而不能言其立法之意。益復遠想唐學《十經》，必有原始通極微渺之義，若止如今世所傳，則浹月可盡，何事乃須五年也？既又相與從西國利先生游，論道之隙，時時及於理數。其言道言理，既皆返本蹠實，絶去一切虚玄幻妄之説；而象數之學亦皆遡源承流，根附葉著，上窮九天，旁該萬事，在於西國膠庠之中，亦數年而學成者也。吾輩既不及覩唐之《十經》，觀利公與同志諸先生所言曆法諸事，即其數學精妙，比於漢唐之世十百倍之，因而造席請益。惜余與振之出入相左，振之兩度居燕，譯得其算術如干卷，既脱稿，余始間請而共讀之、共講之，大率與舊術同者、舊所弗及也；與舊術異者，則舊所未之有也。旋取舊術而共讀之、共講之，大率與西術合者，靡弗與理合也；與西術謬者，靡弗與理謬也。振之因取舊術斟酌去取，用所譯西術駢附，梓之，題曰《同文算指》，斯可謂網羅藝業之美，開廓著述之途，雖失《十經》，如棄敝屩矣。算術者工人之斧斤尋尺，曆律兩家、旁及萬事者，其所造宫室器用也，此事不能了徹，諸事未可易論。頃者交食議起，天官家精識者欲依洪武故事，從西國諸先生備譯所傳曆法，仍用京朝官屬筆如吴太史，而宗伯以振之請。余不敏，備員焉。值余有狗馬之疾，請急還南；而振之方服除赴闕。儻一日者復如庚戌之事，便當竣此大業，以啓方來，則是書其斧斤尋尺哉！若乃山林畎畝有小人之事，余亦得挾此往也，握算言縱横矣。萬曆甲寅春月友弟吴淞徐光啓撰。

## 跋二十五言①

昔遊嶺、嵩，則嘗瞻仰天主像設，蓋從歐羅巴海舶來也。已見趙中丞、吴銓部前後所勒《輿圖》，乃知有利先生焉。間邂逅留都，略偕之語，竊以爲此海内博物通達君子矣。亡何，齎貢入燕，居禮賓之館，月急大官殰錢②。自是四方人士，無不知有利先生者，諸博雅名流，亦無不延頸願望見焉。稍聞其緒言餘論，即又無不心悦志滿，以爲得所未有。而余亦以間遊從請益，獲

① 據《天學初函》本《二十五言》迻録。

② 「急」，《絶徼同文紀》改爲「給」，今通行本皆作「給」。

聞大旨也，則余向所嘆服者是乃糟粕煨燼，又是乃糟粕煨燼中萬分之一耳。蓋其學無所不闚，而其大者以歸誠上帝，乾乾昭事爲宗。朝夕瞬息，亡一念不在此。諸凡情感誘慕，即無論不涉其躬，不挂其口，亦絶不萌諸其心，務期掃除净潔，以求所謂體受歸全者。間嘗反覆送難，以至雜語燕譚，百千萬言中，求一語不合忠孝大指，求一語無益於人心世道者，竟不可得，蓋是其書傳中所無有，而教法中所大誠也。啓生平善疑，至是若披雲然，了無可疑，時亦能作解；至是若遊溟然，了亡可解，乃始服膺請事焉。間請其所譯書數種，受而卒業，其從國中携來諸經書盈篋，未及譯，不可得讀也。自來京師，論著復少。此《二十五言》成於留都，今年夏，楚憲馮先生請以付梨棗，傳之其人，是亦所謂萬分之一也，然大義可睹矣。余更請之曰：「先生所携經書中，微言妙義，海涵地負，誠得同志數輩，相共傳譯，使人人飫聞至論，獲厥原本，且得竊其緒餘，以裨益民用，斯亦千古大快也，豈有意乎？」答曰：「唯，然無竢子言之。向自西來，涉海八萬里，修途所經，無慮數百國，若行枳棘中。比至中華，獲瞻仁義禮樂聲明文物之盛，如復撥雲霧見青天焉。時從諸名公遊，與之語，無不相許可者，吾以是信道之不孤也。翻譯經義，今兹未遑，子姑待之耳！」余竊韙其言。嗚呼！在昔帝世，有鳳有皇，巢閣儀庭，世世珍之。今兹盛際，乃有博大真人，覽我德輝，至止於庭，爲我羽儀，其爲世珍，不亦弘乎？提扶歸昌，音聲激揚，以贊贊我，文明之休，日可竢哉！日可竢哉！萬曆甲辰長至日後學雲間徐光啓撰。

## 縠城先生四然齋集序①

語有之：傳翼兩足，予齒去角。言偏至之易而得全之難也。蓋自西京而降，如兩司馬其人于文章辭賦各有所極，唐宋以來則韓、柳、李、杜輩亦岦岦分曹擅場耳。明興益之以制科之業，其理彌深，其繩墨彌謹，其言與格每變而日新。士抑首受筴，今所謂是明復陳矣。自非龍章豹文、乘雲隱霧，將竭靡邯鄲趨時之不給，何暇乃及古文辭賦乎？故今世文章之士，名能古文辭賦者，多駿發遄至，不及以制科之業傳，而研精味道以制科之業傳者。其彊弩之末勢多不及焉古文辭賦。夫以前代名人之所不能兼，而欲以經生之餘，晷集古昔之衆長，即其難，何倍蓰可論哉。乃若緯古綜今、兼條總貫、經旨文心、駢習儷至，則吾師縠城先生其人也。先生夙承家學，升堂睹奥，博探津潤，開廓著述。其爲文覃精名理，大都鋭思極意，于百千載之上而去陳言、標新義，必開先啓秀於數十載之後。光啓束髮從游，見所爲經生之業，率三年而一變，變

① 增訂者按：據《四庫存目叢書》集部第一八二册影印明萬曆刻本《四然齋藏稿》迻録。

必擢新演異出人耳目之外。迨時風驤首，而先生已復謝去其故矣。每與門墻私竊歎仰，以爲神化無端，於此道中獨稱龍德，設科以來未之見也。而爲古文辭賦亦復稱是，每見講席，執壇古今，遞作斐然，造適肆華滿紙，受而讀之，如泰華高跱，峰嶙千石，終成峻絶；又如海納百川，波濤萬狀，率歸雄渾。至其伸名教、領主心，雖復率爾命篇，非可以弘長風義、增益標勝者，不入毫端也。蓋天授靈奇，敻出獨絶，力到功深，濬發自然，故能任境所之，波屬雲委，自非然者，雖復抽羣玉之藏，極才人之致，未有出之。彌新酌而不竭，囊括文人之大業，兼包前哲之所難，若斯之盛者矣。嘗見海内文章之士，睹甲辰以後先生暨光啓所爲行卷，特相歎訝以謂兩家。何氣脉相似乃爾。既而知光啓爲先生門下士也，則人人以爲知言。嗟乎，光啓之學於先生也，滿腹而已。夫舉子業豈足以盡先生行卷，又豈足盡先生之舉子業哉？讀是集或足見先生什一矣。夫我國家之課士也，有專業；而用士也，無專職。有專業故束以經生之言，而不獲脩古學；無專職，故朝刑夕兵、旦禮暮樂，而後乃始稱轉移之任。夫惟無所不有者，其爲學無不學，不以有專業而困。而其任也無不任，不以無專職而窮。《詩》曰：「維其有之，是以似之。」《易》曰：「富有之謂大業，日新之謂盛德。」叔孫氏稱立德、立功、立言，資深逢源，其致一耳。讀是集而想見先生之大全，即他日三不朽之業旋至立效，亦庶幾見若狐之甲於干將者也。

萬曆戊申嘉平月，門人徐光啓謹撰。

## 尊師澹園焦先生續集序[1]

吾師澹園先生粤自早歲，則以道德經術標表海内，鉅儒宿學，北面人宗；餘言緒論，流傳人間，亡不視爲冠冕舟航矣。洎登朝列，珥筆承明著作之庭，高文大篇，奇麗雄富。暫臥東山，休息乎道林藝圃，遠近宗挹，屨滿限穿，答問更繁，述作尤盛。于是侍御今大京兆黄公梓其集行世，世既人人頌述之。越五載，復有兹集，則憲使金公命其屬朱公汝鰲刻之當塗，以嘉惠來學者也。刻成，以序屬諸小子啓。小子啓無似，用研削薄伎，受知於先生爲深，自惟淺陋，無所窺於文章，第嘗通觀古今之際，而有概于文之所由始也。古之聖賢，其知天事天，至命立命，亡不終始乎身心性情，默而存之，不言而躬行之，夫安所藉文爲？凡文之設，以爲人也，闡道述德，發覆振蒙，文爲人户牖。紀功頌烈，旗衷標行，文爲人徽識。矯枉揉曲，砭愚訂頑，文爲人礪砥。代言槖筆，出綸布憲，文爲人雨露。謀事斷義，建法慮方，文爲人菽帛。綜其實有三

① 據明萬曆刻本《澹園續集》迻録。

端：有朝家之文，有大儒之文，有大臣之文。其被于人也亦有三端：當物者使人油然以思，若潤于膏澤；入心者使人惕然以動，若中於肌骨；切用者使人俛拾仰取，若程材于鄧林，而徵寶于春山也。微斯數者雖復摛藻華繁，飛辯雲涌，猶之乎文士之文，刻脂鏤冰而已。以彼算計見效高者，使人説情思慮，耳目無所能益于德、利于行、濟于事也，又況有使人損于德、咈于行、廢于事者哉！夫大臣之文，伊、傅、周、召其至也；朝家之文，自漢以來，典則遷、固，通則賈太傅、陸敬輿；大儒之文，延于江都，振于仲淹，醇于伯淳，此數君子者，趣操事用悉不類，其各有所益于世，不爲文士之文則一也。顧猶未得兼長備美以爲恨；然其能兼長而備美者，近世見陽明氏焉，于今見先生。蓋先生之文，于理學家言則備矣，身爲國史，未獲裁成帝墳；金馬、石渠之間，未及于政，諸所詮次擘畫，斯亦紹明世、繼《春秋》，敷讚翼新之端，灼然可見者也。即所論撰《經籍志》若諸藏史，何渠非我明一代文獻足徵，而曩昔臨軒大對，醇乎其醇，視之洋洋漢廷者何如哉？夫方陽明于遷、固以下諸君子，若同若異，如世俗之言文者，余小子弗敢知也；以先生之文，絜之陽明，若同若異，如世俗之言文者，余小子亦弗敢知也。所知者兩先生之兼長備美，讀其文而有能益于德、利于行、濟于事，則一而已。世之言文者以爲文不必爲世用，麒麟鳳凰，不與雞犬並；夫雞犬之爲用則小矣，不有潛躍隨時，不崇朝而雨天下者龍乎？探之靡所不藏，施之靡所不應，左之宜之，右之有之，若先生者斯亦文章之龍，早服重積爲初之潛，中而躍淵進退之間耶。主上眷惟求舊，方且虚席泰階，居先生于玉鉉大斗之間，燮和翼贊，殆將進而爲伊、傅、周、召之文，是則見龍在田，天下文明者乎？余小子敬拭目以竢之。萬曆辛亥春王正月，翰林院檢討門生吴淞徐光啓撰。

## 適志齋稿序①

夫詩以言乎志也，惟文亦然。志有苞塞而不喻，則必托諸言以自見。言人人殊，歸之乎志；志亦人人殊，要之乎適。文而六經，詩而三百篇，夫孰非自喻適志歟？而讀者與作者亦已足以相喻，非若後世之絺章繪句，以徇時好，志反爲辭所掩，適人之適而不自適其適也。納言惺初許公弱冠登朝，敭歷中外，中更里居者幾二十載，雅意好道，習于養生家言，搆一齋曰適志，日惟焚香默坐，燕息其中，今且幾大耋矣。生平蹤跡出入朝宁鄉邦間，於朝多立功，於鄉多立德，而於其間復不廢立言。詩及古文詞積漸成帙，總命爲《適志齋稿》，藏之篋中，不以示人。一日出而授余曰：不腆敝帚之業，無當作者，而一生出處，略具於兹，念不忍棄去，將以災木，而欲徼惠一言序

① 據上海圖書館藏明刻本《適志齋稿》迻録。

之。余與公有連，不得辭，則受而卒業焉。大都言簡意足，能以真率少許勝人多多許。其賦則潘、陸之遺也，其詩則陶、白之致也，其諸所爲奏牘序記，則晁、賈、韓、歐之概也，而總之詩與文各如其志之所欲言，取適而止。旁及詞曲，間亦能爲新聲，即屬對中且有巧思，而至博士家言、亦復間一游戲，依然舊業，又宛如新裁，有少年生所不敢望者。蓋志廊廟則言廊廟，志江湖則言江湖，又或志恬退則廊廟而言江湖，志忠愛則江湖而言廊廟，海内士大夫讀公之詩若文者，其喻公之志也夫？天啓乙丑夏五月，禮部右侍郎兼翰林院侍讀學士海上徐光啓撰。

## 大司馬海虹先生文集敍①

萬曆丁酉，光啓謬膺鄉薦，實出沁水海虹先生之門。比時先生爲大行，啓從諸生後，摳衣請見；見其門如水，庭無臧獲，束脩之問無從入也，古之真廉潔也！既見，色莊而氣凛，巖巖壁立，古之真正直也！接辭以還，熟聆其議論，研精入微，古之真理學也！擘畫指陳，造次一言，確然可施用，而慷慨激烈之意，溢於眉宇，則又古之真經濟、真氣節也！既歷曹司藩臬，

① 據陳垣抄本迻録，原出張五典《海虹集》。

治績在冀豫青兗間，大都仁心爲質，而時出其智勇以濟之，有赫濯之功而不標其迹，有汪濊之澤而不居其名，古之真循良、真司牧也！ 既而嗣君忠烈公殉節遼左，榮晉鼎司。 旋以太夫人春秋高，致政歸里，怡怡色養，其忠孝大節，海内宗仰若景星慶雲。 而倏焉騎箕御飈，則莫不聞風悱惻，奚止及門之士，懷山頹梁壞之痛而已！ 三十年來，南北中外，無能朝夕杖履，所奉教於先生者獨是歲時書問，片言隻字，皆法程矩矱。 其大者在己庚之歲，啓在行間，先生所規誨以券者，數年之後，猶坐照也； 而猶未得盡覩先生之著述以爲恨。 頃先生之冢孫司隸君數千里寄緘，則先生之全集已壽諸梨棗，而又命啓爲之敍。 啓受而讀之，大都本原六經，探子史諸儒之精而用之，而根極要渺之處，能卓然獨見其大，故一切譚説義理不能隨人，身後而綜統至意，即以俟之百世，確乎不可易也。 規政立事，猝不及思，劃然已解，智巧之士不能闖其藩籬，而盎然仁恩，若陽春之被物； 其或同事異議，互有執詞，而先生所持，獨爲千古正經。 即目前計效，亦終倍蓰相去以至無算。 綜其實則嚮所稱無所不真者，一言蔽之矣。 夫真者於物爲本爲實。 本實者其扶疎條散不如枝葉，其葩藻麗美不如華蕚，而枝葉華蕚者於此成始焉、成終焉，故扶疎葩藻者不能爲本實，而能爲本寔者，即有扶疎葩藻，不與易也。 先生之文，非不能繡其鞶帨，而意自夷然不屑，至於矢一辭、建一畫，其關於身心性命者，必足以師世淑人； 其關於謀謨政治者，必足以瀸潤庶類，無論雕章縟采者不能與之程功課績，即經術經世自命而猶不能無徑庭，則真與不真，各自爲本末，所繇致相遠也。啓不佞，竊以爲盡先生之用，足以登閎一世，復還古初，而仕止廷尉，繼乃以嗣君顯，嗣君又不能以其所得於先生，爲登閎一世之用，而以殉節聞，傷哉！天耶？人耶？誰實爲之！然而先生之文具在，其志、其行、其文學、其政事，先生所自得與嗣君之所得於先生者，可考而知也。孫枝同司隸君而下，無不瓊敷玉立，稱其家世，而司隸君質有文武，枕戈嘗膽，食息未忘黄龍之北，藉令得遂其志，即直取甯宫猶反手耳，則以先生之遺教與世業卜之也。即第論先生之文，而猶以爲懸諸日月不刊之書，後之言真道德真事業者，莫能舍旃！謂余不信，請以俟之知言。賜同進士出身、柱國光禄大夫太子太保禮部尚書文淵閣大學士纂修實録總裁前吏禮兩部侍郎兼翰林院侍讀學士協理詹事府事少詹事左春坊左贊善國史簡討翰林院庶吉士吴淞門人徐光啓撰。

## 刻紫陽朱子全集序①

今世名爲崇孔氏，黜絶異學，而定于一尊耳，乃二氏之説實深中人心，而浸淫焉欲竊據其

① 據明刻本《新刻甲辰科翰林館課》卷八迻録。

上。此其是非邪正，深言之即更僕未罄，然而竊衷之以兩言曰：有用與無用而已矣。夫學之精者以爲身心性命，其施及于家國天下，其道五，其德三，使居四民之業者人人得以從事，而天下已平已治，則儒效已。二氏之精者能使賢智之士，弱喪忘歸，然綜其實試令橫目之民，盡趍其途，能人人仙佛乎？即人人仙佛，可爲世道乎？吾有以知其必不能，則二氏者果無所用于世。而自今以往，雖百世終不能浸淫焉竊據于孔氏之上也。繼孔氏而稱儒術者無若元晦氏，夫猶是守文之胤胄也。學孔氏者必從朱氏始，則高皇帝聰明先物，灼見聖孚矣。而近世學士橫生途轍，謬欲祧而櫝之，曰吾獨契聖宗，以上接洙泗爲嫡傳也，而實則陰用二氏之精者，以文文致傅會其說，使後進之士波蕩而從之，即紫陽一脈幾欲敝帚相視。然而平心以求諸六經，終覺紫陽氏爲順守，而彼爲逆取。蒙不佞，竊以爲學者從六經則六經，離六經則二氏，絶無取陰陽上下其間，爲兩可之說。夫學而果求諸六經，又果求諸孔氏之六經，則舍紫陽其將何途之從而致之哉？今其書具在，學者第庋置不諦觀，而隨聲附和，妄生厭薄耳。藉第令深心讀之，其厭薄者咋舌杜口乎？是用校讐其全集如干卷，重付梨棗，以廣其傳云。夫致至則反，道窮則復，朱子之學，當其時則有若江西、永嘉者，異喙以鳴，幾于狎主齊盟。夫永嘉粗心盛氣，其最自憙者兵，然實其言曾不堪爲趙括作竈下養；勿論江西之學，則所謂陰用二氏之精者，猶號于人曰，佛法無是，超然獨契，是于彼爲畔，于此爲篡也。顧其奇杰之論，足以熒爚才智之士。天啓高皇，表章崇重，而學者知所統一，是所謂道之復也。近世名家之論，十倍江西，論是書者其尚遵祖宗之功令，以思其所爲復乎？是不無望于願學孔氏者。

## 葩經嫡證序①

《葩經》，六籍之喉襟也。計宣尼未删前三千篇有奇，迨既删而存三百餘篇，總協韶武之音。嗣後有翼匡師伏王□□□韋氏之疏，此朱子未傳以前詩也。《傳》出，約數萬餘言，以黜彼此異同之喙，得隸學官，士趨畫一。今海内治《詩》，士首稱三吴。三吴則揭震澤王太傅，毘陵唐中丞、薛考功，海虞瞿少宰爲四大家。吾松業《詩》者十有七八，而以《詩》著者十之二三，蓋稱葩經林藪云。予少嗜《風》、《雅》，未窺《三百》藩籬，第其中温柔敦厚之脉粗得其概。經緯之奥旨，唱嘆之餘韵，會心所到，時抽玄解，未及請質都士。歲甲辰薦身示天，幸分君一張太史

① 增訂者按：《葩經嫡證》，朱輅（字殷如，上海人）輯著，張以誠（字君一，雲間人）訂正，徐光啓參閲，有《張徐兩太史審定葩經嫡證》刻本，今藏復旦大學圖書館。此序上海市文物保管委員會《徐光啓著譯集》收入。文末署「丙辰陽月」，即作於萬曆四十四年（一六一六）十月。

片席，昕夕休沐，對膝暢詠，輒以《詩》義相印可，每曰安得以古人欲言之微，逐一拈出，以發明經傳，爲攻《詩》一助。然吾兩人終抱缺典。邇者奉使南歸，賈人持《葩經嫡證》問序於予，云繄吾里朱氏藏本也，業經君一公先爲賞嚼。予卒業之，大都以傳詡經，以旨詡傳，汰支庶之別流，歸大宗之嫡派，名爲《嫡證》不虛爾。假令四大家復起，必以是編爲宣聖功臣，而與紫陽共不朽也。亟宜壽之梓人，以廣其傳。

丙辰陽月，海上子先甫徐光啓撰。

## 潞水客談序①

光啓嘗持論以爲近古之世，每至中葉輒若於乏財者，非乏財也，而不能生財。其不能生財者，病在于誤以非財爲財。三代以上之財，粟帛耳。粟帛之生無盡，愈勤力愈有，于民生國計愈利益。後世所爲財，非錢鈔則金銀矣。此數物者，絶不可謂財。而能爲財之權。至於君民

① 增訂者按：《潞水客談序》見存於《周髀井田記》，乃徐光啓爲河南道監察御史徐貞明（字伯繼，號孺東，江西貴溪人）《潞水客談》所作。該序不見於諸本，爲上海市文物保管委員會編《徐光啓著譯集》所收，爲原本影印。本序撰期不詳。

朝野皆以虛榷爲實財，則粟帛之勢輕，而生粟帛之人寡。粟帛之生寡，而并諸幣之榷亦輕矣。千家之市，有削竹爲筴而準百貨之出納者，使百貨充仞，即一筴之出，千百易之。若有筴而無貨，則殺青兼兩無當絲粟之用。故重粟帛者，兩生之道也。而重幣者，兩窮之道也。度今之世，日增而不減者，食粟之人也。生粟之地不減，以墾地不增，亦得減。生粟之人不減，而以不救荒、不勸農，亦得減。黄金增者少，減者多，銀若錢增者多，減者少，然而日患乏財者，則財計之所在可知也。當世皆誦法孔、孟，厭薄桑、孔矣。至孔、孟之所謂生財，則當世莫肯爲也。然而當世之所謂生財者，則桑、孔復生亦莫肯爲也。生平自許，謂國家興建大業，有大臣若益、稷者，紹明唐虞之絶緒，即不敏能于窮荒絶徼，萬死一生之處，躬治一成之田，竭心思手足之力，以爲齊民先，雖復如狄山乘障捐頂踵不恨。嘗肄業農書，僅得之勝國以上，三百年來無有矣。獨徐伯繼先生所謂《潞水客談》，言畿輔大計甚悉，業已見諸行事。當其時不無揶揄之，遂復中輟，而至於今漁陽督亢之間，咸嚮其利，直欲尸而祝之，社而稷之也。賢人之言，不獲其身，獲伸于後如此矣。余以故時時誦説之。忠公體國之士，往往以爲良然。直指楊公尤好其書，視鹺兩浙，遂重録之，冀廣其傳，以竢同志者，仍謂啟宜序之也。余讀簡端諸篇，暨直指公之文，亡不深切著明，有賈太傅痛哭流涕之風焉，又何言！獨謂邇者乘障守陴之士，脱巾而嘑庚癸者，亦孔之亟矣。藉第令用先生之説有人焉，主持潤澤致行之而無失策者，七年之内不能鞭箠四夷，大省守徼之卒，啓不侫，甘伏罔上之誅可也。是策建于虞集而元人不能用，至于末年，海運不至，還思集言，已無及矣。邇者仲深、伯繼前後力持之，雖中輟業已信于人，人當無使異日有噬臍之悔哉。

# 卷八　書牘

## 家書(十五通)①

### 一

顧周子回，共寄書四封，想俱到也。京中自老爺以下俱平安，汝母病亦稍平，今此服藥便無事，但斷了藥便舉發也。二兒已在我房中睡，奶娘已打發出外也。其餘人等俱好，只是米糧已盡。糧船又未至，日逐在此借米喫，甚懸望耳。館中常規七八月散，今年尚未題，想要待九月也。外邊多有假報傳來，不知家中曾妄報否？若來妄報者，不可輕易信他，與他賞賜也。今年留者大抵有十名之外，如山東王南周、北直黄、江西丘、福陳、河南彭、廣東黄，此數位是

① 此家書十五通，皆據一九六二年影印《徐光啓手跡》迻録，用《徐文定公墨蹟》參考。

必與者。還有戊戌何、辛丑龔錢，有此數名字便是真的，若已前數人有一在科道之數，便是假的也，不可信他。看來時勢，明年必待夏秋間，方可求歸；明春還要在布船上寄些米糧雜物來，爲佳。三郎嘗有黄病，服肥兒丸否？蟲藥少待幾日，討回寄來也。按院聞在吾邑造册，可約束家人及親戚，不可多事；已前受虧處亦不必稱説報復等語，但以安静爲主而已。丙午八月初十日①，共二件。

## 二

王四官到，得正月初八日書；聶聲宇到，得正月十七日書，知家中都平安，甚慰。京中老爺以下俱平安，只是二女兒近日傷風身熱，今亦愈矣。館中事自正月初六拆卷，上本後至今未下，昨又催了，亦不見下。且朱老師近來全不入閣，閣老先自不點，何況我輩，全未知何時究竟也！今無他法，只是静聽而已，但愈遲則南還之期愈遠。大都還要等畢事，到任後方可定期，回家中知耳。幸老爺近日心安，不然亦甚難矣。家中水路寄來是何物？寄與誰人？如何全不寫來，至可嘆也。曹□婿想已到家矣，亦可寫來報我，且要查去年誰着他來？盤費如何處

① 此書年月甚明，爲萬曆三十四年八月初十日作。

的？可一一查明報我。併免事體甚小，多寡之間，當別有故，不必置之口吻間也。廿三號書也到了，去年只廿七號未到，可查明寫來。潘泰鴻親家回，必來謝親，可往一報謝。其餘潘氏諸親來者，俱一報①。

## 三

（上缺）矣。但我要還許多債負，非大江以北積荒地畝不可也。郭仰老已到南京養疾，并杭州亦無人，今正欲尋人往也。阿添帶回經典，如何再不見回頭？孫、潘書因措處遲了幾日，昨日到手。會票亦到，又恐王銀必是京鈿，故且未去取，先用我的送去。又值不在家，明日初七送也，即索回書，附便人帶歸也。我問道此書該處的？如今告了處，亦是一勢，但須必處爲妙。李公自是循良，去後之思如此，亦足爲吾輩解嘲。但此言汝輩尋常不必向人多説爲是。木頭事要我出力，又冒我名買賣，我如何好出書？因此大憾我，見於詩歌，亦聽之而已，決難曲徇得許多也。據説折了百金，亦未必如許多。算法各種俱收，京中上下平安，只有胡宗德病

---

① 按徐光啓於萬曆三十五年三月十四日授翰林院檢討，故知是年三月方散館，則此書應作於三十五年二三月間。

在此。(按此處似缺一頁)如何? 聞山上松樹都壞了,木樨壞否? 冬青都活否①? 桑樹看來今年可養得三四十筐矣。自家無人養得許多,可賣了些葉如何? 如自養,該要去顧湖州人來看火蠶了。冷蠶費葉,無利,做綿亦無利。必要湖州人來看火做絲方好; 海上住的湖州人顧一個試之,如不好,來年到彼顧好手。顧了一兩年,人都學會了。若沿俗習非,終無良進也。凡事皆如此,切記。只是蠶多了,看火上山兩件,切要謹慎火燭,浙中多有受累者。至慎! 至慎! 至慎!

## 四

(上缺)可儘種之,即幾畝亦不妨也。閑時種成,他日租與人,亦不失地租。倘要卜築,則有成業可據,即不然,分一分與諸孫亦可也。家中門户火燭小心,廚房後通外腰門可密封鎖,不可與人擅開,鑰匙須自收,外門夜間鑰匙,亦可自收也。覓得《房稿選題》,可收看。初陽家書可即送②,年官寄兄書可即送。外公、二伯、西甥俱未及作答。日來偶多事,不及作書也。

① 徐光啓丁憂時,在他父塋種了許多樹木。於萬曆三十八年十一月初一日復除原職。這顯係回京以後的問詢。此書當作於萬曆三十九年春。

② 「初陽」爲孫元化字。元化於萬曆四十年舉順天鄉試。他從北京寫家書,疑即在是年。

小閒，作答寄回。年官甚閑無事，我請他在寓暫住，教他算法，已會；今在此相幫，算些曆法也。有甫撑□甚可喜，只是要省儉，爲上下養(下缺)

## 五

此書萬分祕之，不可與人看一字。倭書二封前日已寄回，此所言皆實話，非虚聲恐嚇也。前辛卯年俞大伯與我計議城守事宜，大略備得一半。于時大伯決計于我，我告之一定不來，所以隨人講求戰守者，謂平安不可忘戰，正爲今日地耳。今其時矣！以理勢度之，定不能如入朝鮮時，傾國而來；計必輕兵來。重則攻陷幾城堡，輕則擾害沿海居民，更輕則屯駐海上，脅求互市，此必然之勢也。斷无有此先聲，乃寂然不來之理，或徼幸彼國中自有大事變則可耳，此豈可取必哉！來時我海上必首攖其鋒，定得我在城中，又凡事得做主。又得錢糧數萬，交于經營，一年半年，必可守此，却必可得。要説個戰守，甚難甚難！甚危甚危！我前時向對汝説，要于南京或杭州卜居，正欲避去海上薄惡風習，且爲子孫久計，覓一避亂之所。却不意來得如此快。如今要弭亂，在廟堂甚易的，却无一人夢想到此，所以決難倖免也。汝今可祕密此意，雖骨肉至親，不可與明言。來年清明後，可以就桑養蠶爲説，一家都搬出城外住三個月，俟蠶事了畢，已是五月，若海上无警，可住到六月初頭，搬入城來。向後年年該如此。一聞海上警報，切不可入城，急急移到蟠龍趙行莊上，安頓了家眷，急備快船二三隻，并選捷足人打聽消息。賊一登岸，便可急走杭州，將家小船安頓松茅場、西溪、〔樓〕下等地方①，身自入城，與郭先生、楊宗師、李我存老叔商量②，尋一條數，到杭州府屬新城縣或臨〔安〕縣居住③，此二縣或在城亦可，或在山間謹慎之地亦可。若有便房，就在杭州山間也得。只要謹慎，民居稠密些住下，可再看頭勢。此後事亦不必一一逆料，計此時我必回矣。城外住切不可露意，只說養蠶，見住房家人可打發開，或倉上或鄉間住了，略帶幾個看蠶婦女們出去。但要早夜謹慎門户火燭，房後可把蘆頭打笆護壁，内外俱用尤妙。先生且在内做學堂，兩兒可就着他先生房内□，令陸科、阿二各夫婦住在城内，一則看房，二則照顧兩兒。早晚先生與粥飯，或在城内令陸科家煑。城外(下缺)。

① 所缺字殘存下半，辨之當爲「樓」字。「樓下」一般書作「留下」。
② 《徐文定公墨蹟》謂萬曆四十年郭居静、楊廷筠、李之藻均在杭州，因定此信作於是年。
③ 所缺字亦僅存下半，當爲「安」字。

## 六

（上缺）下此事，于我没要緊。邢澤宇有加京官一事①，想主上所吝在此。邢今甚急，嘗在此求催，不知究竟如何？但我來未免歸，歸即未免潦草耳。朝家事更有急於此者，廢弛甚多，那裏憂得許多，亦聽之而已。朱大官聞説他病。又今所急者，在要曉得《大統》、《回回曆法》之人，故望周若虚來，若事成大作儀器，多用人，即葆赤，亦用得着也。京中煎膏子只如平常煎藥煎了幾破（幾破後摘去查），并將水來收膏（收膏用炭火），甚省柴，可依此作之，雖一二兩亦可煎也。汝所云郊居事最合我意，只是房子住不得，如何？城中宅子又如何？我回時必要經營，但怕野，要收拾謹慎，又費事。畢竟要兩頭住，春夏居外，秋冬入内，方好。又郊居必要種田，城外又无田如何？可一斟酌報我。我回家還要尋得一處有田、有屋、有池的方妙。西舍油車屋并店房□該留下，待我回來造橋借人開店方是。油車屋十分要坍，折了也罷。

---

① 邢雲路，號澤宇，其被召修曆在萬曆四十一年，則此書即當作於是年。

## 七

累年在此講究西北治田，苦無同志，未得實落下手，今近乃得之。其一在天津，荒田無數，至貴者不過六七分一畝，賤者不過二三厘。錢糧又輕，中有一半可作水田者。雖低而近大江，可作岸備澇，車水備旱者也。有一大半在内地，開河即可種稻，不然亦可種麥種秫也。但亦要築岸備水耳。其餘尚有無主無糧的荒田，一望八九十里，無數，任人開種，任人牧牛羊也。其一處在房山、淶水二縣，此則每畝價二錢，近大江，可開渠種稻，每人歲可收二三石也，只苦無人耳。我若前番領得家眷，及帶得幾個人來，今番便可留在此，做此事了。今只得要歸，且兩處各有可託的相知，尋覓來都不誤，所以爲妙也。今新寓①中頗有隙地，可種雜花草。家中可覓五色雞冠，并各色老少年子，罌粟子，各色鳳仙子，臘梅子，要好者一一寄些來。城外新插葡萄，秋冬間可剪去細枝，只留一根直上，仍用竹木幫定，令其勢直上，成一樹，待高與人齊，便如剪桑法年年剪去細條，大約如喬海宇家城中園内梅花堂四紫薇花樣就是。數十年後，其根如柱，亦只高得四五尺。頂上攛出大幹如椽，亦只有七八條，長二三尺，如此則七八尺地便是

① 新寓當指在天津的新寓。《徐文定公墨蹟》云：「萬曆四十一年癸丑八月公因疾請假，屯田津門，作是書。」

一株，一株上便可生子數斗。每一畝可收百担，此西洋法也。今山西安邑種既不妙，又令延蔓半里許，子多在細條上生的，所以不佳耳。今用西洋法種得白葡萄，若結果，便可造酒醋，此大妙也。算來凡接樹，來自遠方者不能得貼一定，該將原子原核多種些出來，待好接時，就于本身上打下肥盛貼子接博，一定是好的，不然當初開闢時，無人接博，好果之種何從來哉？不拘何時，尋得好種，皆宜如此法。烏臼不知曾來否？亦可向浙中多討幾樣種來，種出接之。但此意不可對浙中接臼人説，恐他不肯拿來，畢竟移得一兩株來爲妙耳。山後河沿上新插北京種葡萄，可耘去草，時用糞擁，令速長爲妙。龐先生教我西國用藥法，俱不用渣滓。採取諸藥鮮者，如作薔薇露法收取露，服之神效。此法甚有理，所服者皆藥之精英，能透入臟腑肌骨間也。但我處無各種鮮藥，今亦宜擇常用者，多方覓取道地之種種之。如六味地黄丸、人參固本丸之類，此常用者。今我在此尋鮮人參，倘到底不得，只用參作細末，雜在諸鮮藥中亦可。如麥門冬已自種，聞顧會浦家有鮮天門冬，種在西門觀音堂内，可托人往覓其種。宿海有弟號俞心穀者，每常到懷慶買藥材，可央宿海説，要他帶些鮮生地及鮮何首烏、鮮牛膝、鮮山藥，回來種之。來年葑蔥入南京，可托他向寧國王朋官討貝母種。白朮自種了，不消説，若要亦可到紹興買的，易得也。山茱萸、酸棗仁、甘枸杞之類，亦可用子自種之，川芎亦可用根就種，只要尋取當歸、遠志之類，可問人覓其種，我此中亦多方覓之也。又各種要用之藥，凡成熟時，便可取了露，各種收藏。又經久不壞，待用時合來便是，所以爲妙。芍藥亦可自種，須單臺白色者方是。江陰人來賣牡丹者，常有根帶來，賣亦甚賤也，可尋買之。

## 八

舊年書并今年四號以前書都到京矣，但三月以後更無得。又聞家鄉事甚多怪異，尤不放心。劫庫事不知真否？有蘇州差人是軍門來的，在姚太翁家言之甚悉，而各家俱無實耗，想定不真也。時危事異，只宜恬默自守爲上。教訓諸子，尤是喫緊。郭先生何時來，何時去，仍在西園否？教中事切要用心，不可冷落，一放便易墮落矣。兩兒做破承，不論是否，但將真筆真話寄來我看，切不可容先生文飾也。在京上下俱平安，爲文選注籍尚未補，米糧諸色俱甚貴，費力。天津大旱，近稍得雨，有麥八百畝，若每畝收得五斗，便分得二斗，有一百五六十石麥，便不賠糧，亦留得些做種也。陳大官且未可來，待秋間再收得幾百石糧，便可領種田的一兩人經理其事，且有基本着落也。石龍、吴勝兩家，已留在天津城中做小生理，且兼照顧田地。阿招、張本并山東人，傅信三儅在莊上住，且種些旱田，明年種稻也。在城在鄉的俱有頭緒，極易爲生，但不知肯向上否耳。

## 九

七郎教書請了陳文軒在此，今年到京，束脩一兩，來年再看，且未定也。家中紗布更賤，北邊土布甚多，決該□，家人佃户輩，蠶桑年年要將好桑壓秧來廣種，揀極好桑留一兩科，採極熟椹子曬乾，寄到北邊種，北土桑出種不好故也。番藷舊歲收得幾許？錢三持，人言他家甚多，甚大。今年可多種蔓菁，千萬多種，收子寄來。苧蔴也要留些不割，收子寄來。京中上下平安，汝母近來無恙，只時常腹脹，亦少于前時矣。時時覓便信寄書來，至囑至囑。

五月十四日　　丙辰第七號①

一號　京中轉寄　　二號　金柏舡上回

三號　京中轉寄　　四號五號　俱葉君實

六號　劉蒹葭　　七號　唐玉屏

在京寓箔子衖衕東口。

① 丙辰爲萬曆四十四年，是書即作於是年五月十四日。

## 十

七月三十日褚季汀家人來①，寄去書想到矣。汝母腹痛近得愈，餘俱平安。仲台交伯到鄉，將及一月，不見信來，説蝗蟲傷害，想亦有些收也。今初四日東宫已開講，可喜儲宫聰睿，更得問學之力，他日政治可知。可惜止肯開一日，重陽以後大概不復講矣。只時下南北多事，倭子必要通市，只在福建纏擾，似不通不止。而中外無一人知此事情，恐畢竟要弄出事來，則浙、直亦未得安枕也。上海甚險，令海舡數隻□涌攻城，十有九破。我前年説該避跡在蟠龍以待，有儆則望西行，不可忽也。倭未有遠志，大要只在脅市，但只沿海攻陷一兩城，或擾亂一二州縣則退矣，所以略入内地，便不妨也。便是青浦，也還勝上海十倍，此言不可忽，不可忽。七月廿五寫。

---

① 此信開端寫「七月三十日」，末尾又署「七月二十五日」，必有一誤，或開端七月爲六月之誤也。按此書即應作萬曆四十四年七月二十五日。

## 十一

四日，潘家人到，得八號書①，已前的俱到矣。汝母近日原病聞變後稍增，今漸漸安慰之，定不害事也。外公一病遂不起，聞之傷悼痛切。我爲婿，值其家中落矣，待我殊盡心力，幸見我成立。而官冷家寒，無以報之； 所幸者已得進教。又不幸先生不在，臨終不得與解罪，不知汝曾令吴龍與一講悔罪否？ 此事至急，凡臨終者即無先生在，不可不自盡也。只要真悔，無不蒙赦矣。劫庫之説，蓋由兑軍費口，故訛傳耳。西洋先生被南北禮部參論，不知所由，大略事起於南，而沈宗伯又平昔稱通家還往者，一旦反顔，又不知其由也。遽云爲細作，此何等事，待住京十七年方言之。皇上藐若不聞，想已洞燭。近日又問近侍云，西方賢者如何有許多議論？ 内侍答言，在這裏一向聞得他好。主上甚明白也。余年伯不甚知諸先生②，疏中略爲持平之論，亦頗得其力矣。南京諸處移文驅迫，一似不肯相容。杭州諒不妨。如南京先生有

① 按前第八書稱接今年四號書，第九稱接到第七號書； 此稱「得八號書」，知同在萬曆四十四年。其時間則第九書在五月十四日發，因可推知第八書約在三四月間，此第十一書則在八月初也。

② 余年伯指余懋孳。《明神宗實録》卷五四七，萬曆四十四年七月戊子載禮科給事中余懋孳疏，言闢異教，嚴海禁大略，即光啓所指者。按戊子爲七月二十日，余書上後「頗得其力」，知此書殆作於八月上、中旬。

到海上者，可收拾西堂與住居也。京中公論甚(下缺)。

## 十二

六七月寄來第十、十一、十二號書，先後都到。最早者敬齋來人，最遲者桑池也。汝與婦恙俱已平復，可喜。京中上下大小俱平安。明春京察，不知人何以待我？做官似亦無甚罪過，但拙而且疎，未免有不到處，今亦聽之而已。史局十三年無有不轉者，今聞期在十月可上①，但未知得下否也。天津早收得三百石，豆約有五百石，尚未見報數來，不知如何耳。大約㲉了錢糧，還得少利，可做工本也。頭蠶春早，所以收了；二蠶必天多雨時，喫了濕葉，所以壞了。看來蠶壞，只在濕熱，葉乾勤替，未有不收。只是勤替在人，葉乾在天，南方梅雨多，只要養得早還好。又要多種早桑，壅得肥，養得早，葉便可早成，脱了梅天也。北邊絶無梅雨，最宜蠶，所以急要種桑。宋以前只是兗州絲爲多，我朝方興湖絲耳。養好桑椹，晒乾寄來，最要緊。須揀好種早的火桑也。要藷種，只是難傳，可悶也。前後寄到種子，俱收。苕蕘子不必再寄。縣公已選，上海已選老成豈弟人也。青浦未知如何？相傳亦説好，諸氏當耑囑之矣。

① 作書年月，依前書推之，蓋即作於萬曆四十四年八月底或九月初，秋收已完未完的時候。

可致意唐五官，但不知其主名當言何人耳。説女户施氏甚未便，今亦只得委曲命之。二十房已寄一捆與李屯頭舡上，到日可送黄先生，其重復者并墨卷等雜本，可自取看，餘待再寄。鄔秋林家書一封，可繳還之。

## 十三

傅官人家人回，寄去十九號書必到矣。京中上下俱平安，七郎目已愈，今已到館了。俞二伯今寓在我家後樓，只是老夫妻偶大病，今正費調理耳。傅官人十月初十夜得一男，可喜，伊有家書寄回，可即刻覓便人寄去。丁、孫、唐三契已已十九號書内，可速催取。會票速取用，至急至急。來人行促，不及詳，覓便凑寄也。

十月十二日丙辰第式拾號①。

---

① 按此應謂丙辰年第二十號寄信，當寫於萬曆四十四年十月十二日。

## 十四

十月廿八日胡季仍到，得十四號書①。胡先生道：他聞信還南，便好到新任去，其事原不足爲累，則陞遷亦易，與國學相去無幾，今却到了京。閩中絶遠，渠意要在此上本改教，想亦可行，今尚未定耳。我教他再與人從容商量也。新縣公甚周詳持正，可倚仗也。亦精嚴執法，家下人要約束。前范龍所犯事，何不作速查究報來？諸相知亦各相托，但只好青目相待，亦不宜全藉此也。艾婿家□已略定之，但不知要分户頭否？臨時汝可斟酌行之。君池事□□已行，亦難與深言及此。大抵招已成，必不改其體，不得不再三駁問耳。西浜喬應科將房屋當去銀三兩，不要他利息，今寄票回，索來可與石交伯家用，不必動丁、孫、唐三家銀也。三家銀可作速討取，會來天津。兩位已開燒鍋在鄉，甚去得酒，且好照顧莊子，調度農事，以此要前銀與他作本，又可就近買些無糧田地也。葑葈事我説了幾年，他意不在我，今在此，亦只平常一來一見而已。他何故便要贖身起來，不贖有何不好邪？俞二伯甚病，交伯亦不在此，是以未説；待交伯回，與他一説，然亦必無用也。此可以情理料度，何俟多言邪。總待二伯病好，交

---

① 此書應作於萬曆四十四年十一月内。

伯回京商量。

## 十五

（上缺）春。合宅俱平安，二月廿九日揭榜，諸門下并相知多不得中，甚爲扼挐，獨升之得雋①，可喜。舊年先生到，住在西園，年年若舊先生欲來，可仍在西園住；若有新先生來，可請于盤龍住。如無房，可收□幾間，得在東園内者佳；如少，再造一兩間，不妨也。他盤纏自用，只要房子，或時常餽些食用足矣。熊按台已升，年例不來矣。駱宗師想已□□。兩兒想未出考，遲些不妨。必待進得，方可出也。趙二叔要會銀壹百兩，拿來時汝可收用，倘有婚姻事，將來湊用；如未要，置些産業。青浦田地不要買，他日門户累人也，切記。或是贖了艾婿的徐□舍也好。收了可寫一會票□京來。兩兒記得舊文字否？一日讀得一兩篇，熟否？今得見胡同毅説：福建人讀書法，只是記文字，此是最捷徑之法。兩兒若有記性，應該做此功夫，慢慢裏，還要細到回來。汝若記得起，亦該做這工夫，甚省力。凡少年科第，未有不從此得力

---

① 《徐文定公墨蹟》的編者，考出升之爲趙升之，字東曦，上海人，萬曆己未進士。則是書應作於萬曆四十七年五月初一日。

者。我輩爬了一生的爛路，甚可笑也。五月初一日第三號。

## 與焦老師書①

伏以漢闕春迴，得附南溟之翮；程門地迴，頻懸北斗之瞻。拜一介以告虔，攄寸衷之係戀，恭惟大師相焦老夫子大人閣下：天府高華，人文鴻鉅，任伊、周之重任，傳孔孟之真傳，策對天人，詞林第一；身依日月，史筆無雙。丹陛摛詞，編詩書之册而無遜；金華入講，非堯舜之道則不陳。冀野空萬馬之羣，甄陶不倦；燕市有三人之虎，神色皓如。蕭然獨鶴以還山，宛爾孤舟之横水。蒼赤卜其出處，豈同蠟屐在東山？社稷賴以安危，終是《金縢》開洛社。光啓夙叨收貯，久荷生成，愧羽翰之未豐，致雲霞之晚遇。璞懷三獻，始得列於珪璋；哲愧十人，咸濫竽乎冠綏。百川時至，敢忘溟渤淵源；桃李成蹊，全是乾坤覆育。吾斯未信，有懷立雪之心，求爲可知，寧負面牆之訓？謹攄鄙悃，用瀆台嚴，絳帳起居，神已馳於函丈；豐鍾遠叩，教顒俟乎韋絃。

---

① 據二徐本《徐文定公集》卷一迻録。按這是萬曆二十五年光啓中了順天鄉試後的謝啓，焦老師即焦竑。

## 與海翁夫子書①

伏以拔茅胥慶，方忻共躍於龍津；附驥同升，更幸叨陪乎鯉對。門牆生色，箕冶重輝，敢佈候私，敬陳謝悃。恭惟老恩師閣下：鍾星昴英靈之奇，應乾坤開泰之會，材涵魁碩，德極崇閎，萬卷讀書，盡是經綸之藴；十年遇主，獨高展錯之功。使節宣綸，皇猷四達，度支分省，儲計專符。朝中久佇邦楨，庭下更多國器，雙蘭並峙，一鳳先騫，喬既聳而梓復翹，象賢斯爲罕儷；桂方新而椿甫茂，濟美未之能先。光啓猥以櫟樗，側陪桃李，久迷津於象罔，今得攀乎鳳毛，禁籞彈冠，無非教澤，曠世而相當。魯拜後，周拜前，誠計日而可覿；老范相，小范相，實木天試草，總出師恩。咫尺斗山，積忱方懷鼓篋；八行金玉，德音先拜書紳。有愧起居之未修，聊酬趨庭以將意。海門伊邇，實戀戀於朝宗；泰岱匪遥，益依依於仰止。清時寵眷，幸看隅坐之屏，末座趨承，敢擁掃門之篲。伏祈高厚，俯賜卑微，臨啓不勝瞻仰依戀之至。大師相海翁老夫子大人閣下，門生徐光啓百拜。

① 據《徐氏宗譜》迻録。按海翁夫子爲張五典，與焦竑同爲萬曆二十五年順天鄉試的主考官，著有《海虹集》。

## 與友人辯雅俗書 乙巳七月上旬館課①

某再拜言：雅俗之論，僕所持者堯舜周孔以來相傳矩矱而已，足下之辯，實祖禰老莊，近取釋氏之精以濟其勝，而且依託儒術，欲推明所謂名教自然、指歸不異者，才高詞盛，旨義經奇，迴環誦之，即僕亦幾不能自守其説也。果爾則曠達洵雅，繩墨洵俗耶？堯舜周孔之教洵不如老莊釋氏之高奇而可喜耶？於心終不安，反覆思維②，忽若有省，乃始撫膺自信，知鄙説之果得，而足下之果失耳。凡向所云是非邪正之論，足下視之以爲鼓吻則折角，按轡則摧輈者也，僕今袒臂〔焚船〕以竢一決③，則請定之以兩言曰：公與私而已。所謂公者天下之所共也，天下之所共者是達道也。聞古之命雅者必曰雅道，然則舉世之達道而命之曰雅也，即足下固不能不以爲然也。所謂私者一人之所獨也，一人之所獨者是恒情

---

① 據明刻本《新刻甲辰科翰林館課》卷十迻録。增訂者按：「乙巳七月上旬館課」八字據中科院藏《甲辰科翰林館閣試草》本補。

② 增訂者按：「維」，中科院藏本作「惟」。

③ 增訂者按：「焚船」二字據中科院藏本補。

也。聞古之命俗者必曰俗情，然則舉世之恒情而命之曰俗也，即足下又不能不以爲然也。今夫君令而臣行，父坐而子立，兄先而弟後，朋友先施而夫婦遠別，事必勞勤而動有規矩，此所謂達道非乎？目欲色，耳欲聲，口欲味，鼻欲嗅①，四肢欲佚，閼之則戚而從之如流，此所謂恒情非乎？斯二者即足下又豈能不以爲然乎？若果然也，則所謂雅俗之正，固可得而知矣。何者？凡古之聖賢所以綢繆其文章禮法，使人少而習，長而安，勞苦其筋骨，而檢束其形骸，足下視之以爲樊籠羈絡而不能一日安者，皆天下所爲由之則治，失之則亂者也。舉天下之人，不能一人一日離之，以爲世道，故曰達道也，達道者雅道也。凡後之人所爲，倦於勞而思佚，倦於檢而思通，倦於羈而思騁，無論奔趨嗜味，即等而上之，至于足下所謂獨絶之教，希有之法，然其大歸亦無非厭修求悟，厭漸求頓而已不託飛馳而致千里，不由舟楫而度孟津，聽其言洋洋滿耳，然使一人習之則損一人之志，一日效之則廢一日之功，此其標末似與恒情遠甚，而〔撥〕〔揆〕厥根統②，實從欲速生心，從畔援歆羨起見，亦不得不謂之恒情也，恒情者俗情也。夫雅者必難，俗者必易；雅者必淡，俗者必濃；雅者必拘，俗

① 增訂者按：「嗅」，中科院藏本作「臭」。
② 增訂者按：據中科院藏本，當作「揆」。

者必肆①； 雅者必苦，俗者必甘。 古之聖賢，若堯舜周孔，非獨樂于其所謂難且淡者②，拘且苦者③，乃去彼而就此也； 以爲不去彼而就此，必不足以爲世道故也。 雖然足下聞之，以爲不去彼而就此，安見夫不可爲世道者？ 則請就足下之所欲爲者而致行之。 清夷洒曠以爲能，恬漠愉静以爲〔高〕④，舉天下相生相養之事，人倫日用之業一切屏絶之，又使人人效而爲之，足下且以爲可能乎？ 如以爲不可人人而能，獨一二高致之士能之，則又事之不可以爲經常者也。 事苟不可以爲經常者，真乃所謂私情而非達道矣，真乃所謂俗情而非雅道矣！ 嗟乎，足下且試思之： 生居人世，苟去勞就佚，而遂不可以爲世道，又何以故也？ 是其所以然者，非僕與足下所能知也； 非惟僕與足下，即堯舜周孔亦不得而知也。 生人之初，與鳥獸異，被毛羽，施爪距，居巢穴，食草木，不營而自足者，此天下之所佚也； 必耕而食，必織而衣，必教而善，必相臨而後治，闕一事則損一功者，此天下之所勞也。 天之意若之何予鳥獸佚，而與人勞，夫安能知之？ 堯舜周孔不過承天意，治天事，爲天下後世可

① 增訂者按：「雅者必淡……俗者必肆」十六字中科院藏本無。
② 增訂者按：「淡」，中科院藏本作「苦」。
③ 「拘且苦者」四字中科院藏本無。
④ 增訂者按：「高」字據中科院藏本補。

以通行者而已。若僕與足下既不知其所以然，可得而厭離之、遁逃之哉？信如足下之論，果能高飛遠舉，不在人間者，亦非僕所敢稽也。若猶居四民之列，在五常之中，則無一人可以不操事，無一日可以不居業，固無庸論于雅俗；雖俗亦難得而辭矣！嗚呼，僕向稱奉誦來命，殆不能自守其說，此如麯車流涎，正所謂俗情感動，欲相率而入，相與爲圈宮之養物乎？幾幾危哉！僕辭止此，幸復三思，未信直言，佇聞來說。

**館師楊批：得尺牘辯析之體，而理祖昌黎，詞祖長公，皆盡其致。佳作也①。**

## 致友書②

去歲兩奉手書，皆殷勤苦辭，期獎至意，時時展讀，爲之慨然。又自循省終歲，碌碌無毫毛樹立可副兄意者，行自媿也。匪獨此耳，即兄兩札見及，經歲尚闕報言。所以然者，因去春至

① 增訂者按：館師楊批，據中科院藏本補。

② 據《徐光啓手跡》迻録。按此書應作於在翰林院學習的期間，故朋友們以「玉堂事業」期之。玩書中語氣，當在入館的一兩年以後，諸同年進士多擔任了實際官職，他也將要散館了，故有「得緣國恩，徼家大人一命」的話。所以此信大概作於一六〇六或一六〇七年的正月。

今，時□□劇，而隨時作務，又不可廢，以致不病似□，□及秋□，乃始大□，□床蓐者兩月，□□尚厓□不勝。今春□略復故我，□□嬾且病，疎失殊常，惟兄亮之。卜葬一事，想近已得地，弟意只宜取爽塏平正，土厚水深，術家之言，不足泥也。風塵困苦，勉完職事，尚苦不給，如弟之才，而兄望以不朽，益事知其難副矣。國史□□有主者，或他日用爲林泉道業可耳。地志稍有愚見，亦未能□□。大抵玉堂事業非所敢與，□待兄輩來耳。如弟勉□□□歲，得緣國恩，徼家大人一命，便作歸計耳。西泰諸書，致多奇妙，如天文一節，是其最精者，而翻譯之功，計非歲月不可。用是未暇，以待他日圖之耳。鐙注作一具，而工人遁口，竟未□□。大都近來巧工，俱爲内府取去，故□作一具，至今尚未完也。容覓得即奉寄。□《輿地圖》一副，計八幀，寄上。芝亭曹年兄屈□□平，今公論大明，人人稱屈；敝座師亦已補任，諸兄事則少宗伯及儀司俱力任，悉□保全，但須得諸兄來此□。去歲迄今，一再致書曹年兄，竟未見到，望之眼欲穿矣。今此中事成，即諸□未至，亦計有八分，□萬一需人，□□如來，此爲萬全也。曹年兄此時想必就道，弟故不復再書；如尚未行，乞兄與稚貞年兄速致□令□□□□□。玄水兄還，肅此□悃，諸不悉，新正□□，弟光啓又頓首具，冲。

## 致顧老親家書（三通）①

### 一②

竊嘗自笑且自恨：世間之闒茸，未有過於弟者也，而年來尤甚。應酬之書堆案盈几，必使人敦迫至再至三，即黽勉作答，稍無人來剥啄，即日復一日，乃至遷延歲月耳；遷延既久，愧負既積，更難伸紙，如書生懶學，愈久愈怖也。即如老親家，瀕行雅愛，超踰常格，入都已來，再承手翰，申以重貺，然自張年兄使者却還，爾時一失，便日延一日，以至于今。所以然者，稽叔夜只是一懶，而弟又益之病與冗焉。夙昔多疾疢，至今始衰，更非疇昔。昨歲偶以多言之故，謬用曆法見推，初意亦知其難，第此事三百年來，無人講究，如偶有所見，而復爾推委，似非古人進不隱賢之義，是故有相諮問者，不敢不竭盡底裏。自後又不得不

---

① 三札據《式古堂書畫彙考·書考》卷二十八迻録，又據《六藝之一録》卷三百九十九校。這三札當是致徐驥岳家顧老親家。

② 第一札應作於萬曆四十年春。書中所言「昨歲偶以多言之故」，蓋指萬曆三十九年十一月一日日食而引起的修曆之議。又「今歲偶爾講求數種用水之法」，則指萬曆四十年譯《泰西水法》時所試製水具也。

向此中一研究，而精力未及，又無佐史可分，益令萬事都廢。自惟欲遂以此畢力，并應酬文墨一切迸除矣。何者？今世作文集至百千萬言者非乏，而爲我所爲者無一有；曆雖無切于用，未必更無用于今之詩文也。況弟輩所爲曆算之學，漸次推廣，更有百千有用之學出焉。如今歲偶爾講求數種用水之法，試一爲之，頗覺于民事爲便。今爲二三相知所迫，已付梓人，尚未及卒業請教耳。小兒處有一稿，亦略曉其法，尚未能全諳也。此等事非老親家夙昔同志，豈敢發此狂僭之言乎？萬惟祕之。弟年來百端俱廢者，大半爲此事所奪。然此事畢竟浩渺，非有同志同業數輩，益以書佐，未易得了。弟姑爲所得爲，以竢其人。如老親家暨三太翁，則所日夜冀望北來者也。料今秋必奮圖南之翮，秋冬之交，可得握手道故矣。

## 二①

本以壎吹，幸從蘿附，春月小兒書來，伏蒙老親家俯從所請，弟與荆人俱不勝感戢。弟閏

① 第二札應作於天啓元年三月内。考天啓元年二月十一日准徐光啓回籍調理，故「閏月出都」（是年閏二月）。札云：「自棄於日月之側」，亦與天啓元年四月初一日《致某同年書》所稱「弟何苦而自棄於日月之側」相同，亦一證。

月出都，暫駐津門，擬在望前後解維行矣。去國之身，不能躬陳謝悃，欲遣一介，爲未見小兒報言，未敢造次；乃辱台劄先頒，且隆儀優渥，既感以愧，無能爲心。小兒書中屢言，貧家無以爲禮，乃蒙老親家垂神優厚，尤爲不安耳。□□之初，識者知有今日；即弟通籍之初，爲當事者陳說，亦言當有今日，所以自棄於日月之側，嘵嘵多口，冀萬一之用。乃古來必然之晝，多待禍亂數年而後用，弟欲以一人之力，欲弭濫觴而遏滔天，想造物者或未之詳也。老親家初至，遽值此，念無事任於時，稍遷附近何害耶？西山中齋堂一路，多有深巖幽谷，良田廣宅，清泉茂樹，可以避世，昨歲頗爲都人所物色。天氣清和，老親家或於彼中覓一佳處，甚善，萬萬不宜出東南來也。或房山、淶水、易州，亦有佳山水處可居耳①。厚賜借將芹意，伏維鑒存，容日耑陳微悃，不莊不悉。弟光啓又頓首上。

① 《六藝之一録》卷三百九十九「居」作「處」。

## 三①

夏初一書寄還，不知小兒曾展送未也？ 郡幕黃公祖復得老親家手書②，兼拜珍穀之賜，且媿且感。迄今行矣，度抵家時，正秋風扶摇鵬摶九萬里之日也。弟既未能亟歸，計猶得把臂長安道中耳。時局日新，甚至典試諸公，久未奉俞，計入場期日，未免易常期矣。他事盡然，未知究竟若何，奈何哉！ 感時觸事，憂結良深，胸中亦有郁模字，抑鬱當誰告語？ 唯待來兹，言返初服則已耳。知究竟何如，有便乞一相聞。尊价北來，不唯有慢，兼復勞其管顧，極不能安。拙刻《農遺》前三叔太欲刻，弟以乘便自刻之，今恐郡中欲翻刻，則尚有增定，乞一徐之，當寄回也。使還，率此附謝。老太翁三叔太乞叱名致意，諸容嗣展不盡。陽月十四日弟光啓又頓。

① 第三札疑作於同年（天啓元年）十月十四日。以前信及此信所言事情推之，顧老親家北來所以擬留居稍久之故，蓋欲伴送子孫來京應鄉試。

② 黃公祖應是郡幕姓名，謂黃公祖來，「復得老親家手書」也。復上疑有一「來」字。

## 致鹿善繼(三通)①

### 一②

三年之别,而咫尺未遑晤對,念之邑邑。近者借閲報知諸君已得俞旨,不止私心慶幸,亦幸楨國庇人,從此厝諸事業矣,萬惟努力! 努力! 北方田事因伯繼先生之晝爲讒者所沮,扼掔三十年,願以間執其口; 而同志者尚未耳而目之,故願身親試焉,一呈榜樣以堅其意。頃見東省旱災至慘,深恨平時無勁農積粟之力③,乃致一歲災人相食,此則堯湯水

① 按上海黄裳先生從他藏的明崇禎間刻本《江村筒寄》卷一中鈔出徐光啓致鹿善繼的三簡,交當時的中華書局上海編輯所,因得校録於此。黄裳先生記云:「《江村筒寄》爲歸安茅元儀於鹿善繼身後輯其家中所存朋舊書札而成者,凡四卷。」考茅元儀的著作有《石民江村集》,據元儀自序,江村是鹿善繼所住的村名,他在泰昌、天啓間在江村住過兩年,後來仍把家眷留在江村。鹿善繼字伯順,定興縣江村人。萬曆四十一年進士。鹿忠節公年譜云:「出徐公光啓之門」。

② 簡云:「頃見東省旱災至慘」,考《明史・神宗本紀》:「萬曆四十五年春二月戊午,以去冬無雪,入春不雨,敕修省。」又「五月丙子,久旱,再諭修省」,則當作於萬曆四十五年。又光啓萬曆四十一年至四十三年在天津屯田,善繼四十二年至四十五年在家教讀,故簡首稱「三年之别」。又光啓於四十五年四月復田津門,閏四月入都,簡中不言入都以後事,因知此簡寫於萬曆四十五年四月末或閏四月初。

③ 「勁農」疑當爲「勸農」之誤。

旱，舉世遂無人乎？以此鄙意益堅，雖摩頂放踵猶爲之。乃此中沃野，儘可措手，而汪中丞已開其端、享其利。中丞去，復又大半棄擲。甚至附郭之地，中丞所開澮道翼翼，棄爲萑葦者二萬畝。又兩經題允，謂當棄置，不得令人佃種，此何理也！然不止此，若有力者爲之，歲墾千百頃甚易；朝議爲之，則北土歲增千萬石粟猶反掌耳。今隻手搰搰然徒有熱腸，可慨！可慨！

## 二①

昨錢生來，得手書，知以十月北來。偶會萬惺老，欲借重筦餉，意未必然，而旋疏旋覆矣。此舉似未足展驥，而此事似非足下不可。見范質老，又似不欲此；今已成事，且宜暫任一年，作一榜樣，亦佳也。不佞事向知其無濟於事，昨年勉就，實不忍背神皇知遇，且以安一時都下觥觥之人心耳。今事勢少緩，人情又非昔比，故以上章謝事。今不問如何發脱，總可了發言之

① 簡云：「故以上章謝章。」考光啓庚申八月二十日《統馭事宜疏》云：「臣衙門似宜一並議裁」，又云：「臣承乏未幾，忽議謝事，非敢推諉也」，則此簡寫於此次上章以後；又簡云：「知以十月北來」，則又當寫於十月以前。《鹿忠節公年譜》云：「萬曆四十八年庚申：光廟御極，首復先生官，典新餉。先生十一月初三日受事。」則此簡蓋寫於萬曆四十八年九月間。

初志，無愧無悔矣！萬丈囑筆，促從者速來。適役人以劄往，敢爲布此①。

### 三②

昨有一要語相遲：念到京已久，東事披猖，偃仰私室，極爲不安。早已見朝矣，欲言者爲光禄李我存丈一疏，乃當今萬勝之着。若肯信用，依不佞初疏次第行之，無論守能必固，即戰勝攻取，亦可以身任之矣！其説略具疏中，尚未能盡。今所急者，宜速遣一使，取廣中四銃。此原係澳中夷商買以助軍，志向可嘉。原價四千兩，候到日驗果奇異，應并張燾盤費銀兩，俱補還之。又宜急遣二三人速至廣東，徵取原來十人，再加十人，共二十人。並買全身盔甲數

---

① 明刻本《待放草》卷三有這一簡的覆簡，題爲《答徐玄扈老師》，録後：三復手教，慨繼以慷。老師一舒一卷，初志較然，獨時事實未見可緩，而人情如是，殊可憂耳！門生自蒙環召，舊疾嬰絆，尚未束裝，何遽有筦庫之役耶？在籍之人，無聞無見，既無繇求免于擬議之初，又不敢控辭于成事之後，夫復何言！但病軀素畏劇煩，僻性復厭阿堵，天下豈有力不支、意不欲，而能勝任者哉？用違其才，税駕何所，此誤辱當事者之物色，而實非所長也。見今頭暈吐痰，日就醫藥，待可支持，勉圖就道，惟老師于萬老先生代申此情焉。承諭吴役，到京用之。肅此奉復。

② 徐光啓天啓元年四月二十六日《謹申一得以保萬全疏》，稱：「二十六日陛見」，簡云：「早已見朝矣」，知此簡寫於四月二十六日以後。疏中又云：「今欲以大以精勝之，莫如光禄少卿李之藻所陳，與臣昨年所取西洋大砲」，善繼時筦新餉，故光啓又將疏中「尚未能盡」的話，用簡説明。所以這一簡的寫致日期應距上疏日期不遠，大概就在天啓元年四月末或五月初。

副，精利兵器各數件；　廣府工匠曾在澳中打造者亦調取一二十人，星夜赴京。此中仍宜預備紅銅錫鐵等，以便製造；　精選勇力便捷兵士，以待教演。其差去員役要與夷商一同赴京，須令我存自行選擇。夷目等人數不多，所議糧餉等既係彼中定額，當悉如其數。當年安家等銀，及在途盤費、買辦甲仗價值，宜於廣東布政司支取新餉給發。至陪臣楊瑪諾①、畢方濟等，皆棄家學道、勸人爲善者，兼之博涉通綜，深明度數。諸夷目來，語言情性多不相習；　惟是諸臣行教，爲所信服，若得訪求到來，並攜帶所有書籍圖説，不止考求講肄，商略製造，兼能調御夷目，通達事情，因而成造利器，教練精卒，深於守禦進取有所裨益矣！　惟足下留神圖之，至望！　至望！

## 與某同年②

都下周旋，感銜雲天高誼，瀕行遠勞從者，追抵津門，病軀潦倒，遂未及修尺爲謝，計年兄

① 「楊」應作「陽」，雖是譯名，當時習慣上都是寫作「陽瑪諾」。

② 增訂者按：此函爲錢境堂先生藏品，王重民編《徐光啓集》未及收入，《徐光啓著譯集》收録。《徐光啓著譯集》定爲「天啓元年三月廿二日」，今從。原件經張湛識讀並標點。

亮其迂踈，無我尤也。東事又復披猖，想都中震驚，不殊曏昔。第此時群龍在列，非比昨歲寥寥，必有老謀右畫，可以旦夕底定，田野之夫當拭目以觀太平耳。年兄謂弟可再出，若向後猶易爲力者，則弟于前歲不當有言矣。惟知數敗之後，至險至難，所以冒昧陳言，謂當及時了此。蓋火器一事，前代所無，向者我有彼無，猶然數敗，今空我所有，輦載輸將，盡以予之，彼盡兼所長，而我無所不短，此其爲力，十倍難于昨歲耳。野人説此，恐有逝梁發笱之嫌，特爲年兄道之，幸亮秘焉。年兄就南，甚爲得計，倘未獲遂，或當聽之。念老書領到，伯揆丈抵京，欲一候問，未敢造次，容日專遣一力也。侗老云云，殊出意外，揆厥所由，想只爲多開口耶？弟杜門裹足，調理月餘，幸少安矣。偶爾感冒，又復困頓，經秋蒲柳，無怪其然。今惟有速理南還之棹耳。南土况味復惡，瞻言靡騁，如何如何，海沂之間，向有此意，苦無同志與託力者，今還當一訪求之也。遠承垂念，感戢無既，奉此附報，尚容嗣陳。

三月廿二日弟光啓又頓首具復。弟之長班徐龍，居止在後門之南，乞遣一力，囑令催完弟之誥軸，得于今月用寶爲妙。念潛兄文已送閣，進呈寫軸，已託之周滸西，但令龍一促之，倘中間欲借鼎力者，仍望留神，完訖亦望遣龍賫付，至感至感，弟啓又呈。

## 致某同年書①

郭從謙言：□□之人知有今日久矣，不然弟何所苦而自棄於日月之側，遭人嫌忌，曉曉多口於二年之前哉②！亦知今日之兵決不可責以戰勝攻取故耳。責我以事，而所言者毫不見用，且謗與詈叢集之，至於今日，悔亦晚唉，圖之無及矣。而尚未見□悔與圖也，奈何哉！用夷之不可，弟疏中略言之，於當事者前明言之，乃竟以此敗也。戰守之具如堅甲利兵、火藥火器，疏論者數矣，言之舌敝唇焦，竟棄置不信，至於今猶不信也，奈何哉！頗聞諸公有欲弟復還者，但弟無他方略，方略在初時三疏中，設議致行之便可耳，當此事即弟在江湖亦可；若不用弟言，雖百身來無益也。諸公今日不宜遽言用弟，只宜將弟之三疏反復講究，果可用否？

---

① 據《徐光啓手跡》迻録。考徐光啓的履歷，天啓元年二月十一日奉旨回籍調理，四月十六日奉旨回京。此書作於四月初一日，時正在津門，所云「歸楫已備，擬即日南行」，即履行「回籍調理」之命也。但四月十六日即有召回之命，回京後，立即推行書中所言計劃。四月二十六日上了《謹申一得以保萬全疏》，五月初九日又上了《申明初意録呈原疏疏》。疏中所説「並將原疏三本，隨本上進」，就是此信中所説的「方略在初時三疏中」，「只宜將弟之三疏反復講究」。

② 指萬曆四十七年以來的上疏，此亦可證明是書作於天啓元年。

可用用之，不可用則無當之譚，徒亂人意，將擯斥□恐不亟，空用其身，使之人趨人諾，將焉用之！　若必欲弟來而言不見聽，將自拘於司敗以候罪黜，決不能舍己徇人，以君國身家，明知而明棄之也。　日來病困逾劇，歸楫已備，擬即日南行。　兩年來熟觀人情事勢，大概只以重擔委人，使安受其敗而已，必不肯虛衷委任，以求保安宗社，尅敵制勝者也。　遲遲我行，恐知我之無能者反以爲不度而無耻矣。　年兄所云得人則支，自是千古正論；　今日所難，正在不知其人之可用與否，知人必先知言，又在不知其言之可用與否也，弟故以爲先當論其言而後用其人，可用則實用之，不可用則速棄之。　今日之事勢危矣，亟矣！　豈容悠悠注之，置人於用不用之間，聽人之言爲過耳之風哉！　誥敕尚未關領①，已誤□月，當待六月，望年兄留意。　使還肅此馳謝，伏枕不莊悉。　四月朔日弟光啓頓首具復。

素我過津門，弟方病，不得出謁，望叱致。　劉柱史書，前□□兄金否？　一札報之。

① 《徐氏宗譜》內有《文定公年譜》，稱「辛酉八月，以光宗登極。覃恩，予新銜誥命，得贈父母如公官」。但光宗登極在庚申八月（據《徐氏家譜》：泰昌元年九月初六日詔給兩京文官應得誥敕），所以辛酉是錯誤的。書中所云「誥敕尚未關領」，自然是指庚申九月應給的誥命，大概因爲光啓事忙，也許辦誥命人的遲誤，直到辛酉四月還未領到。光啓這次回京，終於在八月再離京的時候領到了，《年譜》記在辛酉八月，疑即因此致誤。所以書中談到誥敕還未關領，是完全符合當時的事實的。

## 致周明璵（二通）①

### 一②

賤誕何足煩尊念，諸親知厚意俱令兒輩於家下辭謝，而尊惠遠來，從權祇領，致不能安如何！附此申謝，未盡。名正具，冲。

### 二③

年來兵事曆事在在拮据，日不暇給，家鄉親故多闕聞問，極知疏簡，計在原亮耳。極知尊門參商之釁，日積歲搆，至元旦之舉，嘻其甚矣！旋念古來敵國世仇，尚有講解脩睦者，何獨

---

① 右兩札據《徐光啓手迹》迻録。原件有周金然題記云：「徐文定公居政府時，遺歸先大夫二札。字畫瘦勁，辭旨懇款，前輩典刑，于兹可見。金然謹識。」按金然父明璵，上海人。考《康熙上海縣志》卷十有《明璵傳》云：「字叔魯，太學生。初無子，諸弟爭嗣者破其家，明璵置不校。後舉子三人」，當即札中所謂「尊門參商之釁」。惟光啓稱明璵爲親家，其姻屬關係未考出。

② 「賤誕」似指光啓七十歲壽辰，據此，則第一札應作於崇禎四年春夏之間。

③ 以札中「星曆未完又將完」推之，第二札應作於同年（崇禎四年）或次年十一月初八日。

骨肉兄弟之間，尚不可耶？不能耶？斯亦情理所不能測已。親家役使雖非經慣，而其人忠實，又得元祚爲之將護，雖同事者有耽耽之意，竟不獲遂也；今幸而事竣歸報矣。前諭領悉，不佞衰遲日甚，獨緣星曆未完又將完，是以勉欲了此；一竟便當解組南還矣，計晤對之期當在來年春莫也。使旋，勒兹附謝，餘未宣悉。仲冬八日，名正具，冲。

## 致翁臺①

昨商之闗臺所云萬縣兵，即龍綱垻牟、譚二家白杆兵也，原係民籍義兵。牟則牟海龍等主之，譚則譚大孝等主之，皆嘆惜宿將，可調而用也。忠州無兵，諸土司兵不敢議調，惟翁臺酌之。外敝鄉故將周鎮，先犯賊鋒，舉家死義，前恤疏不蒙附一名，忠魂鬱鬱，今其家人遷出，報有揭帖，敬呈清覽，表忠恤義，翁臺事也。鎮父早亡遼土，名周世禄者，應蒙恩恤矣。幸一視之爲感，不悉，弟啓□首，冲。

① 增訂者按：此札原件藏上海博物館，《徐光啓著譯集》收入。原件經張湛識讀並標點。

## 對尊敬的樞機主教貝拉爾米諾致中國全體基督徒書的回覆（譯）①

尊貴崇高且令人尊敬的樞機主教大人，您偉大的虔誠與慈悲比浩瀚的海洋和無盡的大地都寬廣，其光芒猶如一道精神之火照亮了我們，并足以照亮我們整個中國。

尊貴的先生，您的信函在我們這裏被反復傳閱，尤其是很多進士和士大夫都閱讀了；一些内閣大員也都讀了您的信，這些内閣大員有的正在治理着國家，有的則曾經主持政務而現在已經退休了，生活在各自的家中。他們中仍有很多尚未領受聖洗，但急切地渴望以熾熱的善心來行事，而這正是您對我們所有人的希望。因上帝和我們的救世主耶穌基督之聖寵，我們中的一些人已經領受了聖洗，我們越發希望改造我們的生活，使其變得更爲美好，并決心與民衆一起以兄弟般的善心竭盡全力行善功，全身心地投入到工作中去，我們對主的聖訓之熱情日益增加，接受主的聖訓的人數也越來越多，我們猶如沐浴在正午太陽的光芒之中。我們

① 增訂者按：本書原文爲葡萄牙文，原件藏葡萄牙里斯本阿儒達圖書館，由董少新收集、翻譯并提供。關于阿儒達圖書館《耶穌會士在亞洲》（*Jesuítas na Ásia*）文獻集中有關徐光啓作品，董少新博士有專文考釋，可參見。

的士大夫都感到很驚訝，在如此遥遠的地方，竟然也有如此高大、勇敢且受人尊敬的人，他并没有把我們當成外邦之人，也没有將我們拋棄，而是把我們攬入他仁慈的懷抱，對此我們將時時刻刻、生生世世永懷感激之情。很遺憾我們没有翅膀，不能够飛到您的膝前，親自向您致以誠摯的問候和深切的感謝，我們希望通過這封信捎去我們内心深處對您的想念之情，以及深深的敬意和敬仰之情。

我主耶穌基督的神聖信仰傳入我們這片土地上没有多少年，在我們這個國家中，許多世紀以來，充滿了無數的謬論邪説。事實上，聖教傳入之初，看上去還很弱小，信衆也很少，我們的敵人——地獄中的撒旦——也因此輕視了聖教的存在，没有進行破壞；但是隨後撒旦注意到很多具有天賦和品德的著名士人，以及身居高位的官員都信仰基督及其教義，他們齊心協力地致力于真正宗教的信仰和服務之中，于是撒旦大發妒意，并開始害怕起來，認爲這個新的教義將會使他的陰謀詭計徹底失敗；所以就像遠古時代狡猾的蛇和狐狸一樣，策劃陰謀和圈套，利用利誘和魔力進行破壞；而一些令人厭惡的人所幹的陰謀勾當更爲陰險毒辣：他們挑起事端，引發動蕩，波浪滔天；狂暴的颱風攪亂了本來平静的海灘：如果與我們在一起的所有耶穌會福音傳教士没有被驅逐出中國，那麽他們也不是爲魔鬼而留下的，儘管魔鬼希望傳教士爲他效力，并到處尋求擁護者；所以無論是毒蛇還是魔鬼的使者，其地獄般的瘋狂暴怒都無法使其令人詛咒的勾當得逞； 因爲神父們——我們的教師、精神之父——仍然居住在他們原來的房子裏，或者住在教徒的家中，也有的神父住在非教徒的家中。 在這些處所中，我們相信也希望神聖的信仰能够得到更大的發展。 請您不必爲宗教迫害擔心，因爲我們已從天主教悠久的歷史中懂得，暴風驟雨、驚濤駭浪越是猛烈，神聖的信仰就越是能够發展壯大，而上帝也會更加保佑我們，賜福于我們，把受難者和遭受迫害的人置于他神聖的羽翼庇護之下。

這些都是神父們向我們闡明的，他們將神聖的教義比作芥菜籽，這個比喻我們的救世主也曾爲同樣的目的使用過： 因爲將芥菜籽撒在土地上，它們會經歷冰雪和嚴寒，似乎已被毁壞，儘管如此，只要春天一到，它們就會破土而出，逐漸成長，伸展枝葉，比其他任何種類的種子都更加易于生長； 芥菜長大以後，吸引鳥兒來休息，在花叢中嬉戲，享受快樂： 我主耶穌基督的神聖教義經過了遭受迫害的嚴冬，已經進入了春天，并開始萌芽與生長，十分渴望長得枝繁葉茂，成爲參天大樹，以邀請我們這些當地人享受其蔭澤，采集和享用其甜美的果實。 鄙人才疏學淺，没能將這個比喻的内涵恰當地闡釋清楚。

我們大家都懇請您爲我們祈禱，請求我們的大主聖父——普世教會的牧師——以其熱情的、兄弟般的仁慈，使我們的國家皈依聖主，將這些神父們——我們的精神之父——置于他的保護之下；這些神父們正在教導我們，向我們展現了一條真正的道路；由于他們在其繁重的工作中得到安慰，所以他們感到力量倍增，帶着我們靈魂的偉大果實勇往直前。我們也祝願您被賦予更高的榮譽和職位，以與您的非凡才能相符合；這樣您就能够像永不乾涸的源泉一樣，以寬廣的胸懷造福于全人類。我們向尊貴的先生您叩首拜謝。北京。

## 致澳門尊敬的耶穌會巡按使神甫書（譯）①

我主上帝保佑巡按使神甫閣下。借此良機，請允許我以應有的尊重與敬意致函巡按使神甫閣下，討論一些重要事宜。

澳門城以熱忱和忠誠，派遣統領兼使節率領戰士和其他人員，携帶火砲及其他精良兵器，來援助我皇陛下，抗擊韃靼人。在帝國的邊境，這些韃靼人已經造成巨大的破壞；在抗擊韃靼人的戰争中，巡按使閣下和澳門城鼎力相助，并獻計獻策。

使節兼統領及來自不同地區的人到達之時，朝廷内外正因外敵的入侵而陷入混亂，京城

① 增訂者按：本書原爲葡萄牙文，藏阿儒達圖書館，由董少新收集、翻譯並提供。

附近已經有大批人死亡，并造成極大的破壞，而名震天下的葡萄牙人到來後，敵人已經退回到帝國的邊境，現正盤踞在那裏。朝廷又恢復了平静與安寧，這使我皇陛下及朝廷上下都十分感激，對保衛帝國的統領和來自帝國不同地區的人們都非常器重，而對上帝賦予葡萄牙人的才能與名望尤其敬重。您似乎想通過信徒在帝國内做一番大事業，以爲上帝服務。正如巡按使神甫閣下所清楚知道的那樣，在近千年前的唐朝，天主教曾繁榮昌盛，但後來由于多種因素而消失了。此後，在我們的大明王朝，我主上帝通過耶穌會的神甫——我們的教師，使天主教再次得到宣揚，欲使其神聖經典傳遍帝國的每個角落，使每個人都認識造物主和救世主，以展示上帝的最高智慧。

來自澳門城的統領兼使節和其他人，通過我向我皇陛下建議，爲了結束戰爭，最好從澳門調派一些葡萄牙武裝戰士，在皇帝的訓練指揮下，投入抗擊帝國境内韃靼人的戰争中。皇帝高度評價了葡萄牙人保衛帝國的忠誠與熱心，并對使用來到這裏的少量葡萄牙武裝這一經驗十分滿意。皇帝派遣一使臣前往廣州和澳門，與其同往的有耶穌會陸若漢神甫。皇帝對陸神甫的多次熱誠效忠感到非常滿意，故派他一同前往廣州和澳門以便在短時間内與救兵一起返回。他們到達的時候，敵人就必須得將所有兵力投入到戰争中了。

神甫携有皇帝詔書一份，慷慨特許，使團一切相關需要都由該省的都堂(Tū tam)和察院

(Cha yuên)承擔。該省堂統和察院對忠誠的澳門城提供特殊的保護與關心。詔書還命令他們負責神甫一行的所有開銷，并向將從那裏來此的葡萄牙人提供一切所需。

我由衷地確信，以巡按使閣下對此天主教會和帝國的熱誠，以及閣下、澳門總兵、主教對帝國所奉獻的才能和勤勞，陸神甫會在最短的時間内，與一同前往的皇帝使臣，以及所請求的武裝一起返回，因爲我們對我主上帝充滿信心，知道隨着他們的到來，戰爭很快便會結束。澳門城將名譽永垂，同時將從我皇陛下那裏接受諸多優待，而這些優待澳門將永遠享受。我所委托陸神甫及其隨行人員的就這些了。通過迢迢征途，隨信奉送薄禮。

崇禎三年四月二十四日

按照慣例，署名寫在另一張紙上

徐保禄(Paulo Syû)

# 卷九　雜　文

## 舜之居深山之中①

聖帝之心，唯虚而能通也。夫深山之居，舜之心無心也，無心斯無所不通矣。江河之決，有是也夫？且夫心與心合，善與善同，達之天下，本無所滯者也。自知識之用起於有心，於是自有其聞見；而天下之聞見始與我揆而不相入矣。吾觀大舜之不可及也，不在其用中之時，而在其執中之日；不從有爲者窺其明目達聰之用，而從無爲者察其濬哲凝一之天。即其居深山之中，而木石鹿豕之與俱也，人以爲幾希於野人耶？吾以爲幾希於野人者，正舜之爲舜耶？凡人未能無我，則在在皆有我之私，而舜方洞乎其未有主也。至静之時，一無所係，乃可

① 據《徐氏宗譜》迻録。

以待天下之動者也。凡人未能無意，則時時皆意生之會，而舜方泊乎其無所起也。無物之衷，不設一意，乃可以待天下之有者也。無可共聞，亦無可執爲獨聞，但以天下之善，虛涵於不聞之境。而及其聞善也，雖一隅而已融爲全體矣，無可共見，亦無可恃爲獨見，但以公共之善默存於不見之地。而及其見善也，雖幾微亦已融爲不測矣，蓋不蔽於我，即不滯於人，而我與人相感，發於無端之内，我善無大，故人善無小，而言與行俱會通於不窮之中。譬諸江河之決，沛然莫禦，而天下之一言一行，皆足以鼓其機緘者乎？彼深山之不識不知，尤所以開其障塞者乎？若自立聞見，我以善往，而來者莫之受矣；吾以善出，而入者莫之通矣，又何妙應之有哉！

恭惟於聖心，秋月照寒水，題似之，文境亦似之。韓慕廬

前臺花發後臺見，上界鐘聲下界聞，題分正自劃開不得，對此豁然胥融。巳山

惟渾然之中，萬理畢具，故一有感觸，則其應甚速。亦惟無異於人，而後大異於人，所謂善與人同也。若光有人心，安能樂取於人以爲善？二章當合看。

同治甲戌秋於燕巢客舍課徒，每午後，將舍中殘文編集，檢得先文定公闈墨一篇，於《讀墨簡練百篇》之中所選入也。遂録訂讀卷，朝夕見之，宗祖之手澤庶不忘矣！十世孫本曾記。

# 爲之自我者當如是論[①]

論曰：　古之聖賢求可見於世，必先求獨責于己。夫人爲天地之心，俛仰之間而再撫方外，非士之分歟？　顧環觀宇内，而其屬我者僅我一身，過此以往，誰可藉者？　誰可分者？　即又安能釋我而責之重耶？　是以禹親胼胝，灑沈澹災，曰溺由己矣！　稷降嘉種，獲畝任負，曰飢由己矣！　伊稱先覺，匹夫不獲，曰予内之溝中矣！　古之人以眇然一躬自信，以提衡宰割，而且舉天下之大，自引爲一身之事而不敢弛，蓋其責于我者若此之隆，而爲之自我者若此之果毅以堅決也！　洵若肩鉅任，行遠道，不至則不得已，彼其中曷嘗借資于分外，又何嘗幾幸于或然者；　非徒無借亦亡所可借，非徒無幾亦亡所可幾。何者？　禍福、凶吉、災祥、修短數者懸之于天，密移而難測者也；　稱譏、憎愛、順逆、成撓數者聽之乎人，各心而多變者也；　利害、得喪、進退、存亡數者權之乎運命，事至而後明者也。吾不惟分業之是亟，而營營逐逐惟三者之顧慮，此令其心如縣旌，事如轉轂，如射景，如捕風，都無所益于成敗之數耳。豈惟無益也，

① 據上圖藏明刻本《新刻甲辰科翰林館課》卷五迻録。

慕鴻鵠者忘其奕，遊博塞者忘其羊，彼於所當爲者且有丘山之損，而又何崇閎之足望焉！何者？人之心力不兩用也，馳騖于彼者闊略于此，自然之勢也；不求諸身而失諸鵠，迨其無成則又從而尤之，曰天耶？人耶？運命也，孰爲我任之哉？夫惟知當如是，而我之志堅，雄入九軍，弗可奪也。惟知有我，而我之事實，勤勞心力，弗可辭也；惟知當如是，而我之氣定，毛髮利害，弗可動也；惟知有我，而我之智詳，審計熟慮，弗可略也；惟知有我，而我之力强，安危榮辱，威怵利疚，弗可屻也。其精神才技靡所愛惜，亦靡所遺漏，靡所不注向，亦靡所不磅礴，天人運命夫將後起而應之，其孰爲我難焉？蓋古之人正誼不謀利，罔敢以成敗利鈍分其肩鴻任鉅之志，而爲之説曰：其不在我者，不可必也！若夫天地之常理，古今之已事，遞相左驗，夫安在其不可必者？泰山之霤，不難穿石，專也；匹夫匹婦，激厲至精，一也。愚公之移山也，計及於子之子、孫之孫，而山靈懼之，帝爲役操蛇之神焉。精誠所加，金石爲開，而況乎與我同氣爲人，又況乎同事爲友朋，又況乎上之而臨我、而君父我，相與稱腹心手足者哉！人力或有未盡，而天意或有所未定；人苟盡矣，天必從之。《易》曰：「天且弗違」，聖人之言豈欺我哉！孔子之不遇，所用者弱魯也；孔明之不克以炎祚興，其所當者孱土也①，其所值

① 「孱土」，誤。

則又周漢之末造也。藉令生當景運，弼諧神聖之主，一聖一賢，其所成就詎可量？或先難後易，或始揆終合，要以格天之動，方之禹稷伊尹，其揆一也。夫惟爲禹、稷、伊尹而後可稱盡其在我，亦惟如仲尼、孔明而後可委之天人運命，故嘗隱括古今天人之際而爲之言曰：人事盡天意合者什九，禹稷而下是也；人事盡天意違者什一，孔子而下是也；若夫人事之不盡而求天意之合，此則萬不得一，古今無之有也。敢以是足希文氏之旨。謹論。

增訂者按：據中國科學院圖書館藏明刻《甲辰科翰林館閣試草》本，此文異文頗夥，爲存真，現將該原文全附於後：

## 爲之自我者當如是 甲辰九日朔日閣試

論曰：古之聖賢求可見于世，必先求獨責於己。夫人爲天地之心，俛仰之間而再撫四海之外，非士之分歟？顧還觀宇内，而其屬於我者獨此一身耳。過此以往，誰可藉者？誰可分者？即又安能舍我而責之重也？是以禹躬胼胝，灑沈澹災，曰溺由己矣。稷降嘉種，獲畝任負，曰饑由己矣。伊稱先覺，匹夫不獲，曰己内之溝中矣。古之人以眇然之躬自信，以提衡天下，而且舉天下之大，引以爲一身之事而不敢釋。蓋其責於我者若此之隆，而爲之自我者若此之果毅以堅決也。蓋若肩鉅任、行遠道，不至則不得已，絶無借資於分外，亦無冀幸於或然者。所以能弼成左右，功施到今，不虚也。何者？禍福、吉凶、災祥、脩短，此數者懸之於天，密移而難測者也。稱譏、毁譽、順逆、成撓，此數者聽之於人，各心而多變者也。利害、得喪、進退、存亡，此數者權之於運命，事至而後明者也。吾不惟分内之是亟，而營營逐逐惟三者之顧慮，此令其心如懸旌，事如轉轂，而效如捕風，了無所益耳。豈惟無益也，鴻鵠者忘其奕，博塞者忘其羊，彼於職事且有丘山之損，而又何崇閎之足望焉。何者？人之精神不兩用也，馳騖於彼者濶略於，此自然之勢也。不求諸身而失諸鵠，迨其無成則又從而尤之，曰天耶？人耶？運命耶？其孰爲我任之哉？夫惟知當如是而我之志堅，雄入九軍，弗可奪也。夫惟知當如是而我之事實，勞筋苦骨，弗可辭也。夫惟知當如是而我之氣定，毫毛利鈍，弗可動也。夫惟知當如是而我之衷虚，審計熟慮，弗可略也。夫惟知當如是而我之力强，死生榮辱，威怵利疚，弗可屈也。其精神才力靡所愛惜，亦靡所遺漏，靡所不注向，亦靡所不磅礴，天人運命夫將後起而應之，其孰爲我難焉？蓋古之人正誼不計利，不敢以成敗利鈍分其肩鴻任鉅之心，而爲之言曰，其不在我者不可必也。若夫天地之常經，古今之已事，以此揆之，殆無不可必者。泰山之霤不難穿巖，跬步不止，孰不千里？愚公之移山也，計及於子之子、孫之孫，而後山靈懼之，帝爲之役操蛇之神焉。精誠所加，金石爲開，而況乎同氣之人，況乎同事之友朋，又況乎上之而臨莅我君父我者哉？人力或有未盡，而天意或有所未定，人事盡矣，天必從之。易曰：「天且弗違。」聖人之言豈欺我哉？孔子之不遇，所事者弱魯也。孔明之不克以炎祚興，所當者孱王也。又其所值者盡周、漢之末造也，藉令生當景運，弼諧神聖之主，一聖一賢，其所就詎可量者？或先難後易，或始暌終合，要以格天之勳，方之禹、稷、伊尹，其功一也。夫惟爲禹、稷、伊尹而後爲盡其在我，亦惟爲孔子、葛公而後可諉之曰天人運命，故嘗櫽括古今天人之際而爲之言曰：人事盡天意合者什九，禹、稷而下是也；人事盡天意違者什一，孔子而下是也。若夫人事之不盡而求天意之合，此則萬不得一耳。敢以此竟希文氏之旨。

**閣師沈批：文無補湊，是用心于内者。**

## 赤子之心與聖人之心若何解①

夫人者受天地之中以生也；受中以生，則其初本與天爲一耳。自一而分之以至於無算，

① 據明刻本《新刻甲辰科翰林館課》卷八迻録。

始與天不相似耳。凡求物之似者，必自異而反之，至于始分之初，則其相去必近，故曰赤子之心與聖人之心一也。謂其上接乎繼善之初，而遡觀賦予之本然，其去彌近故也。率性之道，順天之則，與天下大同之謂聖人；逆性之理，任情之用，各安其所習而辟焉之謂凡人。何思何慮，至虛至静，純然穆然，未始有知之謂赤子；吾反而思之，情感而逸，物至而化，此爲始於何時，成於何念也？一一皆非本性所有，一一皆非本意所發也。心不虛則物乘之，物乘之則動，動而不静則氣乘之，氣乘之則惑，赤子無是也。知赤子之所由化爲凡人，則知聖人之所爲同于赤子矣。誠驗之一念之間，澄然無事，便覺天地萬物，廓爾流通，此赤子之心露其倪，而聖人之心開其端也。隨時隨事，順帝之則，心普萬物，情歸一道，馴而至于天地變化，位育參兩，此赤子之心究其極，而聖人之心宣其用也。譬之水然，行之于地中，清濁百變，皆水之習，非其性也。山下之泉，無色無味，汩焉至清，凡水盡然，此爲水之初矣。赤子之心山下之清也，聖人之心放乎四海而不失其清者也。水之鑑能别鬚眉，聖人之鑑能入微眇；水之不舍通乎晝夜，聖人之不已貫乎古今。水之澤灑潤萬物，聖人之澤利賴萬世。總之稱水之能者無他，無失其山下之清焉耳矣；稱聖人之能者無他，無失其赤子之虛静焉耳矣。天至虛故能靈而神，天至静故能動而化，赤子者近于天而畸于人，故能聖而不可知。六經之言聖德也，詳其要歸于無欲，無欲者人性之常，無欲者天性之初，率其常，復其初，是謂聖人，與孟氏之旨一而已矣。欲學聖人者如之何？必自去欲始，去欲必自主敬始；敬則自然專一，專一則自然虛静，虛静之極，自能變動不居，周游六虛，是謂作聖，是謂保赤子之心。堯兢舜業，文翼武競，皆所由自人而之乎天者，聖功也。孟氏之言赤子之心也，他日又申之曰：良知良能。葆之云何？不爲不欲，存心養性而已。水習于濁必澄以求清，人習于欲必修以入聖，自然之勢也。是之不務而希求頓悟，侈口見宗曰當下即是，作意成妄，如是以求赤子之心，去孔孟遠矣！

增訂者按：據中國科學院圖書館藏明刻《甲辰科翰林館閣試草》本，此文異文頗多，現將該原文全附於後：

## 赤子之心與聖人之心若何解 甲辰十月朔日閣試

夫人者受天地之中以生也。受中於天，則其初本與天爲一耳。自一而分之以至於無算，始與天不相似矣。凡求物之似者，必自異而反之，至於始分之初，則其相去必近，故曰赤子之心與聖人之心一也。謂其上接乎繼善之初，而遡觀賦予之本然，其去彌近故也。胡越之人，累數譯而不能相通，其生之初未有不同聲者，去未有聲之始近故也。率性之道，循天之則，與天下大同之謂聖人。逆性之理，任情之偏，各由其所習而辟焉之謂凡人。

不識不知，至虚至静，穆然無爲之謂赤子。吾反而思之，情感而逸，物至而化，此爲始於何念、爲成於何時也。一一皆非本性所有，一一皆非本意所發也。心不虚則物乘之，物乘之則動，動而不静則氣乘之，氣乘之則惑，赤子無是也。知赤子之所由化爲凡人，則知聖人之所爲同於赤子矣。嘗試驗之一念之間，澄然無物，便覺天地萬物廓爾流通，此赤子之心露其端，即聖人之心開其朕也。隨時隨處，順帝之則，心普萬物，百感皆通，馴至於天地變化，參贊位育，此赤子之心毖其機，即聖人之心宣其用也。譬之水然，行於地中，清濁百態，出之山下，則無味無色、泊然至清，是水之初而已矣。赤子之心，山下之清也。聖人之心，放諸四海而不失其清也。水之鑑能别鬚眉，聖人之鑑能入微眇。水之不舍通乎晝夜，聖人之不已貫於古今。水之澤瀸潤萬物，聖人之澤利賴萬世。總之稱水之能者無他，不失其山下之清而已耳。稱聖人之能者無他，不失其赤子之虚静而已耳。惟天至虚，故能靈；　惟天至静，故能動；　惟赤子之心近乎天而畸于人，故能聖。六經之言聖德也，詳其大要，歸於無欲，無欲者人性之常，無欲者天性之初。率其初、復其常，是之謂聖人，與孟氏之指一而已矣。欲學聖人者如之何？　必自去欲始，去欲必自主敬始。敬則自然專一，專一則自然虚静，虚静之極則動變無倪、神化無端，是之謂作聖，是之謂保赤子。堯兢舜業、文翼武競，皆所由自人而之乎天者，聖功也。孟氏之言赤子，又嘗申之曰：　良知良能。葆之如何？不爲不欲，存心養性而已。水習乎濁必澄以求清，人習乎誘必脩以入聖，自然之勢也。是之不務而希求頓悟，侈口見宗曰當下即是，作意爲妄，如是以求赤子之心，去孔孟之旨遠矣。

閣師朱批：是嘗潛心理學而有得者，不徒以其文字之工而已也。

## 正直忠厚辯①

且夫正直忠厚，豈有兩哉？或者以爲是兩者正相反也，猶水之不熱，火之不寒也。然則正直者必入于鍥薄，忠厚者必淪于回互矣，無是理也。或者以爲兩者適相濟也，猶甘以濟苦，辛以濟醎也。然則正直者有待于刓方，忠厚者尚須于㯳括矣，又無是理也。然則云何？曰，是同出而異名者！今夫水，其行地有常，萬折必東，然而普潤庶物，靡所不漸。今夫火，其焱奮猛烈，望而畏之，然而燔燎飪熟，萬類化成。水火之體質未變也，而其用殊焉。士君子立朝，其方嚴剛潔，非禮弗履，威惕利疢，節不可奪，非正直歟？是猶水之必下，而火之必

① 據明刻本《新刻甲辰科翰林館課》卷六迻録。

上也，至性弗可回也。其含弘光大，廓如有容，優柔醇粹，甄陶孕育，非忠厚歟？是猶水之能潤，而火之能熱也。至德弗可量也，是同出而異名者也。若曰外寬而内直，即内外猶二矣；夫誾誾侃侃，外何常不直？而斷斷休休，内又何嘗不寬也？若曰時剛而時柔，即先後猶二矣；夫嚴氣正性時，何常不春煦？而委蛇茹納時，又何常不秋肅也？譬之雷霆然，有所擊盪摧折以爲威乎？然而勾者畢出，萌者盡達，烏知威者之不爲恩乎？又譬之雨露然，有所滋息滲漉以爲德乎？然而枯枿朽株，浥腐壞敗，又烏知德者之不爲刑乎？施者無二體，受者有二用，以正直視之即見正直，以忠厚視之即見忠厚，其在大臣之盛德偉量，一而已矣！虚無質，故方見方空，圓見圓空；無我，故槃得槃象，盂得盂象。聖賢惟一而不二，故一見爲正直，一見爲忠厚。不然而有意爲正直，必且爲刻深，鷹擊毛鷙，非忠厚也，並正直亦非也。有意爲忠厚，必且爲軟美，脂韋滑稽，非正直也，并忠厚亦非也。古之人言蓋有正直而兼忠厚者，如云平康正直是也；有忠厚而兼正直者，如言仁則義在其中是也。總之二者非二物而已。先儒謂士立朝以正直忠厚爲本，愚以爲苟求正直忠厚之臣，必以立心爲本；苟有其心，即兩者不得不出于一，然而詭容飾迹，彼畔此附，甚而有托以行其私矣！詮品人倫者不可不審于此。

# 續文德論 乙巳二月上旬館課①

讀温子昇傳稱楊愔氏著《文德論》，疑其未備，亦恐邢、温諸人愧是德舉，故續而論之，稍廣其説：

或問主人曰：「昔楊遵彦著《文德論》，以爲古今文人負才遺行，猜薄險忌，獨邢子才、温子昇、王元景彬彬德素，有可嘉尚，斯既然矣。敢問篇章之作，所以旗衷摽性，玄通道德，理無或爽，乃有逐末忘本，高瞻下視，使夫求金見鍮，斫檀得駁。匪徒海棗春華，疾其無用；抑且烏冠蟒角，防其殪情。此果文之累德乎，抑德之能累文乎？蒙有疑焉，請釋其惑。」主人曰：「善哉，客此之問。夫翰墨之途，實神明之吕律，情靈之道。殆文章之要，會也。方諸草木，其枝葉之有本根，喻以人倫，將志意之於骨體。故夫由于善則道成雙美。譬若光從珠見，仍照於珠；采自玉生，還映於玉。文詞爲光彩之符，令德似玉珠之質。斯二者之相爲養也。由于不善則勢至兩傷，譬若朽株成蠹而旋侵株體，鈍鐵孕穢而自蝕鐵形。否德有同于朽鈍，靡文不殊于蠹穢，斯二者之相爲病也。綜之源流標本，遞用相因，古往今來，鑒衡斯在。假若躬醰粹之

① 增訂者按：據中科院藏明刻本《甲辰科翰林館閣試草》迻録。

懿者，必氣温而體裕；　負英敏之資者，必材贍而趣昭；　抱淹通之識者，必慮周而事核；　攬雋上之韻者，必顯出而調遠；　懷譎詭之志者，必意惆而精駭；　挾憸壬之邪者，必語雜而思罷；　身狂狡之行者，必才蕩而辭溢；　存矯飾之謀者，必情煩而理遯。德爲魁柄，斯文章成其損益矣。又若工經術之言者，使人肅莊而典重；　抉性命之旨者，使人奥遠而閎深；　精名理之説者，使人辨晳而暢朗；　洞開濟之略者，使人疏通而慎密；　博縱横之辯者，使人機變而譸張；　窮幽逸之致者，使人虚恢而散緩；　摛鞶帨之技者，使人華靡而詭誕；　馳豔異之藻者，使人宕佚而姚冶。文爲結習，亦德行受其瑕瑜矣。由斯以談鳳采，終異乎鷙翰；　豹蔚豈加于羊質，石理何關于玉潤；　蛇腹有謝乎龍章。是以條流所分，其端靡竟。高文令德，必覩弘美之度；　文纖德薄，每多猜阻之情。弘美故曠，朗而有容；　猜阻故沉，深而多忌。有容故相恬于泰道，多忌即争釁於險塗。相恬即國藉其資，争衅亦世蒙其咎。斯則文德二端相爲樞紐，既成連茹之美，仍多牽没之凶，自昔而然，何疑之有？」

客曰：「文德之云，則吾既得聞命矣。乃若玄黄以來，斯文代起，化成之義，終古一揆，而樸雕之勢，廻沉于殊時；　夷險之轍，參差于異世。本末相應，在中葉而已。尠情貌相越，至叔季其彌繁，甚而鍥薄嶮巇，戾深禍構。方之古人，何斯遼絶？」主人曰：「居，吾語女。古之文人，文生於情；　後之學者，華累其實。若夫六經、孔孟之流，雲漢昭回，金玉淵海，彝倫之模楷，孝敬之準式，夐乎尚矣。就令九家百氏，異喙争鳴，然齊所見而爲言，各開模而定檢，本無情于巧拙，將何受于嫌猜？自漢而前，略同斯軌。魏晉以還，專尚詞艷，刻畫片語，自詫前無古人；英辭數百，妄謂崚嶒一世。于是各體互興，分鑣並驅。吹竽則笑挾瑟之未工，習夏則疑曾冰之已凛；等譽則生銷骨之毁，同軫則搆擠險之謀。坐使千將巨闕，不銛利于毫端；太行孟門，未嶄絶于文囿。嗚呼，槧鉛薄伎，研削微功，昔之人猶將致歎于鏤冰，乃至悔心于篆刻，而險情贅行，流弊若斯，亦何異蠻觸二氏争雄蝸角之間乎？總其大歸，人情未殊，而習尚相詭。先民有作，用以脩身治人。輓近所爲，極于成名銜世。達意即不煩，餙羽而畫希，世即無憚轢轂而馳。夫使言摹經典，文同丘索，未脱意于名埸，猶絓跡于争路，何况繁絃綺語，雕龍豔才若六代之淫靡，而欲責以玄同之上德，知其難矣。由此言之，德如邢、温，亦可謂棘林之螢耀，未可擬若華之龍燭也。」

客曰：「百代文流既其若彼，古今人事又其若此，然則後世之文既失太上之元意，更啓末學之竟端，在于世道所害者多、所利者少矣，將文可遂廢乎？」主人曰：「何爲其然也？文章之始，垂象是因，苟景緯之照臨，則人文其方遠，胡鯁噎之蹔，懲而饔飱之？永屏弃捐之議，未見其可。徒以玉巵無當，雖寶非貴。在昔聖賢，制無空作，作則稟承天語，師表人靈所以能恢弘大道、示後世以軌範也。至若好濫敖辟，則司樂坊；其驕淫醜博僞堅，則聖相致其刑辟。豈以彫蔚即僞鴻篇，逸辨即爲得理云爾而已哉。後之才人，浮文放發斯詆訐，其研精，緗帙盈車，未取裁于名教。施之家國，無當絲粟之用；求諸情性，徒長敖誕之習。斯殆孟氏稱其詖淫、荀卿目爲嵬瑣者也。而方且享以千金、珍之十襲，先哲既其茅靡，後生隨之波蕩。窮年編削，皓首沉酣。自漢迄今，士大夫之精神才力，半委而輸之無涯之壑。所以興建功業，滋不建于五三，豈真世變，江河往而不返哉？獨此無用之空文，借名不朽之大業，遂爲千年以來蠹政之蟊賸、□功之陶竈耳。藉令觀元始、鑒太清，總括羣言，精爲簡別，使其道必宗經，文必徵聖，正言以立辨，體要以成辭，鉅者取于匡國寧家，細者取于經事綜物；近者取于理情道性，遠者取于窮幽鑒微；卑者取于開牖民萌，高者取于彌綸天地。非是族也，不在文品。俾夫榛楛悉剪，淫哇盡祛；染翰皆雅正之音，臨池無浮麗之作；大言爲弘璧天球登諸册府，小言爲布帛菽粟散在人間，如是可以揚鴻烈而章緝熙，端風軌而一囂競，典謨雅頌之遺，殆其庶矣。又何必返書契以結繩，易椎輪于大路然後爲得也。無已則進而求之，識其大者。昔神禹遠德于隨刋，虞史書之文命、敷于四海，后稷爲烈于稼穡，周人頌之思文、配乎皇天。若此之倫，則三光二儀資其經緯，五行六氣藉以陶成。德莫至焉，文莫章焉。於乎，虙聖立極，名賢效功，誠能嘉禹、稷之徽烈，制天淵于廟堂，庶孔孟之鴻業、弘至道于天下，足使日月重朗、宇宙若新，又何暇于晚代文人課得失以錙銖、論短長乎毫末也哉？」

漢文帝誅薄昭或以爲仁厚中有神武田叔燒梁獄詞或以爲善處人母子兄弟之間二事寬嚴得失何如對①

用法如持衡然，輕重推移不得執一，要於天理人情之中，劑量裁度取平而已矣。若漢文之於薄昭，漢景之於梁王，此可謂寬嚴俱得者也。何者？《周官》八議，議親爲首；國之宗盟，同姓爲重。況孝王親天子之介弟，而太后之愛子也；薄氏外戚，眎之懸矣。且薄太后之賢豈以弟故使弟亂漢法，昭之誅史不詳其顛末，第以爾時母子君臣之際度之，烏知非得請於太后而殺之乎？梁孝王之事，竇太后爲不食，日夜泣不止，有如竟其獄，憂及太后，此爲可不可也？抑産、禄之事帝親見之矣，昭既賢者，何至一朝戕天子之命使，此其恣睢暴戾，藐漢法若弁髦，去産、禄何幾？帝固以此全薄氏宗，即太后亦不願其家爲吕氏續也。景方夷七王之變，芟刈手足，重以孝王之獄，弗念鞠子哀而剪爲仇讐，以失母氏之意，譬木之蠹者披剔枝幹，又從而剪其苞栟，不虞傷其心乎？故文之嚴，懲于吕氏之難而虞其復；景之寬，傷七國之禍而不忍於

① 據明刻本《新刻甲辰科翰林館課》卷六迻録。

再見，亦各自其時也。然則殺人者死，法也，法可偏輕重歟？曰，不然。《虞書》不曰宥過刑故乎？《周書》三宥，不曰一不識二過失乎？律法不重首謀造意之誅乎？昭殺漢使，無可諉者；武殺袁盎輩，則勝詭實始謀之。武沐其説謂之不識過失亦可，矧親天子弟也，他日壺關三老之對武帝曰：天子之子過誤殺人當何罪哉？然則以武而當虞周之法，亦在議宥之列。是故殺勝詭足以蔽罪矣。

## 擬講讀官請皇太子暑月宫中視學箋 乙巳六月上旬館課①

伏以璇星重日月之輪，本配天而行健，玉檻沛滄溟之潤，宜應地之無疆，敢輸曚瞽之忱，用廣涓毫之助。恭惟皇太子殿下茂德淵冲、英姿玉裕、聖賢仁孝，既具得於生知；恭敬温文，且懌成於早服。出就外傳者一紀，恒征邁于夙宵。正位東朝者五年，逾就將于日月。洊雷講肆，微言實表于天聰。明兩胄筵，至念有徵於體達。乃者時當三夏，爰軫九重。憫朱芾之增勞，賜承華之暫輟。此固古昔脩焉息焉之法，抑亦文武一張一弛之權也。顧惟臣等之愚，度以人情

① 增訂者按：據中科院藏明刻本《甲辰科翰林館閣試草》迻録。

所至，操縵者三日，不習則荆棘生乎指間；駕車者十舍，不休斯高遠起於足下。道本無窮無盡，學須彌近彌親。故禹勤于邦，謂寸陰之可惜；而湯躋于敬，每又日以加新。聖哲在前，典刑匪遠。念此宴居之多豫，似宜繙閲之有恒。温故即可以知新，開卷自覺其受益。是以妄意三朝之暇，皆應博采窮蒐，豈必躬親五學之中，方可承師問道？伏望乘宫闈之肅穆，日近縹囊；因臺榭之高明，時臨緗帙。無忘所能，無棄所習。求大義之愈精，益見未見，益聞未聞。初底神功之克就，蓋進寸常虞。於退尺敏然後脩。乃來而臨深，弗可以爲高，學自然知不足。初雖逖稽遐覽，似有彊勉之勞，久而寓目會心，自有恬愉之趣。此志士所以不爐不扇，聖人所以忘食忘年也。若春夏秋冬可有須臾之間，則《詩》、《書》絃誦，何用緝熙之功？詳求古來興學立教之方，即見聖賢瞬存息養之道。倘蒙□采，□賜允俞，彰膚德之日升，廣鴻猷之天賦。上副聖明諭教之意，樂主器之得人；下慰敷天繫仰之，誠慶吾君之有子。重離益耀，七鬯彌尊。臣等無任激切企望之至。

**館師楊□批：議論正大，辭氣雍容，最得納誨之體。**

## 擬漢武帝罷田輪臺詔①

朕憤匈奴暴横，數使將將吏士出擊絶幕數千里，仍置河西四郡。使使者招來西域諸絶國，置校尉，屯田渠犂，冀以破弱匈奴。三十年來，士馬亡失，餽運不貲，有司重賦增算以急軍興，加以苛暴，是朕之不明，重困天下父老子弟也。而間者貳師敗軍，士死離散，有司不能推引前咎，稱朕悲憫元元之意；乃欲益發屯田卒，田故輪臺。輪臺去車師西千餘里，即如所言，欲置校尉，起亭隧，張掖、酒泉置假司馬，爲斥候，不絶驛報。便宜又當益募人墾溉田，稍築列亭連城。規事甚曠闊難就；即就，謂擾勞天下何！且虚内以實外，耗中國以事遠方，若此何窮之有！前貳師出軍，諸卜筮卦兆皆言至鬴山必克，今一一謬戾。由此言之，天時地利不如人和，審矣。今關内若山以東，土多不闢，從事者寡，歲一不登，民有菜色。朕方憂近郊侯甸之人，飢不可得食，何暇乃及僻殊絶遠乎？孝文皇帝賜租勸農，以佐百姓，民畜馬一匹，復卒三人，以故中元、後元之間，街巷有馬，而太倉之粟紅腐不可食，朕甚慕之。今日之計，務在省刑薄賦，

① 據明刻本《新刻甲辰科翰林館課》卷一迻録。

使百姓力本業，益蓋藏，其守邊乘塞，亟修文皇帝馬復令，令補闕毋乏武備而已，餘不忍聞也。有司其圖上畜馬方略，及諸計策有可以富民搜粟者，列舉以對。

## 擬東方朔陳泰階六符奏①

臣朔言：臣聞之傳記有云：「萬物之精，上爲列星。」又曰：「星者體生於地，精成乎天，列居錯序，各有逌屬。」其至于人，則精祲相盪，事作乎下者象動乎上，如響之應聲，景之係形也。泰階六符者，占天之左契，軒轅氏之舊法也。北極紫微太乙之常居，運于中央，臨制四鄉；在人則焉廣朝路寢②、造命出政者也。上元太微者，太乙之宫廷，列宿受符，諸神考節；在人則爲外朝位宁，理法平政者也。三台之星居紫微太微之間，有憑以出入之象，故曰太乙躡以上下也。其體則兩兩相比如階堿然，故曰泰階也。其占則上台上星爲天子，下爲女主；中台之上爲諸侯三公，下爲卿大夫；下台之上爲士，下爲庶人。其星有變，各以所主占之。凡

① 據明刻本《新刻甲辰科翰林館課》卷二迻録。
② 依下文「焉」字當是「爲」之誤。

星之占：　以明潤爲吉，蒙暗爲凶；　以行列相顧爲吉，分坼疏闊爲凶；　以五緯揚光四靈順方爲吉，以散歷淩乘金火守彗孛犯爲凶。　若天子有道，後宫得序，則吉應上台也；　三公弘化，六卿分職，則吉應中台①；　庶士順命，萬民樂業，則吉應下台也。　三台齊明，六符協應，則君臣和集，陰陽調，風雨時，山川鬼神獲宜，歲大登，民人息，是之謂泰平。　平者，泰階平也。　若六符俱凶，六極總至，則五神乏祀，日食地震，水潤不浸，稼穡不成，冬雷夏雪，百姓不寧，故治道傾也。　又三垣在天各有垣，列象于帝宫，泰階居二垣之間，似帝之陛楯，故其占亦爲宫室苑囿也。　上台主帝后，故天子之居應于上台。　天子行暴令，好工役，修宫榭，廣苑囿，則上台爲之坼也。　夫天道七政爲緯，運行有度；　三垣十二次爲經，終古不變也。　臣朔嘗稽之傳聞，驗之度數，固無可坼之理。　其謂坼者，經所云「奄奄疏闊」是也。　其所繇奄奄疏闊者，蒙氣致然也。　人者天地之心，精神相應。　其有乖和之端，生于羣心，則凝聚成氣，《左氏》所云「人之所忌，其氣燄以取之」，孝婦含冤，六月飛霜，皆此數也。　人主好工役，勞民損財，怨結兆人，則其愁苦之氣凝聚糾結，依於車數，上薄星辰，故謫見上台。　其稍薄者則蒙昧隱映，爲之奄奄疏闊。　其厚

① 依上下文，「中台」下當有「也」字。

而剛勁猛戾則爲孛彗，孛者兵象，勞怨之極，將生羣心，故曰彗，孛尤甚也。今陛下欲舉盩厔鄠杜①，提封萬畝，餘爲上苑②，屬之南山。損民衣食之業，怨積羣庶之心，逆沴之氣感害騰涌，謫見于天，當有離坼彗孛之變，臣故曰不可也。惟陛下上毖天符，下畏民命，去驕溢靡麗之意，崇謙遜静懿之德，則羣生幸育，嘉瑞休顯，三台六星不失其常，爲社稷兆民徼福於無方之原，臣愚不勝大願！

## 經筵講義（大學一章）③

子曰：「聽訟吾猶人也，必也使無訟乎？」無情者不得盡其辭，大畏民志，此謂知本。

這章是釋經文的物有本末。曾子先引孔子之言説道：若論聽斷詞訟，使他曲直分明，則凡明哲之官，忠信之長，皆可能之。我也與人一般，不足爲難。必是使那百姓每相愛相敬，自然無有争訟，乃可貴耳。孔子之言如此，曾子又申解之，説：那争訟的人詐僞不實，他的言辭

---

① 「鄠杜」二字原本如此，然據《漢書》卷六十五《東方朔傳》當作「鄠杜」。
② 據《漢書·東方朔傳》「餘」當爲「除」字之誤。
③ 據《徐氏宗譜》卷四迻録。原標「日講官徐光啓」，兹改爲今題。

多有虚誕，聖人能使那無實的人不得盡其虚誕之辭，此豈刑法以制之哉！蓋因盛德在上，大能畏服民之心志故也。如何謂之大畏？《書》曰：「德威惟畏」，又曰：「惟天明畏」，聖人使人畏德，從心志上發出來，與畏天一般，豈不是大畏所以能化詐僞爲誠實，自然無有顛倒曲直，以虚辭相争訟者矣。夫無訟是民德之新，所以使民無訟是己德之明，必己德明了，然後能使民無訟。可見明德爲本，在所當先；新民爲末，在所當后矣。所以說，此謂知本，而經文所謂物有本末者蓋以此。臣謹案此章所釋者，明德爲本，新民爲末，新民的條件甚多，這裏只說個聽訟是爲何？訟者争也，天下本無事，其有事者皆起於人心之争，争之端還是訟，争到那極處就是亂了。所以一家不争便是家齊，一國不争便是國治，天下多不争便是天下平。如唐堯之聖，史臣稱之，不過說「克明峻德」，「九族既睦」，「平章百姓」，「協和萬邦」。說個睦，說個平，說個和，總來也只是個不争。可見使民無訟一言，便該括得那齊、治、均平的道理。蓋惟我皇上天縱神聖，同符帝堯，御極之初，首留意於蕩平正直之治；蕩平正直，就是不争的極至。那偏黨反側，却是争的源頭，伏願我皇上日新聖德，如大明中天，使天下人的争心争氣，如冰消霧釋，何偏黨反側之有不化，何蕩平正直之有不臻！《中庸》所謂時靡有争，則不賞而勸，不怒而威，馴至於篤恭，而天下平矣。臣不勝惓惓。

## 先祖事略[1]

先祖西溪府君，諱緒。高祖廣文公家世清白，曾祖處士公以役累中落，力耕於野。生二子，次即府君。既而盡費其業，府君因棄去爲賈，家漸裕，孝養二尊人及伯兄夫婦。伯氏無子，獨一女，厚嫁之。生平和厚，與物無競，雖童幼與均禮，終身無詬誶之言、憤怒之色。所與交，雖市闤中人無大人，游必擇其行誼卓絶者。逐什一之利，絶無市心，廉賈五之，竟以是獲饒。然遇有窮乏者輒施與之，弗吝也。早歲得疾，先宗伯生六年矣，有先姑，稍長數歲。於是邑中苦繇役，族衆流移，曾無期功强近之親；府君自度不起，擇於外姻中得尹翁，擇壻得俞封翁，以遺孤託之。尹翁操家柄，拓産十倍府君時。待先宗伯婚畢，盡以見歸，不私一錢。而俞公支門户，生子顯卿，成進士，官比部郎。兩翁者左提右挈，先宗伯賴成立，施及不肖啓，則府君人倫之鑒實貽之矣。比部君常稱府君醇德至性，誠心直道，有士大夫所不能及者，雖享年不永，而當徐氏中絶如線之際，竟能上繩祖武，下詒孫謀，於布衣處士之中，可謂絶類離倫者矣，蓋實

① 據《徐氏宗譜》迻録。

録也。孫男光啓謹述。

## 先祖妣事略①

先祖妣贈淑人尹氏，邑之集賢里人也。系雲間名族。及笄，歸先祖西溪府君。於時方食貧，勤身操作，昕夕不懈。孝事舅姑，以及妯娌姻戚，曲有禮意。既而家漸饒，則佐府君爲義，施舍無勩色。府君早逝，僅生子女各一人。淑人獨身教育，愛勞兼至。擇兄子尹翁操出納，擇壻俞封公使當户，而寬先宗伯肆力於學。亡何遭倭燹，邑未城，鄉里迸散，室廬貲産焚廢殆盡。淑人挈子女流移避難者四年；寇平，收合餘燼，復數年，稍稍還舊業。尹、俞二翁皆有子，延名師訓之，而俞公子顯卿成進士，爲比部郎。初遭不造，子母煢煢孑立，淑人撫兩翁皆如子，與同爨；兩翁亦同心夾輔，一切出入皆禀承淑人，無私蓄。淑人感其意。兩翁子與先宗伯婚娶畢，則出所藏三分之，不以私先宗伯也。既析産，復被胠篋之盗，家更中落，而淑人怡然不以介意。菽水之養，甘於三牲，享年八十，守節者五十年。有司旌門廬表之。計淑人之婦若母於徐

① 據《徐氏宗譜》迻録。

也，起家者三，中躓者三，而竟以啓佑後人，使先業未墜。藉六七十年中不有淑人，徐其汜矣！啓事淑人二十三年，每以亢宗期許，而不獲一見成立，追維昔人風木之悲，負米之恨，可勝痛者哉！孫男光啓謹述。

## 先考事略①

累贈通議大夫禮部右侍郎兼翰林院侍讀學士懷西府君，諱思誠，生平剛直悃愊。六歲而孤，事先大母尹孺人四十五年如一日。好施予，先世稍有遺資，親故或稱貸，負去輒不問。産漸挫，甚至鬻田宅，親故伺己得直，輒復稱貸，負去亦不問也。族黨親戚有貧者、老者、孤者、寡者，輒收養衣食之。中年食貧，即疏糲與共飱，終不以貧故謝去。早歲值倭警，邑推擇大户給軍興，時出入公府。是後五十年不識郡邑門，所往還，喜鄉里耆德，或老農圃，緇流方外；若親戚顯貴者避之若浼，不論干請居間矣。迨不肖既通籍，僅一赴鄉飲，過此亦未嘗識郡邑長吏也。嘗業賈，不肯屑瑟計會，復謝去，間課農學圃自給。衡門泌水，貧而能樂。少遭兵燹，出

① 據《徐氏宗譜》迻録。

入危城中，所識諸名將奇士，所習聞諸戰守方略甚備。與人語舊事，慷慨陳説，終日不倦，間用己意指摘前事得失，出人意表。博覽强記，於陰陽醫術星相占候二氏之書，多所通綜，每爲人陳説講解，亦娓娓終日。晚年悉棄去，專意修身事天之學，以惠迪清昇爲宗。遷化之日，夷然處順，語不及私家事。歿後，篋中檢得一劄，以訓不肖曰：「開花時思結果，急流中宜勇退」，蓋前數月所書也。若豫識去往之期，且如見不肖他日事云，豈有清明早知耶？抑神惎之謀耶？嗚呼！男光啓謹述。

## 先妣事略①

累贈淑人錢氏，儒家女，笄而歸府君。事先大母以孝聞，處妯娌以和厚聞。未幾遭倭燹，邑未城，族里奔迸，先淑人左掖大母，右持女兄，草行露宿，每休止叢薄，則抱女坐水深流急處，擬賊至，便自溺也。賊平，先大母收餘燼，分授子女，頗有簪珥服物。見親黨匱乏者輒施予，稱貸不責償。晚年貧甚，而好行其德不勸，有告急者，解衣脱簪猶故也。性勤事，早暮紡

① 據《徐氏宗譜》迻録。

績，寒暑不輟。訓不肖及女兄弟，生平未嘗楚辱駡言；有所欲敕戒，則不言笑者數日，待兒輩侍立垂涕，度悔改乃已。不肖幼讀書，間及兵傳，先君子少涉喪亂，喜言兵，弗禁也。淑人每語喪亂事極詳委，當日吏將所措置，以何故成敗，應當若何，多中機要，而獨甚惡兒習兵書。檢得册中有兵刃圖像者，弃藏之；聞邑中先達有以建言任事被斥者，輒嗟吁，爲人言：「我兒若顯，遂必爲彼所爲。今雖貧，不得志公車，吾不恨也。塞上之馬，安知禍福所在耶？」嗟乎！不肖他日以兵事見，徒爲聶政之母，既以天年終耳，數幸免焉，差足慰母氏于泉下哉！男光啓謹述。

## 告鄉里文 時年庚戌，水災①

近日水灾，低田淹没。今水勢退去，禾已壞爛，凡我農人，切勿任其抛荒。若尋種下秧，時又無及，六十日烏可種，收成亦少。今有一法，雖立秋后數日，尚可種稻，與常時一般成熟。要從鄰近高田，買其種成晚稻；雖耘耨已畢，但出重價，自然肯賣；每田二畝，買他一畝，間一

① 增訂者按：據明崇禎《松江府志》卷六《物産》迻録，采自曾雄生：《〈告鄉里文〉：一則新發現的徐光啓遺文及其解讀》，載《自然科學史研究》第二十九卷第一期（二〇一〇年）。

科，拔一科；　將此一畝稻，分蒔低田五畝；　多下糞餅，便與常時同熟；　其高田雖賣去一半，用糞接力，稻科長大，亦一般收成。　若禾長難蒔，須掠去稍葉，存根一尺上下蒔之。　晚稻處暑後方做肚，未做肚前盡好分種，不妨成實也。　若已經插蒔，今被淹没，又無力買稻苗者，亦要車去積水，略令濕潤，稻苗雖爛，稻根在土，尚能發生，培養起來反多了稻苗，一番肥壅，盡能成熟。　前一法是江浙農人常用。　他們不惜幾石米，買一畝禾，至有一畝分作十畝蒔者。　後一法，余常親驗之。　近年水利不修，太湖無從泄瀉，戊申之水，到今未退，所以一遇霖雨，便能淹没，不然已前何曾不做黄梅？　惟獨今年，數日之雨便長得許多水來。　今後若水利未修，不免歲歲如此。　此法宜共傳布之。　若時大旱，到秋得雨，亦用此法，不信問諸江浙客游者。　凶年饑歲，隨意抛荒一畝地，世間定餓殺一個人。　此豈細事，願毋忽也。

## 重修天津衛學宫記①

余曩僑寓津門，有事畚鍤之役，與津之諸士紳遊，詢知津故無學。　學於正統改元初，朱揮

① 據康熙《天津衛志》卷四迻録。

使勝捐舍基建之，嗣倪揮使寬請增廣生二十名，僅與邑額埒，道化翔洽，人才浸盛，科第蟬聯，津成文明勝區。至萬曆四十六年間，廩生張希載援潼關例，間關伏臘者三，始獲奏允廩貢如州制，淹滯頓疏，青衫輩益争淬勵矣！余猶記學宫偏設東關，歲歷滋久，諸圜垣、射圃、異井、種亭榭，咸就頹廢，墜址多爲左右侵占，水道湮塞，淫霖爲浸，無歲不苦傾圮。諸生曾聚愬力争之，近稍稍釐正，猶以未盡復規制爲怏。迨王涵一憲長真心惠愛士民，改圖重修，雖以直道難容，調去不果，臨發仍留二百四十金貯司帑，踰歲藉此略一墐漏廢頹，差足觀美。數禩來風雨侵凌，蟲蠹毀剥，自殿廡以至祠齋堂舍，所在頹檐破壁，納日星，浥霜露，甚者垣垝唐汙，棖欹扉壞，幾不可俎豆臯比矣！

客歲，閭南石使君奉敕兵備於兹，甫下車，謁廟周覽，慨然興嗟，直以崇修鼎新爲己任。旋值羽檄旁午，猝猝未遑。戊辰春，聖天子龍飛啓運，鯨波不揚，政通人和，使君亟檄清戎王郡丞專董厥役，郡丞饒材幹，毅然承之，朝夕以黌舍爲署，分任弁吏，程其功而廩之食，井如也。經始於初夏，落成於季夏，蓋不踰一季，廢者增，敝者新，髹黝丹雘，軒翔炳燿，翼翼乎改觀矣。工甫竣，使君復捐十萬餘緡錢，爲津創置雍陽邑腴田二百畝，用資寒生之弗能舉火婚葬者，恩更渥也，是皆從來未有之舉，津人士抑何幸獲此厚遭哉！博士吴君道行、韓君自立、廩生馮生天澤、張生希載、張生夢辰、趙生念祖，慶其不世之遇，懷其興造之功，向余問記而鐫之石。余聞之，不覺欣欣是役之數善備而厥成茂也。

余思今之當官者率諱言土木之役，慮夫宫室至百楹，勢必役衆費鉅，奈何以其身爲怨府、爲耗蠹？又虞任一弗稱，僅飾故爲新，刻楪爲麗，虚耗金錢而無裨。况時值三空四盡，田賦無正額，帑藏無餘羨，舉何容易！乃使君以節縮八百餘金，不以自用而用以修學，更以俸贖佐之，此其善善在不傷財。亦不忍驅役閭閻，藉伍卒餘力，日加犒下慰勞焉，並梓匠瓦墁之徒，俱予以厚值，子趨不倦，此其善善在不勞力。堅欲竹苞，密欲松茂，丹堊欲翬飛，至水道浸没民間者，督濬如故，此其善善在以誠。不以文較興廢，與當道相倚伏，人文盛衰，又與學校相倚伏。津學久苦圮而俄美輪奂，久缺田而俄創膏腴，起廢衰爲興盛，至今日爲極美，非剥復之一會耶？

使君振作既什倍於前，則英才蔚奮濟濟，亦什倍於前。往者津門先達，策高第仕爲國華，堅爲國楨，如世廟時建制府中丞之纛者，勳名爛然史册，諸士典型具在也，代興者豈異伊人任乎？此其功妥聖靈，興人文於無斁，尤彰彰也。嗟嗟！善者一時，而覩記在吾人，吾將持書符之輿論，功垂不朽；而仰承在多士，多士勉矣！使君善政豐功，纍纍不具論，兹興學其最鉅者。

使君諱聲諧，號鳳亭，陝西成固人。登癸丑進士。王君諱秉衡，陝西平凉人，躬督底績。别駕蘇君諱鴻蹢，四川蓬溪人，新涖兹土，例得並書。崇禎二年歲己巳孟夏穀旦，賜進士第詹事府協理府事經筵日講太子賓客禮部右侍郎兼理翰林院侍讀學士吴淞徐光啓撰。

## 重修張大中丞公墓碑記[①]

賜同進士出身光禄大夫禮部尚書東閣大學士徐光啓撰文

賜同進士出身，光禄大夫禮部尚書，東閣大學士錢象坤篆額

賜同進士出身資善大夫禮部尚書兼侍讀學士李康先書丹

〔公〕之先出山東青州諸城縣，遷天津者五世，至都御史大夫東居公而張始大。□皇帝庚戌時[②]，虜入古北口，所殺掠以數萬計。京師大震，而三大營盡老弱不足以軍。公時初巡撫延綏，盡拔其麾下精騎及□一萬入衛，而時簡練召募以補之。於是各路援兵俱至，虜薄都城，無

① 增訂者按：《重修張大中丞公墓碑記》撰于崇禎五年，存《天津縣新志》。墓主張愚（字若齋），天津人，爲嘉靖間抗虜名將，墓圮，其後人請徐光啓撰重修碑記。此碑記歷次徐光啓集未收，上海市文物保管委員會編《徐光啓著譯集》收入影印件。

② 原碑殘，《天津縣新志》録入時以「闕」字代之，今改以「□」符號，示缺。以下同。

所得，逡巡出塞去，九鼎以安。□履任僅六閲月，遂晉副都御史，巡撫延綏如故。公至延綏一年，身拊循其士卒。所指授方略，激昂大義，益芻餉，禁侵漁，礪□峙儲，與死士相勞苦。如備兵延綏時，軍中感憤樂戰，有投石超距之氣，皆願得一當虜。而公特嚴防禦，以伺叵測，不欲□功。所修築城堡墩臺四千六百，所恃有備以無患。每遇虜入寇出拒戰，斬首輒百許級，所獲名馬器械，以數千計。時套□入犯，輒不利，乃相戒曰：「張太師在，我何爲自貽伊慼。」於是督府及部使者上功格，□賓鈔飛魚錦嘉勞之。未及滿秩而卒，奇謀秘畫多不傳於世。禮官爲請□祭，一壇録其子元性入太學，以旌戎功。蓋異數也。公既卒於任，而元性與諸子俱少。旅旐言歸，閒關數千里，沐風煙□，扶服至瀛，夫人季爲襄大事，嘉靖甲寅十二月二十七葬於楊柳青之原，東西六十一步，南北六十三步，亥堂枕丙□步，有饗臺以便祭掃。又前十六步有□，之外二十四步爲墓門。門以内五步左右爲亭者四。一碑□表一碑墓記，而左右所列翁仲石物等如常儀。基圖弘廠，木石壯麗。松柏森蔚，風煙杳靄，真鉅觀也。歷年既遠，公□孫各祔葬於後，凡三封，皆枕丙趾壬如禮。而門以外去數十步，爲饗堂五楹，以春秋子姓聚集，治牲醪、致芬苾、薦□私，雖本支百世勿替引之矣。歲久圮荒，所在皆是，於是公之曾孫鯤翼悵然悲之，恐祀事之弗虔，先公之怨恫。□閒頓復舊觀，徵不佞爲記，而勒石以垂永遠。鯤翼之能纘戎祖考，振舉廢墜，余於是乎觀孝矣。因爲銘曰：

□賴之，家有鳳毛，丘墓焉依。桓桓中丞，節鎮西土。天驕來威，以篤明祜。上帝飆召，騎尾而升。王命三錫，賁爾幽□。□顯亦世，司農司臬，秦晉攸芘。宜爾子孫，振振繩繩。春霜秋露，是嘗是烝。

□壬申六月上浣之吉，仝督修曾孫太學生張延年勒石。

## 景教堂碑記①

我中國之知有天主也，自利子瑪竇之來賓始也。其以像設經典入獻大廷，賜食大官，與士大夫交酬問答，因而傳播其書，興起有衆也，自萬曆庚子利子之入都門始也。其莊嚴祠宇，崇奉聖像，使聞風企踵者瞻仰依歸也，自萬曆辛亥利子之賜塋授室始也。利子以九萬里孤踪，結知明主，以微言至論，倡秉彝之好，海内實脩之士波蕩從之，而信者什百千萬不能勝疑者之一，何也？其言曰：「西儒所持論，古昔未聞也！」嗚呼！古人之前未有古人，孰能無創乎？天地萬物皆創矣，仰中國之有天教已一千餘年，非創也，何從知之？以天啓癸亥關中人掘地

① 據明刻本《熙朝崇正集》卷一迻録。

而得唐碑知之也。碑文所載貞觀至建中，累朝英誼，崇重表章，事辭頗悉，今已大行世，不具論。獨是太宗以後歷玄、肅、代、德，建寺度人，殆遍天下。聖曆、先天稍爲下士所笑，開元御宇，益振玄綱，乃至五季之世，昬霿彌天，遂從湮息。迄兹千載，然後貞石效靈，可見斯道也、契合於興朝，乖迕於亂世，沉埋泯没於傾危板蕩之時，昭明顯融於河清儀鳳之日，皇皇真宰，默自主持，豈人力所能擬議哉！鋪觀前後隆替之繇，在唐則法壇道石，所在皆是，上自帝王，下迨房、郭諸臣，信嚮綦殷。而西來經典，如云廿四聖舊法，廿七部真經，翻譯較少，以故百年以後，遺言遺書蔑如也。近來教士，願力弘深，畢世鑽研，抑首著述，所譯内外諸篇，日增月益，如川方至，如日方升，寖盛寖昌，殆無窮竟。而和宫精宇，稍遜盛唐。蓋自辛巳以來，於端、於韶、於洪州、於白下、於武林、於三吴，往往自築精舍，或僦居廛郭耳。頃年一二耆宿，周行秦晉，所在名公，延留居止。於晉絳則有兩韓孝廉①，信向尤爲篤摯，爰始爰謀，圖維卜築，將以崇嚴像設，奠安道侶。乃擇於城之東南，捐貲創建，爲室若干楹，因馳書數千里屬余記之。余惟真主恩施，窮天罄地，無物可酬，人類中稍足自效者，惟信德爲首。信有多端，崇奉其一，倡

① 按康熙《絳州志》卷二：韓雲字景伯，萬曆壬子舉人；韓霖字雨公，天啓辛酉舉人。韓氏兄弟皆從徐光啓學兵法，皆曾遊雲間，此文疑爲光啓天啓間家居時所作。

導其一。有唐之總仗賓迎，特令傳授，崇之謂也；義寧首建，延及諸州，倡之謂也。其在於今，若孝廉之萬里將迎，捐資營造，可謂崇矣；肇立景門，獨有欽賜一區，至於郡邑，則涵旨絳爲始，可謂倡矣。繼自今而承風相效，人有肅心，豈非此舉實爲之嚆矢耶？凡事大者不速成，歐邏巴數十國暨其他國土以千計，今若於景教者，無不始乎乖睽，終乎翕順。遠者數百年，近者數十年，而後人心大同，教法圓滿。蓋真主所賜景福，盛大無比，非艱難歷試，不以輕畀其人耳。頃自利子以來，雖一甲子而近，乃自阿羅本賓唐，至於今一千餘載，不爲不久矣！以其時考之或可矣，況聖明御世，日月重新，盛德大業，十倍唐宗，皇矣鑒觀，得無意乎？天人之際，何敢妄意揣摩，則以禎符疊至，《景碑》同出之祥卜之也。是爲記。

## 鐵十字著①

近天啓乙丑，長安掘地得碑，題曰：大秦景教流行中國碑。碑首冠以十字，亦一證也。

① 增訂者按：據馮承鈞《景教碑考》（商務印書館，一九三六年，第六一七頁）迻錄。本文另外收入H. Haveret, La Stele Chretienne de Si-agan-fou, Changhai, 1897, p. 412。

碑中言：景教自唐貞觀九年，大德阿羅本始奉以入中國。國主大臣，如唐太宗、高、玄、肅、代、憲宗，及房玄齡、郭子儀之屬，悉皆遵奉。貞觀十二年，建寺于京師義寧坊。高宗令於諸州各置景寺，肅宗又於靈武等五郡建立。則終唐之世，聖化大行，上德唐賢，比肩林立，法壇道石，周遍寰宇，何況江右世載文明，盧陵素稱赤望，有兹事迹，豈足疑乎？天啓丁卯六月朔書。

## 造物主垂象畧説①

造物主者，西國所稱「陡斯」，此中譯爲「天主」，是當初生天生地，生神生人生物的一箇大主宰。且道天主爲甚麽生天。天有兩件：一件是我們看得見上邊有日月星辰的天，造這天與我們做蓋覆，造這日月星辰與我們做照光，此乃是有形的天；爲我們造的一件是我們如今看不見的叫做天堂，乃是天神及諸神聖見天主享受無量無限的年正福樂的居處，我們做好人爲天主所愛，後來命終，身形歸土，其靈魂亦得居於天堂，與天主神聖一同享受無邊無量永遠

① 增訂者按：據巴黎法國國家圖書館藏刻本，轉見於《天主教東傳文獻》(三編)，臺灣學生書局，一九七二年。本文提到「天主降生於一千六百一十五年之前」，寫作之年應即爲一六一五年。本文歷次徐光啓集未曾收録，考證參見李天綱《〈造物主垂像略説〉校釋》，載《跨文化的詮釋：經學和神學的相遇》，新星出版社，二〇〇七年。

真正福樂也，這就是如今看不見的天，是我們做好人纔上得去的。再說天主爲甚麽生地。地有兩件：一件是我們看得見上邊有山川人物的地，造這地來乘載我們，造這萬物來養育我們，此乃是看得見的地；爲我們造的一件是我們如今看不見的叫做地獄，乃是邪魔惡鬼及諸惡人受無量無限之年苦難的居處，我們做不好人得罪於天主，後來命終靈魂亦要墮入地獄，爲魔鬼所苦，與他同受無量無窮永遠真正苦惱也。這就是如今看不見的地，是我們做了不好人定要下去的。再說天主爲甚麽生神，當初造天地的時節，造出許多神，用他奉事天主，聽候使令，守護人類，扶植萬物，這神至靈亦純，是神體無有形質，神數極大，總分作九品，天主造成了這許多神，其大半誠心奉敬曲服于天主，謝造他的恩。故天主賜之入天堂，永遠受真福樂，我們在世賴他扶持，如今作好人，死後與他同住天堂受福，這善神就是如今衆人說的天神。衆神中有一個最尊貴名曰露際弗爾，天主賜他大力量、大才能。他見這力量才能便驕傲起來，要似像天主一般。九品裡邊有許多神，亂從露際弗爾傲心，與他背天主，所以天主同罰他下地獄，受無量無窮永遠真正苦惱。這神獨爲惡、不爲善，常受苦、無福樂，這是衆人說的邪魔惡鬼。天主容他在此世界陰誘世人的心，一則以煉善人的過失、增善人的功德，一則以罰惡人的罪，使改惡遷善。人不識認天主，不能力行善道，便要被他哄誘了去，做許多惡事，死後便與他同在地獄受苦也。再說天主爲甚麽生人，生人的意思與生天神的意思一般也，只要我們奉事天主，便立功德得升天堂受福。後來我們不肯純一爲善，就分了兩箇路頭，一路是善，一路是惡。世界上又有三件甚能哄誘我們爲惡叫做三仇，第一仇是肉身，我身上的耳、目、口、鼻四肢，要被這些聲、色、香味、安佚等件引誘去，便爲惡；第二仇是世俗，外邊這些風俗習慣的事、人情，大家喜歡的事，把箇人埋没在裡頭，難跳出去，便爲惡；第三仇是魔鬼，他的計較又多，或把肉身世俗上的情欲引誘人，或把功名富貴引誘人，或把陰陽術數，詭説先知，謂可趨吉避凶引誘人。或造假經假像，説道祭祀，他奉承他便可求福免禍引誘人，人纔中了他的計較，便爲惡。有此三仇，所以我們爲惡最易、爲善最難也。世人亦大槩都被三仇引去入了地獄，豈不辜負了天主生人的聖意？所以古時天主降下十戒來使人遵守，使人不被這三仇引誘去。若人真能守定十戒，無所干犯者，必定不被三仇引去，必定可升天堂、免墮地獄也。那十戒在《天主教要》上只説得箇題目，中間還有道理要曉得，畢竟要與傳教的仔細講解，方得明白、方能遵守。古時天主雖然降下十戒，有許多聖賢講解勸人遵守，却因這聖賢都是人，他没有力量赦免得天下萬世的罪過，到這聖賢自家身上曾有的罪過，更不是自家赦免得的，所以天主自家降生爲人，傳受大道，把自家身子贖了天下萬世人的罪過，然後人得并于天堂，其改惡爲善，免于地獄都不難。天主降生于一千六百一十五年之前，歲次庚申，當漢哀帝元壽二年，名曰耶穌，解曰救世者。上邊供敬的正是耶穌聖像也。降生爲人三十三年，在世親傳經典，揀選宗徒十二人，顯出許多聖蹟，都在天主經典上，一時説不盡。及至後來功願完滿，白日升于天堂，遺下教規，令十二宗徒遍行于世，教人知道天地間只有一造物真主，至大至尊，生養人類，主宰天下。今世後世，賞善罰惡，乃人所當奉事拜祭的。其餘神佛天地、日月衆星，都是天主生出來的，不能爲人的真主，不當拜祭。又教人知道人的靈魂常在不滅，今世當守十戒、爲善去惡，雖曾犯有過失，如今聞了耶穌的聖教、從了耶穌的遺言、誦了耶穌的經典，却把從前的罪過悉祈天主赦免，立意赦免之後必常守十戒，遵行不犯，命終之後其靈魂必得升天堂、不墮地獄也。這十二宗徒散布天下，傳教于萬國，自近及遠，到今一千六百餘年。天下許多國土，但是耶穌聖教大行的，其國中君臣士庶老幼男女一心爲善者多，其地方永遠昇平和睦，所以人人得安意爲善。其中讀書學道的，一心要推廣天主聖教，使萬國萬世人人得升天堂，所以發心輕世願，離了本鄉，勸化遠方，這是何意？一則爲天主宣傳聖教，是于天主位下立了功勳；一則天下人同爲天主所生，就是骨肉一般，勸得人識天主，改惡爲善以免地獄、升天堂，是又有益于人，所以雖出海外百千萬里，亦所不辭；所以雖遭了風波、虎狼、蠻夷、盜賊之災，亦所不避也。若説有天堂、地獄，雖然未見，却是實理，且看古今善人爲善，惡人爲惡，世間何曾報得他盡？若非死後天主報他，豈不枉了善人、便宜了惡人？所以説天堂地獄不是虚無玄遠的，今雖不見，待我們見時又翻悔不轉了，所以要及今翻悔轉來。只要真天主自然赦罪賜福，不要説如今、就是臨終時一刻，聽從了天主的教法，也還翻悔得轉來，直到氣盡了罷了，萬萬無及矣。但天主教中説箇爲善去惡都要遵依了十戒，從自己身心上實實做出來方是。説箇改過悔罪，都要將自從來過失真心實意痛悔力除，後來不敢再犯方是。若不是這等的真實，今世必定要被三仇引誘，後世必定下地獄，不得升天。天主豈是欺瞞得的？天堂豈是僥倖到得、地獄豈是僥倖免得的？如今釋、道家要人施舍些錢財、備辦些齋飯、燒化些紙張便是功，果便要升天堂、脱地獄，此必無之理也。恐見者不察，謂天主聖像與釋、道二家的像一般，故略説其理如此，若要明白，還須細細講，解玆不能盡述。

「維皇上帝」語出《詩》、《書》，學者信之，未有疑其無者。「天主」即「上帝」别名耳，今非疑爲無、即駭爲異，是知二五而不知十也；知魯有孔子，不知即仲尼也。亦狃於積習之過矣。或者曰吾所信者無形無聲之上帝，今繪之爲象、演之爲教、不殊人類，似反褻之，故不敢信。曰：上帝之靈，包乎天地之外，超乎萬物之先，既可造無爲有、化有爲無，則宇宙之大，何所不有？正顯上帝全能。安見執無形無聲必爲上帝、有形有聲必非上帝，而我以凡夫意見反欲高過造物主宰也，獨非褻乎？今奉天最虔，無如回回，亦不設像，不識儒者以彼爲是耶、非耶？至釋氏琳宫梵宇儼然象教，又來自異域，舉世習而安之，何也？若曰佛教其來已久，故不疑，是不問是非、惟計新故，已非通論。況久之先必有福矣。今之初，後即久矣。不能充類，豈稱達觀？即積習之説，亦有所未通也。要之能測其理，説無亦可，説有亦可。不求其故，説有已非，説無尤非。楊廷筠識。

## 闢釋氏諸妄①

釋氏不知人魂歸於何所，創爲破獄施食燒紙等説，以誘愚痴。誕妄鄙淺，齊東野人，本無足辨。然習俗久矣，賢者不免，姑爲拈出一二義，砥柱狂瀾，庶江湖猶知返乎。

一，破獄之妄。

夫地獄以爲有耶無耶？無則罪人原自不入，可不必破；有則爲大主所設，堅於鐵圍，乃困苦冥魂者，竟爲無賴凡流，念數番言，獄破魂走，有是理乎？且破獄時，止放一魂乎？抑槩放衆魂乎？如止放一魂，是衆魂造罪，一魂獨以情面幸免，非平等觀，何以服衆魂耶？天綱偏私，先自主獄者失矣。此不可之大者。若佛法廣大慈悲，衆魂皆放，則一人破獄，衆魂得以

① 據鐘鳴旦、杜鼎克、黄一農、祝平一等編《徐家匯藏書樓明清天主教文獻》（輔仁大學神學院，一九八六年）迻録。本書另有梵蒂岡教廷圖書館藏刻本，臺灣學生書局《天主教東傳文獻續編》（一九六六）有影印。歷次徐光啓集未曾收録，今整理刊出。考釋參見李天綱《明末天主教三柱石文箋注》香港道風書社，二〇〇七年。

幸免，獄止待一人破足矣，地獄可以不設矣。且佛言既有靈驗，何不將陽世囹圄，念動真言，一試其能破否乎？夫不能破之於陽，而專能破之於陰，此必不得之數也。倘地獄可破，則人之權，反重於大主。然陽世雖極惡人，有錢者皆能脩齋破獄；雖極善人，無錢者難以設供，召僧必如所云，是地獄亦有錢得生，無錢得死也。冥魂日鬧於泉壤，坤維不寧矣。此破獄之最妄者也。

一，施食之妄。

佛氏以爲念咒設供，則遠近冥魂，齊來赴會。夫既有地獄以禁冥魂矣，而主之者又云爲地藏王菩薩，與十殿閻君，當聽咒時，獄主開門，不分輕重，不問姓名，令其一齊争出乎？抑挨次點名，令其魚貫有序乎？若魚貫有序，則施食已完，名點不盡；若一齊争出，則冥主無從稽考。就使一齊争出，還令一鬼押一魂乎？抑任其飄蕩，使之自去自來乎？若任其飄蕩，自去又復自來，冥魂無此痴蠢之理。必若一鬼押一魂，則安得許多空閑獄卒耶？且東家之齋事未完，西家之齋事又起，倘赴東不赴西，魂爲揀擇取舍；倘東應西不應，咒又爲有靈有不靈，如凡施食之地皆赴，則魂終年在世，饗用優游，爲極樂場，而地獄中獨一幽冥教主地藏王菩薩與十殿閻君，相對守空獄而已。地獄之設，不滋多事乎？大主設之，而佛氏廢之，是庶人有靈而天子無權也。此施食之妄也。

一，無主孤魂血湖之妄。

釋氏又云，我所召請者，非冥司魂，乃無主魂。有百千不等之死，有百千不等之魂，皆屬在外孤魂野鬼，不受獄收，豈地獄中以有他魂爲有主之魂，而地獄外盡不收之魂爲無主乎？豈外鬼可施以食，而獄鬼獨不可施以食乎？况人魄降尸僵，業已死矣，游魂則或升天堂、或入地獄，即孝子順孫、四時享祭，不過盡生者心，冀其洋洋如在耳。是有主之魂，尚不敢必其來格，况無主閑散孤魂飄忽流浪，身形既無，復有何嗜欲而生饜飫乎？且天命謂性，無論人與鬼，皆上帝爲主，即飄泊數萬里外，盡爲上主統攝，非無主者。無則雖子孫滿前，死魂亦孤。其福也禍也，總由不得自己，又求不得他人，自是無主孤魂，豈可以客死者爲無主、以家死者爲有主乎？季札所謂魂氣無不之者何謂乎？又以有後者爲有主，無後者爲無主，寇萊公、王孝先、鄧伯道輩皆無子，皆無主孤魂乎？魂與人生死異路，原無不孤之魂，雖常平四十萬一日偕死之魂，亦自家心性自家知耳。總是孤魂，總聽上主賞罰，謂有主孤魂可也，謂無主孤魂不可也。主謂上主，原非人主，即入地獄者，亦路祭弗爾爲主，而不由人所主也。若人可爲主，則人子然一香、設一供，皆可呼之郎來，上不由上主，下不由冥司，又不借重僧道念咒矣。且念咒時，云萬里孤魂，一時俱至，吾恐一日之間有東家齋事，復有西家齋事，偏天下施食處所無筭，則此孤魂終年在世，享用逍遥，而地獄中魂嗷嗷受餒，反爲無主者矣，不若在外之孤魂野鬼矣。何德於在外孤魂，而絶恩於在内諸魂乎？此必無之事，愚僧妄僭主權，不知當入何等地獄。

若血湖池獄，更屬悖誕。設産婦血污有罪，則上主不該令産婦生人，以生産爲陷穽，害天下萬世婦人矣，有是理乎？況婦人之血，在上爲乳汁，在下爲月經，言其月月依期而至，愆期曰病，豈婦人所喜有者？惟受孕以經盡包含而成，天施地生之道也。若無精血交媾，不能成胎，又豈婦人所喜無者？子在母腹九月，必資血而長，臨産必俟血行而生，無血則兒不下，是知此血爲生人之至寶，無血則成乾血癆矣，烏得云罪耶？據佛所云，衆生艱嗣，念我求我，即生男女。既生男女，是佛之靈生之也。佛之靈既生無罪之男女，何乃貽有罪於父母？不幾父母之求男女者，反自求加其罪乎？多一男女深一血湖，是以男女爲餌，而以血湖爲阱也。佛經能免血湖，則不必自造血湖，佛力不能造血湖，又不能免血湖，是狐埋之而狐搰之，不亦自相攻擊之大誕乎？良可笑矣。此等皆不必辨、亦不必多辨，明者自解之。

一，燒紙之妄。

自古祀典惟用牲醴，所謂事死如事生，事亡如事存也。故設其裳衣，薦其時食。即祀天地山川諸神，不過牲牢圭璧幣帛止耳。未有焚化紙錢，如今人用金銀錁錠，鏨楮爲錢，又彩畫圖像，火焚爲敬者也。嗚呼，塵世貪財，爲衣食計耳。天上神明，無求不得，至公無私，何用衣食？何用假錢紙灰、以買衣食乎？豈人見爲紙灰，而鬼神反見爲真錢乎？若果見爲真錢，是鬼神由人兒戲，不必燒紙矣。若不見爲真錢，止見紙灰，則鬼神怒人兒戲，又不敢燒紙矣。況彩畫圖像，指爲此係某神，彼係某神，付於炬火烈焰中，立成飛灰，不知神有何罪，必欲焚其尸、揚其灰乎？如謂神不在此，則不必焚，如謂神果在此，則不敢焚，人子雖極悖逆、極頑冥，未有焚祖宗遺像爲孝者，何獨繪神像而焚之爲敬乎？神如有靈，吾知其必加重罰矣。至於楮錢金銀錁，當其未焚，不過紙耳，豈既焚乃有靈魂、變爲真錢真金銀乎？即真金銀，天神亦無所用，況假灰乎？且錢法歷代之制不同，各國之式又異，何獨以楮錢而歷代各國守之如一乎？則亦不究其源矣。自古作俑、設衣裳、制明器，始有焚帛之禮，意生者曾用此，死或不廢此耳。至唐玄宗開元二十六年以王璵爲祠祭使，因物力不給，始改帛用紙爲錢以祭。夫以楮爲帛，矯誣甚矣，況又以爲錢乎？如楮果可爲錢，玄宗以前鬼神俱無錢用矣。如楮不可爲錢，又何取塵世之造爲欺罔、污穢神明耶？吾誰欺，欺天乎？然楮起自蔡倫，則秦以前且無楮矣。太公造九府泉法，則周以前並無錢矣。無楮則無紙錢，並無金銀錁，鬼神何幸富于王璵既生以後，何不幸貧于王璵未生以前耶。何幸以正直無私、潔於王璵未生以前，何不幸賄賂贓私、污於王璵既生以後耶。今乃各山進香，以焚化紙錢多寡爲厚薄，而釋氏又演出預修寄庫等誣說，以誘人死後地獄用度之費。夫預修者，生前先備以待死後去用也。寄庫者，將楮帛作爲金銀錁錢衣飾冥資等物、焚之以寄於地獄之庫也。云地獄者，比之監牢也；監牢，犯罪者萬不得已而入之，欲求出而不可得，世間焉有人不犯罪而先將銀錢買監牢去坐乎？若此則雖至愚至痴之人，決所不爲，而況設預修寄庫而買地獄永久之殃乎？且也人獨不思欽崇天主，爲善向上，死後歸於天堂，反溺於惡，而預爲焚修，甘心下地獄也。又者祖宗父母藉此追薦，以爲超生出獄，殊不知祖父等去世多年，善惡賞罰，天主已定之矣，而若子及孫焚修于世世代代，忍擬祖父永處于地獄，孝乎？不孝乎？又謂少冥司錢若干，以在世焚化錢紙多寡爲貧富，總屬欺上主、無敬忌。名爲事神，實係侮神；名爲事祖，實係衊祖。吾不知此輩當得何報矣。今而後燒神像於空中，不如存主像於心内；焚楮錢於冥漠，不如修實德於身心。常留熱愛，不致灰冷，便是日夜燒真金銀耳。

一，持咒之妄。

釋以咒爲佛氏真言，持誦千萬遍，隨求即得，是以有諸佛菩薩等咒。而今之準提咒，徧天下矣。此佛方曰持我咒，可以求官位得官位、求男女得男女。彼佛又曰持我咒，可以求官位得官位、求男女得男女，果諸佛菩薩自與之乎？抑代祈上主轉與之乎？若説自與，則諸佛菩薩亦父精母血所生，與人類等，原無禍福之權。若代祈上主轉與，則人或可自祈，何勞諸佛菩薩僕僕作通事，作禀事吏耶？且呼此名，則此去禀某事，呼彼名，則彼又去禀某事，何異獻媚小人望尊長顔色、聽尊長聲音，一呼百諾者耶？設使持咒可以與男女、富貴，未知各佛菩薩與各樣之男女、富貴乎？　抑與一樣之男女、富貴乎？　如有各樣，則官上加官、子外添子，一持咒而人不可勝用矣。以多寡爲强弱，持誦應有炎凉，如係一樣，則男女、富貴無有差異。誦一佛咒而彼佛不能加於此佛之外，又不必政出多門矣。即諸佛菩薩方聽此人呼唤，又聽彼人呼唤，方代此人祈求，又代彼人祈求，惟恐一人不驗則自家没趣，及持誦既久，茫無效驗，始諉曰爾心未誠、誦未久，迨誠矣、久矣，終不驗，又曰前世多愆，宜持至來世，以期後效。夫佛咒果靈，則一語亦效，如朝廷頒旨，只在一字一句，無不奉行，若其不效，如乞兒蓮花落，終日叫街何益乎？是以舉世持誦，而貧苦孤孑如故也。未有在世爲人，無一權柄，死而爲鬼，乃爲千里眼、順風耳，鬧聚傳送，探人意向，爲人奔走、無頃刻暇，且隨禱即應者。死生有命，富貴在天，各有定限，而佛咒必敢於逆天，以破此限，何異天王已封建厥國？一夥賣菜傭相噱曰：不必天王，但念我小張小李，便爾公爾侯，不大可笑乎？　且咒盡胡言黑語，不可番譯，捏爲肉髻湧出，此即猻行者之毫毛變化也，醜矣。或曰：某富貴人亦曾持咒。曰：不知是人或有微善，不功天而功佛，是逆子承父之産，而拜隣丐爲生身也，其罪莫贖矣。作善降祥，積善餘慶，此天主咒當持。請思之。

一，輪廻之妄。

釋氏所云輪廻，以爲舊靈魂乎？　以爲新靈魂乎？　若係舊靈魂，則是靈魂有數也。今日之人必用當日之魂也。上主何巧於造初生之魂，而拙於造後生之魂耶？魂既有輪廻矣，無論大者，即食一魚，而永世之業報不盡，如蝦蟹蚊蛤種種多命咸來索取償報，不百年而人類盡矣，胥化爲四生六道矣。何三代以後之人日新月盛，不可窮詰，億萬多於上古之人耶？若係新靈魂，則天命之性無時不生，後來之人自不借于上古之魂矣。父精母血，人類猶可以傳新肉身。而上主爲大哉乾元，至哉坤元，豈不能造新靈魂耶？既可以造新灵魂，則此身必不借資彼魂矣。人死而魂受應得之賞罰，則一魂之事已畢，又有新魂以禪之，如肉身既朽，不俟彼肉身以爲此肉身矣。有形之肉身且不相貸，而况無形之灵魂反相貸乎？如謂肉身雖多，灵魂不再，則魂既化爲異類矣，又將何魂以爲人乎？若魂止于變遷流浪、輪廻爲人，又不得有魂輪廻、以爲四生六道矣。即人之輪廻，復轉生爲人，將父或爲子、母或爲妻，皆天心所不忍。倘謂轉爲異類，則人子將食親肉而寢親皮，乃桀、紂所不爲。而至慈上主令人爲之乎？蓋人之魂與四生六道之魂，靈蠢原殊，孟子所謂犬之性不猶牛性，牛之性不猶人性者也。或曰：人無輪廻，何以有富貴貧賤之不同？曰：正爲無輪廻，方有富貴貧賤之不同，即人身有首有足，如人皆爲首，無手足任其勞，大小便出其穢，不成人矣。世界止有一天，而無地何以載？天止有一日，而無星月雲露何以覆人？世止有一君，而無百工伎藝何以使？孟子謂無君子莫治野人，無野人莫養君子，天下之通義也，不關前世輪廻也。作善認主，雖貧賤亦得升天，作惡悖主，雖富貴亦應附獄。長江後浪催前浪，豈浪亦有輪廻乎哉？朱子謂輪廻之説止可以愚傭夫爨婢，不意今士君子反信之，妄指因果，謂某人曾説前世事，以訛傳訛，茫無實據。設億萬中偶然有一，亦誕魔暫時附會，久則如夢，不足爲信。蓋上主日後審判，肉身復活，各還原體，倘有輪廻，將還前生之原體乎？後生之原體乎？信上主，自不信輪廻矣。人且無輪廻，則四生六道更無輪廻矣。牲可得而殺，人可得而養，恐懼修省，及時寡過，以爲歸根復命之地，西儒另有專書備論，不暇詳説也。

一，念佛之妄。

釋氏勸人修浄土、念南無阿彌陀佛，徑往西方，即得蓮花化生，爲横出三界。夫阿彌陀佛，以爲人耶？神耶？理耶？如爲人，則父精母血等耳，即與盤古、伏羲、堯、舜相類，亦無變化生死之權；如爲神，則風雲雷雨之司，與社稷山川之吏，皆奉上帝，各勤厥職，察人間修省善惡，功罪大小，一禀主命，以行賞罰，未有敢自刱一境土，自栽一蓮花，以爲諸魂投胎化魄之所，無論不敢抑無此能；如爲理，則彼言阿彌陀佛，此譯無量壽覺，文言無量壽覺，即俗言常遠明白之謂也，「南無」譯言「皈依」，即俗言投順也，夫投順常遠明白，未指常遠明白者何事，既然心明則不必口念，既然口念則心終不明，所謂知者不言、言者不知也，念者不明、明者不念也。若説念佛爲念想之念，非口念也，念既在佛矣，虚無渺茫、妄思幻理，有何實據？誰引冥魂赴於蓮花池上耶？　若以爲因想成像，如俗傳趙子昂好畫馬、現馬形之類，則人之貴於異類者，以其有靈魂也。異類之賤於人生者，以其無靈魂也。若人生於蓮花，是以無知生有知，以極賤生極貴矣。試觀中國桃樹不能李花，池藕不能結他果，而蓮花乃能生人乎？　如謂蓮花爲出水不染，借喻清浄之義，則化生爲誕妄不實；　如謂蓮花實能化生，甚於莊子程生馬、馬生人，怪誕不經極矣。且是蓮花以金鉄作莖鬚乎？　不然，則擎托人身不起，抑人身以蝶粉爲軀殼乎？　不然，則棲住蓮花不安，又不知自蓮花生出後，如嬰辭母胎，亦躍出池外，另尋安樂窩乎？　或永世如桎梏枷鎖，生根在蓮花上，而不能去乎？　則亦何取生於蓮花乎？　伊尹之生於空桑也，儒者不信，指空桑爲地名，何獨信蓮花生人乎？　即上主之降誕也，亦借聖母瑪利亞純德至善人類以生，未聞生於慶雲景星也，况蓮花乎？　且釋氏以蓮爲貴耶？　人爲貴耶？　若以蓮爲貴，則以蓮花生蓮花足矣；　若以人爲貴，何不生於浄胎之人，而必生於無情之花耶？　釋氏著《妙法蓮花經》，彼地止見一蓮花耳。此無異遼東豕，而指爲人類轉生之地乎？　夫人身死後，止有天堂、地獄兩途，大地圓球外，原無西方極樂世界。天命謂性，則天是本鄉，當念念不忘，自可在帝左右，如不升天，則入土，非佛命之謂性也。佛，生乃人也，死乃鬼也，毋勞妄念也。

一，禪、宗之妄。

釋氏以明心見性即成佛道，而明心見性，不出禪、宗兩門。禪屬詳解，宗由立悟。掉唇摇舌，惑世誣民。彼於心性，無論不見不明，即見矣明矣，知而不行，有何干涉？况離根本乎？先儒謂佛氏知性，不知有天命之性，故言性不言天。又言天上天下，惟我獨尊。又言清浄法身，忽生山河大地。此非知性者之言也。如果知性，敢爲怪誕罪妄至此乎？彼既見性矣，高僧見性者代不乏人，曾能隨意生一蟻乎？起一丘乎？極小不能，而又動稱山河，震動乎大地，不知無須彌山，而妄稱三十三天、三千大千世界乎？談禪者窮年累世，講經説偈，總知捉風捕影。性不能窺，不得日逃而爲宗，不用文字，喝棒交作，立地成佛，如庭前栢樹子、狗子有佛性等，是賤性也。以人而同於動、植，又賤佛也。至青州布衫十六斤，天王殿後乾屎橛，又死性也。以人而淪於臭腐，又死佛也。或曰：非也，借此明心見性耳。余更曰：非也，董子謂道之大原出於天，不求之於歸根復命，生天生地、生人生物之真宰，而瑣瑣計竹頭木屑，認爲大哉乾元、萬物資始、至哉坤元、萬物資生者，我可以安身立命乎？不幾莊子所謂道在瓦礫、道在屎溺之餘唾乎？且有見性之後，可以毁律破戒，如羅什呑針、誌公習鴿，鬼怪狂誕，尤屬可笑。甚有鎖骨菩薩甘爲妓女，觀世音三十二應，乃現異類身而爲説法，此於存心養性、殀壽不貳之旨，有當萬一乎？夫禪不得而逃之宗，宗不得而求之戒，瑣屑鄙細，俱非戒慎恐懼大體。即如齋之一端，原爲克己滅嗜，或節食、或蔬食，皆非禮勿視聽言動之大旨。即蔬食菜羹瓜祭，亦爲報本追遠，非鬼神果食氣也。氣且不食，而况相滓乎？奉戒禪和，過午不食，謂過午係鬼食，讓於鬼也。夫鬼果食，原不勞人讓，人即食，非奪自鬼糧。禪和子即不食，而飯蔬自在也，不過省一飡米耳。未聞施貸貧乏也，而何爲讓於鬼食乎？且鬼無眼耳鼻舌、腹臟腸胃，何從得食乎？於鬼性且不知，而又何以見自己之性乎？而况於天命之性乎？佛氏之傳迦葉也，曰：「法法本無法，無法法亦法，付汝無法時，法法何曾法。」此不過談空耳。豈知萬有根宗，爲造物主耶？又《金剛經》須菩提反覆云「阿耨多羅三藐三菩提」，譯言無上正等正覺，亦浮淺無味，衍出許多詭譎神奇，世共尊爲至寶，總由不思耳。《心經》之觀自在菩薩，不知大主；《首楞嚴》之諸觀，乃求於地水火風等，又不認大主。理不關於實踐，行不定於一尊，東馳西騖，恬不知妄，更不知羞，難逃帝鑒矣。

辨不奉祖先説。

世俗訛傳天主正教不奉祖先，此事關係入道極大，亟宜辨明。夫聖教十誡，爲人彀率，前三誡教人欽崇天地萬物真主，後七誡教人愛人如己。而七誡之首曰孝敬父母，誡以愛天主之下，莫如此爲重也。故父母生則養，盡志盡物，死則事如生如存，斯爲孝敬。豈如世俗所傳毁木主不奉事乎？觀此中縉紳奉教者，其家中廟宇必崇飾，品物必隆備，禮節必準古，此足明徵。惟是教中祀禮微與俗不同。凡紙錢銀錠、冥器冥衣，是佛教所重，教中皆謂之假僞虚物。親存時，既不敢用此奉獻，死後亦不敢以此欺褻，故槩置不用。惟獻過品饌，多徹以送貧戚，爲亡者廣仁，且於是日奉祈天主，增其冥福，此正善於奉祖宗者也。今士庶之家供邪像於家堂，稱爲仙公佛祖，大都與祖宗牌位共在一處，甚且列在祖宗之上。聖教勸人專一欽崇天地真主，除此淫祀，弗爲非鬼之祭。世遂訛傳不奉祖先，有不知而誤信者，此不可不辨。

# 卷十　詩　贊

## 聞楚變有感①

皇基四維固，恩威八風翔，宗子奠維城，藩衛稟舊章。如何磐石者，忽此成披猖。〔閼伯暨實沈，搆作參與商②。〕會府列台司，申禍并見戕③。我聞漢景時，作難自七王，氣勢吞九鼎，竟不踰大梁。在晉五宗起，宇縣遽搶攘，孰是裍變同④，安危乃殊方。民命與國靈⑤，去就異短

---

① 以下詩十四首，據明刻本《甲辰科翰林館課》卷十一、十二迻録。按《松風餘韻》卷七選載十首，稱「載《甲辰館課》中，他無所見」，然文字往往不同，其不同處亦互有勝負。其原因，疑或由於傳刻之誤，或爲《松風餘韻》編者所改。

② 增訂者按：此聯據中科院藏明刻本《甲辰科翰林館閣試草》補。

③ 增訂者按：中科院藏明刻本作「開禍首見戕」。

④ 增訂者按：「裍」，中科院藏明刻本作「禍」。

⑤ 增訂者按：「命」，中科院藏明刻本作「志」。

自古刑長，所以昔人言，瓦解非患殃；殈茲疥癬憂，旦夕臻平康。獨有阽危者，道殣日相望。僇人①，憑此亂天常，顧語要路津，慎哉察夷傷。

題歲寒松柏圖

天桃發東園，枝葉何馮戎？天風吹嚴霜，零落一朝空。鬱鬱松與柏，貞心獨凌冬。山月流冷光，積雪明葱蘢，碧雲侵紫蓋，翠羽摇雙旛。誰將入生綃②，畢韋誇崢嶸，黛色欲參天，幹石柯青銅③。幽志自疇昔，持此諧清風。

① 增訂者按：「人」，中科院藏明刻本作「民」。
② 增訂者按：「生」，中科院藏明刻本作「素」。
③ 「柯」，《松風餘韻》作「枯」。增訂者按：「畢韋」至「青銅」，中科院藏明刻本作「鱗鬣疑生龍，似聞颼颼聲，謖謖來空中」。

## 賦得玉壺冰

泥塗傷拱璧，流浪沫塵纓；未若冰兼玉，相將潤復清。謂瑜方凜冽，訝水更圓成，體瑩驪珠色①，中孚皓魄盈②。在陰輝自媚，向日影逾明，不蔽欺秦鏡，無瑕奪楚珩。懷霜臣節苦，匪石女心貞，瑶瑟朱絃在，俱應鑒赤誠。

## 題陶士行運甓圖歌

絶代風流是晉家，廷臣意氣凌青霞。霏屑玄談未終席，胡騎蹂人如亂麻③。白玉麈尾黄金埒，甕間酒龍聲嗑嗑，誰使神州陸沈者？空復新亭淚成血。于時獨有陶荆州，卓爾不逐頹

① 「體瑩」，《餘韻》作「大有」。
② 「皓魄」，《餘韻》作「兔魄」。
③ 開首四句《餘韻》作：「典午朝臣鮮尚實，競以曠達相矜誇。娓娓玄談未終席，紛紛胡騎亂如麻。」

波流。珍重駒陰等和璧①，機神强幹雄赳赳，高齋晝夜百瓴甋，勞身苦骨時矻矻。心知鴆毒是懷安，肉緩筋駑成何益？爾時惟見祖生楫，一擊中流氣成蜺，遂令孺人先着鞭②，莫得相看共提挈。誰爲點染圖中史，炯炯神明薄毫楮，披展再四忽自喜，沈沈骨勇髮上指③。

## 閲宋史監門鄭俠上流民圖有感

魃鬼愁人囿生杞④，羸觜量澤野棄子，搏手叩天天不聞，小臣目睍心如焚。意懼情傷懷赤忠，托志盤薄經營中，爲馳急傳陳丹陛，願徼解澤漸飛鴻。掩書太息涕淚俱，千古人情諒未殊。帷牆爲隔謂無有，不信視此丹青圖！

---

① 《明詩紀事》庚集卷二十一刪去「珍重駒陰」二句及「爾時惟有祖生楫」四句。又「爾時」，《餘韻紀事》並作「同時」，由此推知《紀事》本於《餘韻》。

② 「孺人」，《餘韻》作「伊人」，是也。

③ 「沈沈骨勇」，《餘韻》作「瘦骨稜稜」。

④ 增訂者按：「囿」，中科院藏明刻本作「圃」。

## 邊塞苦寒吟

四坐且莫讙，聽我吟《苦寒》。苦寒何自起①？請從邊城始②。涼秋白露前，霜華大如錢；窮陰流歲往③，雪片過於掌。木皮三寸隴山頭，層冰百尺交河上。愁望遠，空青蒼，玄猿嘯，雕鴻翔，衝飈日夕至④，沙礫自飄揚。地迴浮雲凍，城危落日黄，戍孤笳響切，風緊角聲長。金柝朝朝傳朔氣，鐵衣夜夜迸寒光。慘兮絶，憭兮洌，行路難，無家别。自古向沙場，驚魂常九折。君不見：戰將人持瀚海冰，忠臣獨飲天山雪。嗟嗟苦寒，慨以眇歡，憂來無方，何用相寬！弧矢男兒志，鬚眉壯士顔，雕文霜劍去⑤，龍額錦衣旋。那羨五陵遊俠子，終老紅爐煖閣間！

---

① 「苦寒」，《餘韻》作「寒從」。
② 「請從」，《餘韻》作「乃自」。
③ 「流歲往」，《餘韻》作「歲欲往」。
④ 增訂者按：「飈」，中科院藏明刻本作「風」。
⑤ 「霜劍」，《餘韻》作「雙劍」。

## 雨霽望西山

雨霽望氛埃①，驅車紫陌迴，薰風自南至，爽氣從西來。緑樹殘烟斂，青蓮曙景開②，愁霖今莫唱，五色慶雲裁。

## 賦得草色遥看近若無

靈雨潤芳辰，條風嫣上春，方欣膏脈動，忽見草光新③。汎緑依平野，浮青渡水濱，陳根初點黛，秀色未成茵。墨客懷書帶，朝簪想佩綸，王孫猶未返④，含意向誰申？

---

① 「望」，《餘韻》作「絶」，增訂者按中科院藏明刻本作「滅」。
② 「景」，《餘韻》作「色」。
③ 「草光」，《餘韻》作「燒痕」。
④ 「未返」，《餘韻》作「未卜」。

## 九日憐芳菊

龍山高會挹清商，剩有名花薦晚觴，粲粲叢金宜向日，亭亭總翠獨凌霜。歸來掃徑憐陶節，向夕餐英憶楚芳，桃李東園何處是？祇應憑爾殿年光。

## 曲水流觴

禊飲青郊物候新，長筵列坐俯迴津，潺潺曲溜桃花水①，宛宛浮杯竹葉春②。戲瀨錦鱗如命爵，遷枝黄鳥欲催巡③。榮河温洛逢時泰，擬學當年捧劍人。

① 「曲溜」，《餘韻》作「蕩漾」。
② 「浮杯」，《餘韻》作「輕揚」。
③ 此聯《餘韻》作「戲瀨細鱗如待餌，遷枝幽鳥欲催巡」。

## 上苑聽新鶯

緑遍瀛洲瑞藹輕，喈喈百囀遶林鶯。棲枝集木渾多緒①，喚柳催花剩有情②。萫石過時聽未厭③，《霓裳》曲裏寫難成，紅雲紫氣閶闔處④，謂是簫韶出鳳笙。

## 北郊陪祀

周官事地埒玄穹，二至壇場報祀同，三燭神光明泰折，千官環珮列齋宫。旂常奕奕雲垂野，簫管將將鳳下空，元吉應知酬聖主，薰風爲入五絃中。

① 「棲枝集木」，《餘韻》作「遷枝坐樹」。
② 「剩」，《餘韻》作「别」。
③ 「萫石過時」，《餘韻》作「珮玉聲中」。
④ 增訂者按：「紫氣」，中科院藏明刻本作「繚繞」。

## 南郊陪祀有述(二首)①

### 一

舜琯玄緹氣序初②,堯壇蒼玉禮神居,鏗鏘六變笙鏞奏,祇肅千官劍珮趍。濯濯祥麟遊泰時,綏綏風馬雜雲車,竹宫若解通靈貺,太史應無《封禪書》③。

### 二

碧落摇光上帝臺,周官奉璧侍祠來,龍旂不動黄雲護,爟火初通紫氣迴。斗柄玉繩新候轉④,郊壇金版近臣開,不因袞冕成殷禮,誰顯《甘泉》作賦才?

---

① 增訂者按：中科院藏明刻本所收此詩,題作「南郊陪祀」。
② 「氣序」,《餘韻》作「候氣」。
③ 「應無」,《餘韻》作「無勞」。
④ 「斗柄」,《餘韻》作「珠斗」。

## 賦得冬嶺秀孤松[1]

萬樹凋傷日，孤松獨秀時。拂雲添黛色，倚嶂出高枝。一泒濤聲落，千尋蓋影披。貞心生自直，不爲歲寒移。

## 秋祀恭謁長陵

崇祀嚴周典，朝陵属漢官。露華凝寢殿，嶽色照衣冠。梧野金鋪静，橋山王劍寒。戎衣三極定，文物九區安。秉德几筵思，寧神縣寓歡。還將肸蠁意，歸獻五雲端。

① 增訂者按：以下五題九首據中科院藏明刻本《甲辰科翰林館閣試草》迻録。考釋見鄭誠《徐光啓集外文輯補》（未刊）。

## 憶江南梅花(四首)

### 一

江南梅花白如雪①,薊門看雪憶梅花②。千葩籠月輕香度,一榦臨風瘦影斜。

### 二

鼉湖磯上何年種,放霍山前幾樹開。昨夜蕋珠宫畔過,夢回携得暗香來。

### 三

早春花事盛吴趨,謂是飛瓊謂弄珠③。驛使相逢頻借問,有誰憑寄一枝無。

---

① 增訂者按: 本題一、三首,另見《陶齋珍藏名人書畫扇面集》(商務印書館一九一一年)。「如」,《陶齋珍藏名人書畫扇面集》作「於」。

② 增訂者按: 「憶」,《陶齋珍藏名人書畫扇面集》作「議」。

③ 增訂者按: 「飛」,《陶齋珍藏名人書畫扇面集》作「霏」。

四

江南佳麗艷陽辰，不愁桃李不紛綸。惟君領得東風意，散與羣芳次第春。

## 賦得霜前白雁（二首）

一

鳴鍾入序曉霜繁，素鴈翩翩逗塞門。色亂葦花迷大澤，影隨蛾月印高原。忽聞遥響平沙落，蹔見輕痕曲渚飜。若念上林棲泊處，可能不愧稻（粱）〔粱〕恩。

二

天女青腰初按節，賓禽白羽早騰騫。參差玉塞凌高闕，晃漾銀塘暎早暾。陡舉犯寒風慘澹，長鳴警夜月黄昏。于今北海方重譯，尺素無勞報至尊。

## 玉河新水

潺湲新漲帝城隈，謂是朝宗太液迴。色映玉沙朝鏡澈，波生細纈錦文開。緑含柳影隨流駛，紅帶桃花逐浪來。此去滄江渺無際，也知應用濟川才。

## 君臣交儆箴①

迴迴洪覆，方輿是承，包一含元，既陶既甄。乃樹后王，以臨羣生，大夫師長，亦越凝丞。后王寔難，凝丞不易，天明天威，民聽民視。曰上允德，曰民順治，曰臣欽若，曰人從乂。惟狂罔念，彼昏不知，樂忘其衄，安忘其危，違衆用己，殫物窮私。瞷瞷諂夫，寔左右之，闇以益闇，愚以重愚，渝我淳則，慆彼匪彝。上愎下孌，澶漫彌迤，輿受其敗，民罔孑遺。章聞於天，帝是弗式，威怒睢剌，用創厥德。乾光輟采，地維中泐，危若而巢，毁子及室。水能覆舟，于焉胥

① 據明刻本《新刻甲辰科翰林館課》卷七迻録。

溺。盍言顧念，厥初生時，草木狉狉，鹿豕狉狉，上帝視之，誰尊誰卑。俄焉作對，畀之君師，九野奔命，帝庸奚私？俄焉分職，是贊是毘，分爵疏榮，帝庸奚資？譬之人世，爲大父母，設是家督，承以介子，曰裨予衆，汝其予治，而替厥命，而族用圮！搏手困窮，弗顧弗理，將焉用彼，主伯亞旅。是以聖王馭世，宵衣旰食，疇咨熙載，明敭幽仄。賢臣立朝，敷讚翌新，夙夜匪懈，以事一人。主有嘉德，惟敬作所，明類長君，聖神文武。官有常憲，惟度是守，疏附先後，奔走禦侮。矢謨陳訓，大寶惟艱，罔遊罔逸，罔田罔觀。庀事課功，曰往欽哉，汝明汝聰，汝翼汝爲！主曰職要，臣曰職詳，領挈毛整，綱舉目張。主曰馭圓，臣曰執方，恩仁敷義，和以柔剛。萬機維敕，百度維貞，率作興事，屢省考成。匪居匪庸，業業兢兢，三思顧愆，千慮持盈。條流靡竟，總厥旨歸，旨歸伊何？畏天之威。天威孔赫，惟民之莫，荃宰同心，誕降厥福。蠢蠢懷生，載報載育，厥惟馨香，上帝顧懷。文基晏晏，瑞氣大來，慶惟一人，施于羣后。故曰之綱之紀，燕及朋友。厥猶翼翼，而邦其興，故曰濟濟多士，文王以寧。在昔皇唐，繼之虞姒，維君欽恭，惟臣師濟。吁咈其違，都俞其是，載歌明良，載賡喜起。勒崇垂鴻，千古遜美，惟是寅畏，惟是薦棐。君堯臣舜，與人同耳，時乘六位，誕宅百揆。曷不是庶，妄自卑鄙，譬有甫田，妄自荒穢，棄置嘉穀，而收其秕。念兹在兹，率時芳軌，累徵以著，慎終如始。作周恭先，爲殷卿士，官臣司箴，敢告堂陛。

## 郭汾陽大人頌 有序①

蓋聞潛龍之淵，水多恬鱗；隱豹之谷，林有静柯。由此言之，熊羆之士、不二之臣，裔夷所讋息，而宗國所依馮也。唐氏中葉，奸回叛命，連結羌胡，肆焉闞翦。煽天驕而作孽，驅雜種以挻災。于是白羽星馳，黄圖震慄，昬椓啓播遷之謀，山川無溝阜之勢。蚩尤濁亂於中冀，僑簡腥膻於伊洛，方斯蔑矣！汾陽王子儀三朝舊德，偏師出守，筭量衆寡，因乘間釁，揮兩甄於左次，投金戈以雄入，卒能使兇酋悔禍，厥角稽首，擁鐵騎而弗前，援黄龍而設誓。坐令獎叛效逆之長，回面易心；稱强播亂之夷，雲撤席卷。九頭雄虺，獷者獲馴，百六皇輿，否焉復泰，安同奠鼎而費無遺鏃，盛矣哉詩書所稱「皤皤元老，克壯其猷」者也。于時回紇實云：「軍中有巫，言此行安穩，見一大人而還」，嗚呼！斯豈非孔氏之云「忠信篤敬，蠻貊行焉」者乎？昔者趙有廉頗，邊鄙不聳；周將方叔，蠻荆來威，壯哉斯人，古今一揆！《易象》繫其貞吉，《大雅》詠其維藩，諒不誣已！頌曰：

有唐中朝，孽臣作妖，挾虜以驕。嶙頭鐵頷，蠢爾聚慝，狡焉薦食。長鯨雷奔，絡繹震驚，

① 據明刻本《新刻甲辰科翰林館課》卷三迻録。

野無守兵。矯矯郭王，虎超龍驤，至於涇陽。左賢右廣，忽是搶攘，公以間往。左賢釋櫜：予昔羌髳，隸公作勞。公而無恙，孰公敢亢，人實我迋。公爲解甲，屏是矛鋏，單騎相馺。虜衆驚詫，羅拜足下：「果吾父也！」兩陳懾視，釃酒酹地，申以盟誓。合成布言，綵旄朱旛，易而盤敦。不腆胡羯，左提右挈，耽耽饕餮。爲公倒戈，昔之修蛇，化爲前驅。前驅武競，胡醜奔迸，煙消霧浄。虜占實云：「利見大人，交綏而旋。」乃信名卿，如雷如霆，通神寤靈。昔有鉅公，尊俎折衝，未遑師中。亦有闞虎，桓桓赳赳，獻馘折首。孰是逡巡，坐清敵氛，威於武震。晉文側席，强秦寢革，未論威德。上臣禦侮，格用干羽，公紹厥後。

## 聖母萬壽頌 甲辰十一月下旬館課①

皇矣帝命，維聖啓聖，用迪厥祥。慶既開堯，嫄始造周，娀實生商。於赫聖母，曾沙膺祜，受命溥將。配天同體，蹈謙秉禮，柔德含章。訓定宫掖，捫天叶吉，誕啓哲皇。睿冲在御，保明

---

① 據明刻本《新刻甲辰科翰林館課》卷二迻録。按聖母當指神宗生母孝定李太后。增訂者按：「甲辰十一月下旬館課」九字據中科院藏明刻本《甲辰科翰林館閣試草》補。

擁衛，謐靖多方。萬曆之治，時雍允殖，接武虞唐。幽遐滲漉，風雲玉燭，飛響炎光。德圖九瀛，上陳天庭，隫祉無彊。帝念厥庸，原本所從，璇宫玉堂。誕降厥福，時萬時億，俾熾俾昌。《周雅》所稱，日升月恆，陵阜山岡。閼逢歲始，福在星紀，令月一陽。聖壽維耆，皇覽之期，日軌以長。是日令辰，非煙非雲，灝氣翱翔。介壽彤庭，璿弁玉纓，躬陳瑶觴。前曜儀辰，麟趾振振，左右趨蹌。養以天下，琛贐亟夏，承筐是將。庭實填委，窮極瓌瑋，煜燿焜煌。聖母曰俞，安用夥够？予懷萬邦。顧惟嘉師，帝其念之，向隅納隍。訪道達聰，濟濟羣龍，治致平康。喜哉起哉，瑞慶大來，予兹爾望。帝惟錫類，矧是提誨，嘉謨洋洋。粤用敷仁，濊德湛恩，洪流滂滂。休徵告諗，星輝雲潤，皇風顯揚。天報母儀，壽考維祺，且富且臧。于耆有俶，受天百禄，罔有數量。聖君萬祚，循陔之慕，億載是常。皇澤蕩蕩，是謂顧養，孝治孔彰。坤元厚載，德方以大，與天比行。臣作頌言，於萬斯年，彤管流芳。

**館師周批：　曲雅有法。①**

---

① 增訂者按：館師周批，據中科院藏明刻本補。

## 新都楊永嘉張二文忠公贊 有序 乙巳五月上旬館課①

國家當正、嘉終始之際，則乾坤睢剌，日月重新已。己卯以還，宫車（朔）〔數〕出②，元良靡建，國命秉于閹寺，姦弁列于乳虎，殿中成市，王途傾昃，時則有少師贈太保新都楊公，體國端朝，儀刑社稷③，隻手扶衞而危輈獲奠，單辭闢説而梟獍就縛。既乃清宫除道，迎立真主，陽龍挺德，玄黄用造，兹可謂道濟横流，功開昌曆者矣。癸未以後，展親庸禮，克自神明，而文墨之倫，家言是守。遠考定陶之故實，近効濮藩之聚訟，時則有少師永嘉張公，博達通儒，風雲玄戚，抗亡前之辯，建獨信之策，竟能遂明主之至心，定萬年之鉅典。暨乎台垣奠位，翼新皇極，沉謀密議，裨益弘多。貂璫之凶謚于境外，束脩之問絶于境内，淵哉若人，斯社稷之鎮也！易名之典，並曰文忠，一取于危機駭發，能易之安；一取于羣口齊鋒，獨伸其是，引義原心，其揆一矣。論者徒以明倫之議，大弗叶從，而疑二公謂相枘鑿，則嘗鋪觀時勢，其故有可言焉。何者？昭聖皇太后手

① 據明刻本《新刻甲辰科翰林館課》卷八迻録。增訂者按：「乙巳五月上旬館課」八字據中科院藏明刻本補。
② 增訂者按：「朔」，據中科院藏明刻本當作「數」。
③ 增訂者按：「儀刑」，中科院藏明刻本作「義形」。

握乾符，簡兹秉德，而定策大臣豫相要説，謂新主當陽，僅僅執猶子之禮，其度能得之乎？ 迨乎擁樹以成，尊親義起，則臣有言矣，不可以貳矣。 令新都于此作合王明，與裁鴻典，知巷遇之可懷，忘白圭之已玷，反面食言，何辭已解？ 論者謂公壬癸之間欲相調適，俟乎泰陵既祔，而徐圖其後，亦未爲深知公者。 何則？ 臣有言矣，不可以貳矣。 永嘉則新進儒生，持執禮正名之論，申眉高談，無愧天下。 載觀太廟之議，排濫觴之訣，脱侯氏之獄，抗震霆之疾威，諒非乘時蹈寡自結人主①！ 夫緣性制禮，因心則孝，虞夏剏禘郊祖宗之典，周公廣追王上祀之儀，是皆天懷發中，不由仍襲，曷爲今日獨異于此？ 夫臣知父子之倫之不可解于心而已矣，即統嗣之辯，其猶爲衆人言之也。 且夫輪圓輿方，事有異用而同功； 飴甘梅酢，物有殊調而均適，治基者無與于丹雘之任，圬墁者不必乎版臿之役，自盡而止，豈可同哉！ 愚以爲此一舉也，身任兩宫之責，惟新都爲難； 獨排一切之論，在永嘉則可，所謂易地皆然，各成其是者爾。 贊曰：

昔在中葉，風發塵埃，皇輿隔塞，天人未泰。 士瞻其烏，嫠恤其緯，懔懔黔首，罔獲其所。 天作股肱，以開盛明，屹屹新都，維國之楨。 威武南征，公寔居守，三垂謐静，以俟之復。 衆心日隊，乘危將起，誘執大憝，捷於搏鼠。 宛轉慈幃，經營天物，帝自代來，手上璽紱。 既奠丕

---

① 增訂者按：「寡」，中科院藏明刻本作「釁」。

基，誰植國經，巖巖永嘉，先數子嗚。高謨特達，思合神契，排雲凌霧，克簡于帝。既在鼎建，騁績延嗣，朝野肅穆，皇化四馳。噫嗟兩公，若車衡輔，或引之前，或翼之后，仁孝在心，誰不識者！謂和更始，非吾事也！崇嚴殷薦，争彊辯疾，寧威是干，匪衬是恤①。敬寔開説，亦非貢諛，天秩有倫，疇可以渝。是父是子，謂非父子，所謂是者，乃復非是②。辯言如兩，帝有慊焉，率由斯至，達孝因焉③。永嘉眷注，克保始終，哀軫宸衷，錫用備禮。黯靄新都，罹是鞠凶，簡在嗣皇，始克疇庸。爰謀嘉謚，先後不爽，先聖後聖，睿鑑同朗。爲時良棟，爲國寶臣，是皆以奉上而危于身④，諒斯精忠⑤，毋跡其畸，我圖其勛，千載是師。

**館師楊批：　敍語典雅工緻⑥。**

① 增訂者按：「衬」，中科院藏明刻本作「禍」。
② 增訂者按：「是父……非是」十六字，中科院藏明刻本無。
③ 增訂者按：「因」，中科院藏明刻本作「固」。
④ 增訂者按：「是」字中科院藏明刻本無。「于」，中科院藏明刻本作「厥」。
⑤ 增訂者按：「諒」，中科院藏明刻本作「亮」。
⑥ 增訂者按：館師楊批，據中科院藏明刻本補。

## 俞子如先生像贊①

嗚呼！此俞子如比部先生奏疏小像也！廿年攻苦，八月服官，觸邪簡白，報國心丹。蓋公所持者人綱與國維，公所擊者乃梟質而雉翰②；故黨石者甘與玉俱殘，妬芝者俾與艾俱焚。逮夫久而事明，没而論定，然後彼其之子，不能免於衆多之口，而公之貞心勁氣，乃獨留天地之間也耶？表弟徐光啓拜撰。

## 明文簡公像贊③

世其位著，亦世其名德；世其哀榮，亦世其清白。於封章纚纚，見開濟之謀謩；於經諱

① 據《徐氏宗譜》卷二一遂録。

② 原作「繫」，依劉盼遂先生説改「擊」。

③ 增訂者按：據上海圖書館藏《陸墅周氏宗譜》卷二一遂録。「文簡」爲周炳謨謚號。炳謨無錫人，字仲覲，與徐光啓爲同榜進士，曾爲利瑪竇《畸人十篇》作序，天啓五年卒。王成義《徐光啓家世》（上海大學出版社，二〇〇九年）有考。

諤諤，見保輔之忠赤。然而豐城劍氣，方騰射斗之輝；泰膚寸衷，遽阻崇朝之澤。此同方氣類，不勝愁遺之悲。而九重眷注，亦深軫老成之惜也歟。年眷弟徐光啓拜題。

## 耶穌像贊①

立乾坤之主宰，肇人物之根宗。推之於前無始，引之於後無終。彌六合兮靡間，超庶類兮非同。本無形之可擬，迺降生之遺容。顯神化以博愛，昭勸懲以大公。位至尊而無上，理微妙而莫窮。

① 增訂者按：據《徐文定公集》逐録。王重民《徐光啓集》以本文曾收入《適志齋集》，而定爲許樂善所作，並以下《聖母像讚》、《正道題綱》、《聖教規誡箴贊》統未收入。據方豪《徐文定公耶穌像贊校異》（一九四二），《耶穌像贊》最早見於艾儒略《出像經解》（一六三五）。另有北堂圖書館單張，川沙莊允升藏本刻版，杭縣方氏藏鈔本，綏陽王氏家譜本。方豪説：本贊「相傳出徐文定公光啓手……通行海内，幾于家各一章。……此贊之非樂善所作，殆無可疑」。《徐文定公集》爲教會審定，可作權威。本贊文系列可能由徐光啓或自撰，或改定或代擬，然均可認定爲徐光啓參與的教會作品。今收入本集。

## 聖母像贊

作造物之尊母，爲至潔之貞身。原之於胎無罪，秉之於性全仁。頻施光兮照世，職恩保兮救人。義鏡垂而羣法，天門啓而衆臻。位越諸神兮益上，德超庶聖兮特張。福既極而難並，美非常而莫倫。

## 正道題綱

正道寬宏，智德難窮。湛深悠遠，萬物真宗。非大慧而不能明性，非明敏而道不可逢。思上古之世，洪荒之風。無主宰誰置世界，無男女世界亦空。賦靈魂而爲人之真性，置日月而明兩間之中。三才既立，四海同風。分姓氏而各居一隅，立君相而禮義興崇。世傳世相繼永久，人閱人父子孫公。到於今數千載迷却真性，逞己剛，說己能，自謂豪雄。殊不知普天下同歸一祖，有何彼，有何此，自失原宗。總總魔障，欺世轟轟。立多教而遂各異，信孔孟畧知根宗，笑李老燒丹煉汞，嘆釋迦暮鼓晨鐘。說甚麽齋僧佈施，受福重重。打僧罵道，地獄魔中。事釋迦而爲僧役，禮十王借道行兇。嗚呼惜哉，何不返本追踪。傳教士捨西顧東，九萬里過海飄蓬。不辭披星戴月，何憚宿露飧風。惟願人人各正性命，惟顧人人體道歸宗。淵微莫測，細味其中。可比生柯株樹，千枝萬葉豐隆。皆從原頭生發，共賴一本之功。賢君試憑一覽，感乾坤有始末，正道本無窮。古今曁將來，萬彙總涵容。無物不同一氣内，誰能别是一家風。

## 聖教規誡箴贊①

維皇大哉，萬彙原本，巍巍尊高，造厥胚渾。摶挖衆有，以資人靈。無然方命，忝爾所生。蠢蠢黔首，云何不淑。曾是群儹，上墋下黷。帝曰憫斯，降於人間。津梁耳目，世有三年，普拯廣流，誕彰神奇②。捨爾靈軀，請命作儀。粤有聖宗，十又二子，述宣宏化，以迨億祀。如日之升，逾遠而光。千六百載，達於兹方。兹方云何，膺受多祐。正教西來，大眷東顧。凡我人斯，仰瞻遼廓。敢曰無主，敢曰不若。大文無雕，經塗無詭。秉心三德，守誡二五。若罔不昇，違

① 增訂者按：據臺北利氏學社二〇〇二年版《耶穌會羅馬檔案館明清天文教文獻》影印明刻本迻録。
② 增訂者按：「神」，《徐文定公集》作「精」。

罔不墜。勗矣前修，無作後悔。後悔則那，亟其改旃。鑒爾一息，貫爾百年。如山匪嵬，如海匪淵。矢志崇閎，以隆德馨。

## 天主十誡

一，欽崇一天主萬有之上。　二，毋呼天主聖名，以發虚誓。　三，守瞻禮之日。　四，孝敬父母。　五，毋殺人。　六，毋行邪淫。　七，毋偷盜。　八，毋妄證。　九，毋願他人妻。　十，毋貪他人財物。

人心大正，隕自初民。欲横理危，邇以魔妄。惟皇憫斯，垂誡貞珉。其數有十，總以二綱。以廸民彝，以棄民咎。以享天衢，以絶天禍。乃命明神，傳之邃聖。昭示萬民，謹守勿斁。另有《十誡直詮》等書詳論。

## 克罪七德

一，謙遜以克驕傲。　二，樂捨以克慳吝。　三，貞潔以克婬慾。　四，含忍以克忿怒。　五，淡泊以克貪饕。　六，仁愛以克嫉妬。　七，忻勤以克懈惰于善。

凡遏横流，務塞其源。凡除蔓草，務鋤其根。君子式之，用滌其心。人罪萬端，厥宗惟七。

七德克之，斯藥斯疾。如訟必勝，如戰必捷。有祐自天，勿諉勿怯。七克既消，萬端并滅。

## 真福八端

一，神貧者乃真福，爲其已得天上國也。神貧者，爲樂于善、而澹于財、富不私己、貧不貪尤之謂。二，良善者乃真福，爲其將得安土也。三，泣涕者乃真福，爲其將受寬慰也。涕泣者，或憫人陷迷，或悔己過失，哀痛迫切。而繼以淚也。四，嗜義如饑渴者乃真福，爲其將得飽飫也。五，哀矜者乃真福，爲其將蒙哀矜也。此言人能哀矜同類者，天主亦哀矜之。六，心浄者乃真福，爲其將得見天主也。七，和睦者乃真福，爲其將謂天主之子也。八，爲義而被窘難者，乃真福，爲其已得天上國也。

欲累環攻，神目盡瞽。愈羶世趨，愈遠天路。僞雜百端，以相誑惑。惟我正教，惟一惟真。德必真德，福必真福。德以致福，德亦名福。肇諸人世，充諸帝庭。精修紗契，寵澤光榮。真福八端，另有專書詳論。

## 哀矜十四端

一，食饑者。二，飲渴者。三，衣裸者。四，顧病及囹圄者。五，舍旅者。

六，贖虜者。　七，葬死者。以上形哀矜。　一，以善勸人。　二，啓誨愚蒙。　三，慰憂患者。　四，責有過者。　五，赦侮我者。　六，忍恕煩數。　七，爲生死者祈天主。爲人代祈天主：愈疾病、拯灾患、加恩佑等類，已亡誠信守誡之人，或有微𠎝未浄，死後天主處以煉罪之苦。補罰期滿，方許上陟，故代之祈主，寬減其罰。若違誡而有大罪者，則不敢爲之祈矣。已上祈哀矜。

大道廣淵，厥旨惟仁。藹惻肫詳，情現于愛。愛主之實，徵諸愛人。爰有哀矜，或形或神。以富拯乏，以智濟愚。弗私上錫，益來天祐。彼此罔知，天人殊視。棄擯元元，鍵户頂禮。德之不馨，繄主誰歆。另有《哀矜行詮》等書詳論。

# 附錄一

## 羅伯特・貝拉爾米諾樞機主教致中華帝國基督徒書（譯）①

我以耶穌基督的名義祝我們所有親愛的中國教友健康、幸福。

令人尊敬的金尼閣神父帶來的新消息使我們非常高興和愉悅。金神父經過長途跋涉，最終從遠東回到我們這里。他向我們描述了廣袤的中華帝國的大門是如何開始向基督教——我們只有在這一信仰中才能獲得永生——開啓的。作爲歐洲各王國的首都，整個羅馬城都對這一消息感到振奮。而作爲所有國王和基督教民——他們都接受和崇拜統治天地的唯一至高真神上帝——之父的教皇保羅五世對此也感到極爲欣慰。

① 增訂者按：本文原文爲葡萄牙文，由董少新收集、翻譯并提供。

所有樞機主教和主教們，包括所有教士和羅馬人民，以及我們所服侍的至高無上的牧羊人，也都非常喜悦；　因爲事實上我們曾經非常痛心，這麽多世紀以來，在這個如此大的帝國中，有這麽多富有天分的人民，卻不知道他們真正的大父——造物之主，也不知道造物主的兒子耶穌基督；　這印證了從世界肇始之初至耶穌降生期間所有預言家的預言：　耶穌降生爲人，承擔我們人類的罪惡，以使我們獲得永恒幸福。　從前魔鬼因高傲而被從天上打入地獄的深淵之中，魔王是人類永遠的敵人，他們以處境的改變爲借口，對福音關起大門。　但是現在，由于天賜之福，他們開始懂得福音教義不會奪取大地上的王國，相反會許諾并給予一個來自上天的王國。

因此，我們由衷地向所有人表示祝福，與此同時，也向我們自己表示祝賀，因爲我們獲得了這麽多的基督教兄弟。

但是，爲了獲得永生，僅僅信天主聖父及其聖子耶穌基督是不够的，我們還必須在這個世界上有節制地、公正而虔誠地生活。　所以我告誡你們，要在大主所指引的道路上勇往直前，戒絶和警惕所有不公正、謊言和欺騙；　發展和促進所有善功；　在所有神聖的品行上都要取得進步，而首先要對上帝報以信念，相互之間也要以真誠和善良相待。　如果你們爲上帝之愛而將遭受一些疾苦和迫害，你們應該感到輕松和愉快，因爲偉大的榮耀等待着你們。　因爲這是我們的大父上帝之願望，即要在忍耐中證明我們的信仰、願望和仁慈，猶如真金不怕火煉。

對于上帝來説，解除我們所有痛苦和憂愁并非難事；　但是很多時候，他讓他的臣民們在一生中忍受大量的勞苦，以便將來使其在天國中獲得更大的榮耀和奬賞；　上帝讓我們效仿其獨子耶穌基督的所行，與基督保持一致。耶穌基督在這個世界上從未停止過行善和受苦，他的言行成爲指導我們的榜樣；　他從誕生之日直至去世（死于十字架上）一直都非常謙卑，所以大父上帝將其榮升至光輝的寶座之上，其名望在一切名望之上；　這樣不僅天國中的居民，而且地獄中的魔鬼也都拜倒在他的腳下，聆聽他的教誨；　所以，如果我們爲基督之愛，耐心地忍受迫害和勞苦，那麽基督就會提升我們的低賤、卑微之軀，使其與基督的慈善之身相類。

對此我不必贅言，因爲我知道與你們在一起的神父們正以誨人不倦的精神教育并勸導着你們。至高無上的上帝會保佑你們，并使你們保持耶穌基督的信仰。讓我們相互以兄弟般的情誼，祈禱我們獲得拯救。

一六一六年五月二十日于羅馬

# 盧兆龍王者有必勝之兵疏[1]

禮科給事中盧兆龍上言： 聞中國尊則四裔服，内憂絶則外患消，未聞使驕夷釀釁輦轂也。堂堂天朝，精通火器、能習先臣戚繼光之傳者，亦自有人，何必外夷教演，然後能揚威武哉？ 臣生長香山，知澳夷最悉，其性悍桀，其心叵測，其初來貿易不過泊船于浪白外洋耳，厥后漸入澳地，初猶搭篷廠栖止耳，漸而造房屋，漸而築青洲山，又漸而造銃台、造堅城，爲内拒之計，蓄夷衆，聚兵糧，爲顏行之謀，時駕番船擅入内地，拒殺我官兵，掠我人民，擄我子女，廣收硝黄、鉛、鐵，以懷不軌。閩之奸徒，聚食于澳，教誘生事者，不下一二三萬人。粵之盜賊，亡命投倚爲患者，不可數計。粵人不得安枕，數十余年于兹矣。其歲輸課税雖二萬金，然設將添兵，以爲防御，所費過之。時而外示恭順，時而肆逞凶殘，其借銃與我也，不曰彼自效忠，而曰漢朝求我，其鳴得意于異域也，不曰寓澳通商，而曰已割重地，悖逆之狀，不可名言，粵地有司與之爲約，入城不得佩刀，防不測也，今以演銃之故，招此異類，躍

① 增訂者按： 本疏載《崇禎長編》卷三十四，崇禎三年五月，第二〇五三—二〇五七頁。

馬持刀、彎弓挾矢于帝都之内，將心腹信之乎？將驕子養之乎？猶以爲未足，不顧國體，妄奏差官，而夷目三百人是請，夫此三百人者，以之助順則不足，以之釀亂則有餘，奈之何費金錢騷驛遞而致之也。謂其銃可用乎，則紅夷大砲，閩粤之人有能造之者，昨督臣王尊德所解是也。其裝藥置鉛之法，與點放之方，亦已備悉矣。臣計三百夷人，自安家犒勞以及沿途口糧，夫馬到京，供給所費不貲，莫若止之不召，而即以此錢糧，鳩工鑄造，可得大銃數百具，孰有便焉。

中國將士如雲，貔貅百萬，及今教訓練習，尚可鞭撻四裔，攘斥八荒，何事外招遠夷，貽憂内地，使之窺我虚實，熟我情形，更笑我天朝之無人也？且澳夷專習天主教，其説幽渺，最易惑世誣民，今在長安大肆講演，京師之人信奉邪教十家而九，浸淫滋蔓，則白蓮之亂可鑒也。查成化年間，番僧領占竹誘惑漢人，演習番教，爲禮科糾劾遣還；萬曆年間，番人龐迪峩、王豐肅等煽惑京師，爲禮部疏參驅逐。禮臣徐光啓夙擅談兵，臣嘉其志素負清望，臣重其人，而今忽取夷人入京，豈子儀借回紇之兵，但與夷人説天主也。以古況今，無乃不可，況又欽差一官，多帶員役，金牌遮道，招摇出都，一到地方必且貪夷賄，啓釁端矣，竊見近年以來，借取銃解銃名色，騷擾多事，害不可言，臣故謂差官之當罷也，前東兵未退，臣言之恐夷目生心，致有他變，今各城已復内患宜防，輦轂之下，非西人雜處之區，未來者當止而勿取，見在者當嚴爲防閑，如皇上懷柔異類，念彼遠來，則止可厚其賞賚，發回本澳，前日涿州運砲壓斃二夷，但當敕地方官厚葬，以服遠人之心，若夫澳中築舍築台添課添米等事，彼或徼功陳乞，弗可輕許，以貽後憂也。

**帝謂：　朝廷勵忠柔遠，不厭防微，此奏亦爲有見，所司其酌議以聞。**

## 盧兆龍反對徐保禄第二疏 崇禎三年六月八日①

禮科給事中盧兆龍上言：　既然禮臣徐光啓重視給予外國人以榮譽，則微臣有責任阻止可能來臨的禍端。因此，我恭敬謹慎地再次聲明，假以時日，試將事情調查清楚。頃見演砲西夷，彎弓佩刀于帝都之内，實懷叵測之憂，故具王者有必勝之兵一疏，大意謂制勝自有長策，西洋異類不可引入中國，窺我虛實，啓彼戎心，且輦轂重地，招聚多夷，萬一變生意外，事關非細。

① 增訂者按：　本疏載《崇禎長編》卷三十五，崇禎三年六月，第二〇九二—二〇九五頁。該疏題目及第一段爲中文本所無，董少新據葡文本(BA,JA,49 – v – 5,fls. 70 – 72)擬補。

而禮臣徐光啓隨具聞言内省一疏，娓娓數百言，其大旨若爲紅夷澳夷分順逆，又緦緦然爲澳夷計保全謀久遠，何其深且切乎，然與臣所謂罷止續取之差以杜内釁者，固相背而馳，非對針之語也，澳夷即假爲恭順，豈得信爲腹心，即火技絶精，豈當招入内地，據光啓之疏，謂閩廣浙直尚防紅夷生心，則皇居之内不當慮澳夷狡叛乎？ 舍朝廷不憂，而特憂夷人之不得其所，臣所未解也。

即其總括之兩言，曰紅夷之志欲剪澳夷，以窺中國，此言似矣，而曰澳夷之志欲强中國，以捍紅夷，則是堂堂天朝，必待澳夷而後强，臣前疏所謂笑我中國之無人者，此類是也。 火銃可以禦敵，未必可以以敵。 而謂欲進取于東、問罪于北，此三百人可當前鋒一隊，臣未敢輕許。若謂威服諸邊二年爲約，則愚所未能測也。 果能二年得志，以省兵力，禮臣正當自信而肩任之，效與不效，與天下共見之，又何必以去就争哉！

臣自幼習讀孔孟之書，改過遷善省身克己之事，經文備之矣。 不識世間有天主一教，與所謂唐朝景教者。 貞觀以後之唐碑，恐非堯舜以來之聖撰，微臣以白蓮爲鑒戒，恐異教流行，禮臣以瑪竇爲常師，恐異教不流行，又臣所未解也。

昔江統論著徙戎，韓愈疏諫佛骨，至今人且稱之。 臣前疏雖迂，其説頗正，願存此段議論以爲國家防微，以俟政府參酌，毋以部覆不行，遂委信遠夷而主盟邪教，以貽釁無窮也。 臣言夷人不可用，非言火砲不可用。乞皇上責成光啓始終力任，竟展其一年成功之志，勿因臣言以爲卸擔，則臣之言未必非他山之助也。

帝以已經部議報聞。

# 附録二　歷次徐光啓集參考資料

## 一　徐文定公集六卷　明陳子龍等選輯，明經世文編本

《皇明經世文編》卷四八八——四九三載《徐文定公集》六卷，陳子龍等在崇禎十一年（一六三八）編刻成書，這可以説是《徐光啓集》的第一次選輯本和刻本。陳子龍是徐光啓的學生，曾校刻《農政全書》，掌握着徐光啓遺留下來的所有重要文獻。這個選本所根據的材料，都是從徐光啓的主要遺文中選出來，是比較直接，比較全面的。

《徐文定公集》卷一題：「郡人陳子龍臥子、徐孚遠闇公、宋徵璧上木、周立勳勒卣選輯，宋存標子建參閱。」四個選輯人，一個參閱人，是《明經世文編》各卷題名的一致方式。按《明經世文編》的編選刊刻工作是以陳、徐、宋三君爲主，所以各卷選輯人的題名，他們三人是固定的，而選輯人的第四名和參閱人的題名則是各卷不同，也許真的是由這兩位擔任校寫和刻版

的校對工作，但恐怕也包含着一些明末人互相標榜的習氣。是集卷一以後所題的第四位選輯人，有何剛慤人、李雯舒章、彭賓燕又，參閱人有謝廷楨提月、宋徵輿轅文、張安甡子美、張密子退和姜雲龍神超。總之：徐光啓這六卷遺文的選輯、圈點和批評，均當出於此數君子之手，然應以陳子龍爲主。根據《農政全書》的凡例，參加編校工作的也正是陳子龍、徐孚遠、宋徵璧、謝廷楨、張密、徐鳳彩等人。他們都是徐光啓的鄉後輩，都受着徐光啓經濟實用之學的影響，有的還親自聽過徐光啓的教誨，所以不論在《農政全書》的校勘凡例，或在《明經世文編》的選輯凡例中，都給了徐光啓一個很高的地位，深致他們景仰崇拜的心情。在這六卷文編裏旁批甚多，也很切實際，這固然是由於他們這一般人在經世實學上有一定的造詣，也是由於他們對徐光啓的認識比較深些。

是集六卷，共收遺文三十三篇。卷一卷二載奏疏九篇，皆録自《徐氏庖言》；卷五書牘十首，揭帖一首，亦出《庖言》。卷三《擬上安邊禦虜疏》出《甲辰館課》（亦見《庖言》卷三），《屯田疏》出《徐文定公奏疏》。卷四兩議一説，與卷五所載《大征》等三策疑並出《甲辰館課》和後來的一部文稿。卷六爲《治曆疏稿》五篇，當選自《崇禎曆書》本的《治曆緣起》（崇禎十一年尚未刻全，但徐光啓時期的五卷已刻全），説詳《治曆緣起》的題記。其中《奏爲月食事》一疏，清刻《西洋新法曆書》本《治曆緣起》已删去，所以在没有發見崇禎印本《治曆緣起》以前，《文編》是唯一的出處。總之：他們所根據的就是這樣的四份主要材料：一、《甲辰館課》，二、《徐氏庖言》，三、《徐文定公奏疏》，四、《治曆緣起》。因爲他們選取論文的目標是「經世」，所以這三十三篇都是關於兵農曆算的重要作品。根據陳子龍和徐光啓的關係，這也反映了在那時候（徐光啓死後的五六年間），徐光啓所遺留下的主要文件大概就是這四種。到今天，除《甲辰館課》外，《庖言》和《治曆緣起》還完整的保存着，《徐文定公奏疏》是散失了一些，但還有三册比較完整的保存着，這對於我們今天收集徐光啓的遺文來説，可以據以估計出一個大概的輪廓。而這裏所保存的《甲辰館課》等文稿中的兩儀一説三策等篇，也就特别有用，特别值得寶貴了。

選家的工作，選出其中的重要作品，加上圈點，加上批語，對於讀者是會有不少幫助的。其缺點就是删削割裂，失去原著的本來面目。在這六卷的《徐文定公集》内，所表現出的這種情況，也是極其嚴重的。比如《屯田疏》包括五個部分，是集只選輯了「《墾田》第一，《用水》第二」，其「《除蝗》第三，《禁私鹽》第四，《晒鹽》第五」幸而在明鈔本《徐文定公奏疏》内保存下來；《大征》等三策原來是九策，其目爲「《虜情》第一，《大征》第二，《器勝》第三，《服戎》第四，《邊備》第五，《禁旅》第六，《用人》第七，《財計》第八，《營田》第九」，陳子龍等僅選了《大征》、《器勝》、《服戎》，其餘六策，現在可能就失傳了。至於所選三十三篇在文字上的删節，那就更嚴重了。

徐光啓對於當時社會政治的腐敗情況是有比較深刻的認識的。又由於他的科學認真的態度，和真摯强烈的愛國主義思想，他在奏疏書牘和一切行文中，是敢於直言，敢於揭露當時的一切腐朽了的東西的。徐光啓對客觀的分析和認識比較正確，自己的修養比較湛深，也就越能相信自己。他曾經一再表示，他自己所做所説的都是有理有據的事情，都不是「躍冶」。陳子龍在這些地方，都把全句、全節以至於大段的删去，可能是有意爲徐光啓迴護，但其效果是模糊了或者失掉了徐光啓的真思想，真性情。

集内全句全節以至於大段的删節是很多的，如《恭承新命謹陳急切事宜疏》，徐光啓在説出他的計劃和要求以後，接着説「必爲都城萬全計，是在皇上而已」，這話當然很硬，所以陳子龍等删去。但當時的情形是：皇上固然想保衛都城，但又愛惜他的帑金（私囊裏的錢）不肯拿出，不拿出，保衛都城的設備就不够好，這兩句話正表現了徐光啓真愛國真抗敵與敢於和皇上作鬭爭的精神和勇氣，爲什麽要删去呢？又如《與大司徒李孟白書》，陳子龍等删去了開端一大段，原文是：「奉别後，十八日入都門，尚未得陛見也。憂天有志，而匡時無術，熟觀人情事勢，更難措意，恐終付之無可奈何而已。假令當事者擇善而從，一意綢繆，猶尚可爲，此所謂天若祚宋者也」，這是徐光啓在練兵的計劃失敗以後，到天津墾田；形勢緊急了，皇帝又把他召回來；但來到北京，又不肯即時召見他，正在這樣萬分焦急的時候寫的一封信。這一段話是多麽真摯，徐光啓焦愁而非「躍冶」的真性情，恰如其實的表現在紙上，但是又爲什麽遭到删節呢！

《明經世文編》的編輯，在《徐文定公集》内也有一點小錯誤。《東事警急練習防禦疏》董其昌收入《神廟留中奏疏彙要》内，還加了評論；徐光啓自己編訂《庖言》時，曾把董其昌的評論收入。陳子龍等並没有把那篇奏疏收入，却把董其昌的評論編在《申明初意録呈原疏疏》的後面，就錯了。

## 二　徐文定公集　徐爾默編，未見傳本

### 徐爾默文定公集引①

凡今之人所貴乎有子者，以其能善繼述也。即在聞人學士爲衆所宗，非藉後之人表章之，

① 據《徐氏宗譜》迻録。按這篇引文的内容是對徐光啓的全部遺書而言的。文集只作爲全集中的一部分。徐驥撰《行實》，只説「文集數十卷」，爾默這裏説的就更詳細了。他説：「若文集之汗漫，分類而編，凡若干卷；序議之賅淹，鱗次而集，凡若干卷；書牘之浩繁，皆經文緯武之實用；詩篇之錯落，非抽黄對白之虚詞。」可見這些作品是有存稿，而且遞有增補，但好像始終没有定本。道光間徐光啓的七世孫如璋撰重刻《農政全書》題記，有「除《後樂堂集》未刻」的話，應該就是指的這些遺文。徐如璋又説：「嘗考《後樂堂集序》，《農書》之成，實在天啓五年以後，崇禎元年之前」，今爾默序中無此言。另一解釋方法，徐如璋是説《後樂堂集》内，有「序《農書》之成」的文字（不一定是《農書》序，也可能是他書的序），這一解釋方法若對，則徐如璋還應見過《後樂堂集》的舊稿，那時候還没有散亡。

其滅没而無聞，不知其幾何矣！　爲子孫者抱一經以相傳，緑檢青緗，謹守弗失，第不能脂韋逢時，如跖心夷行，以取容於當世，人皆斥爲拘迂小儒，相遇於途，復作趾高氣揚之狀以驕之，彼亦踽踽涼涼，若無所容於世者。　然及叩其家世淵源，茫無所知，至有不能自名其祖，向之所稱皓首窮經者，固未嘗介乎其胸也，又何論於家學之淵源乎？　傳曰：「父殁而不忍讀父之書，手澤存焉耳」，彼固視爲覆瓿之具也，不以之易餅餌則以之拭几案，甚至付之一炬以爲快，目中意中奚知有祖父哉！　余嘗留意於此，匱杞人之憂者屢矣。　因念吾祖文定公自丁酉發解，癸酉捐賓幾四十年，大而經綸康濟之書，小而農桑瑣屑之務，目不停覽，手不停毫，孜孜矻矻若老經生，生平著述與年俱富，咸成卷帙，悉歸捷足。　余於公殁之踰年，欲延先師存邃梁翁編校遺文，傳之永久，而人自爲説，泥弗欲行。　運逢百六，散佚殆盡。　余窮搜博訪，僅購什一，時不我與，權多掣肘，家業荒涼，餬口不給，壽諸梨棗，河清難俟，因出臆見，聊爲銓次。　其間敷陳入告者，自宫坊以至端尹曰《端闈奏章》，自左右常侍以至常伯曰《南宫奏章》，其欽若昊天之製則曰《清臺奏草》，其平章軍國之篇則曰《綸扉奏草》，其崇政説書之目則曰《經闈講義》。　若文集之汗漫，分類而編，凡若干卷；　序議之賅淹，鱗次而集，凡若干卷；　書牘之浩繁，皆經文緯武之實用；　詩篇之錯落，非抽黄對白之虚詞。　經國之訏謨有《六函》之彙輯，籌邊之碩畫有《上略》《下略》之臚陳，昭事聿修之旨有《靈言蠡測》以追其始①，格物窮理之學有《幾何原本》以析其微。他若《芳蕤堂書藝》也，《淵源堂詩藝》也，《甲辰館課》也，《考工記解》也，《徐氏庖言》也，《兵事疏》也，《選練百字括》也，《屯鹽疏》也，《農遺雜疏》也，《種綿花法》也，此已刻而燬者也；《四書參同》也，《方言轉注》也，《塾書政》也，《擬復竹窗天説》也，《醫方考》也，《北耕録》也，《宜墾令》也，《農輯》也，《兵事或問》也，《選練條格》也，《渾蓋通憲圖説》也②，《記里鼓車圖解》也，《制彙》也，《賦囿》也，《語類》也，《子書輯》也，《子史摘》也，《讀書算》也，《二十四則古》也，《書法集》也③，《草書類》也，《漕河評正》也，《通漕編評》也，《海防考評》也，《屯田水利鹽法》諸論著也，此未刻而佚者也。若夫《農政全書》曾塵乙覽，奉旨梓傳而中輟也；《西法曆書》奉敕撰著，計二百三十二卷，竭晝夜以推步，鏤肝腎以研削，凡五更寒暑，盡瘁以成；《毛詩六帖》公昔以爲未竟之業，爲書賈竊刻，刻而燬，燬而余續成之，以藏諸家塾也。外此而《測量法義》、《勾股義》、《簡平儀説》、《平渾圖説》、《日晷圖説》、《夜晷圖説》、《九章算法》、《山海輿地圖經解》、《泰西水法》，悉皆參天兩地之籌，非若邱索章亥之幻，此般墨景純

① 原書名是《靈言蠡勺》。
② 《渾蓋通憲圖説》是李之藻撰，此謂爲光啓，誤。
③ 以上四種書，去掉中間的「也」字，有人把書名定爲「子史摘讀」、「書算二十四則」、「古書法集」三種。

若思所不可企及也。追維纂録之功，蓋自丙戌抵今丁酉十有二年矣①，旦夕皇皇，粗爲卒業，心思耳目，畢耗於此，怨尤讁謗，亦畢瘁於此，自今以始，有能克紹家學以佐搜訪之不逮，余竊自以爲沾沾喜矣。嗟乎！天高地廣深心之士，當不乏人，况公平生無他嗜好，精神意氣散見於楮墨文字之間，定有神靈呵護，不自滅没，倘一旦出其大全而笑余爲腐鼠之嚇也，是未可量也。不然，而仍視爲覆瓿之具，亦未可知也。後之君子閲是集者，當鑒余之苦心矣。康熙歲次癸卯季秋重九日孫男爾默謹識。

三　徐文定公集四卷　李杕編，光緒二十二年（一八九六）上海慈母堂鉛印本

## 李杕徐文定公集序②

聖教昉行一國，率有聖哲挺生，以非常之才，立德功言三者，彪炳一世。或又行起死肉骨，

① 丙戌至丁酉，爲清順治三年至十四年。

② 據光緒二十二年鉛印本原書迻録。宣統元年出版徐允希的增訂本也轉載了這篇序文，可是文字的删改很大。按這個集本是《明經世文編》的二百五十八年以後的第一次輯本，可惜内容極貧乏，也没有見過《明經世文編》。全集凡四卷，僅第二、三兩卷録徐光啓的遺文二十七篇；第一卷是李杕編的《行實》，第四卷是附載的崔景榮、李之藻等有關文件。

不藥療病等異，耀人目，警人心，風動四民，於是所言必信，有感斯孚，過化存神，教澤深遠，父傳之子，子傳之孫，雖遇艱難困厄，而信志堅貞，歷千百年不變，如班有聖雅各而俗美，法有聖勒米而化行，印度有聖方濟而崇正，皆明證也。我中國聖教盛行，猶在元代，其時有和德理者，亦聖賢中一人，宣訓燕京，都士向慕，後以遄返西邦，未獲卒業，論者惜之。明季利子瑪竇航海來華，上海徐文定公與之友善，聞其教，首先崇奉。用其不世之才，力爲推廣，撰論説，譯經書，陳奏朝廷，闡揚大義，教之所以行，文定之功居多。迄今垂三百載，傳二十餘省，溯厥源流，詎容忘本？然延至今日，知公者其誰？每一念及，良用喟然。丙申春，高司鐸鎬鼎以法文著《傳教誌》，録文定事頗詳，皆宗古西人函牘。蒙讀而悦之，擬譯華語，爰請文定公哲裔，出家乘諸本，又涉獵教中書暨《明史疇人傳》等摭其要，合於西士所載，都爲一編。惜公之德百不知一，而公之文散遺殆盡，僅得《像贊》三，《原道》一，《行述》四，《序》與《書》各二，外有奏稿如干，多論火器曆法，於以見西學東來，自教士始也。嗚呼，公誠偉人哉！文名蓋當世，功業留簡編，尤能信奉真教，簪笏立朝，絶不隱諱；若今之稍識之無，從事帖括，輒詆毁我教刺刺不休者，何其不自量歟！蒙一介庸流，行無足算，曷敢與文士抗衡；惟願其一去成見，細審真教原委而見善力行，則彼之福，即蒙之望也。光緒丙申秋南沙問漁李杕識。

## 李杕徐文定公集凡例

一、是書從《明史》、《疇人傳》、《上海縣志》、《徐氏宗譜》、勝國西教士函牘編次輯譯而成。事事率真，無稍穿鑿。閲者可據爲信史焉。

一、文定公服官明代，依時言事，奏疏中未免有冒瀆國朝字樣。是書謹爲改易，用明崇敬聖清至意。

一、明季清禁未弛，西商不得入内地，邦交約款，悉未舉行。其時稱西人多用夷字，文定因之。書中一一删除，以免觸忌。

一、文定公一生翰墨，充棟汗牛。殁後文孫容菴先生編校遺文，已嘆散佚殆盡，博訪窮搜，祇得什一。迄今垂三百載，兵燹頻仍，流離數四，如碩果之僅存者，百不一二。是書收録之，以留公之遺蹟云。

## 四　增訂徐文定公集六卷卷首二卷〔卷六李之藻文稿附〕

徐允希編，宣統元年（一九〇九）上海慈母堂排印本，四册，線裝

### 李杕增訂徐文定公集序

徐文定公明季名臣也。秉浩蕩剛大之氣，抱凝粹雄傑之資，其爲文閎博奇瑋，崢嶸磅礴；其爲學綱羅中外，闚究天人；其立身處世，沉浸乎道德之府，痛絶乎門户之心。稽其生平著作：有奏草，有經義，有詩藝，有《徐氏庖言》，有《四書參同》，有《通憲圖説》，有《兵事或問》，有《西法曆書》，有《農政全書》，屈指二百餘部，亦云富矣。惜哉！兵燹頻仍，輾轉散佚，迄今所存十不一二。光緒丙申余輯《文定公集》，惟得像贊、原道、書序、奏稿各如干，讀者興歎闕如，不見全豹。戊申春，公十一世孫允希司鐸，搜其家藏抄本，又得《屯鹽》、《練兵》等疏各數萬言，忠義之忱，躍躍於言表，誠以公臣於明，不得不忠於明也。脱令公生今日，其忠於我朝更何如乎？公之時有李太常之藻，亦我教中名人，其文雄勁，大抵遺亡，允希君搜得十餘篇，以附於公集，所以遂其追慕之意，亦以饗同人快覩之心也。光緒戊申十二月李杕又識。

## 徐允希增訂先文定公集敍略

我先祖文定公事功炳一世，才略閒八埏，歿後疊遭兵燹，其文散失過半。即刊而亡者亦十八九。光緒丙申李問漁司鐸始編公《行實》，訂《文集》，以行世。時允希旅客金陵，讀之，喟然曰：「我先祖遺澤入人深矣，然其文閱三百年而始出，豈有待耶？」是年復得公墨蹟，識者珍之。癸卯付石，以公同好。既而披家乘，又得章奏及屯鹽疏數萬言。無何，有友自泰西來，言奥國額克薩頓藏華籍甚富，或有文定公遺書存焉。允希聞之，喜甚，致書西友，果得舊刻《聖教規箴》一卷，《治曆疏稿》數十篇。噫！我祖遺編流海外，以免浩劫，豈偶然哉！去年秋，原集告罄，重爲編訂，分五卷：曰《文稿》，曰《屯鹽疏稿》，曰《練兵疏稿》，曰《治曆疏稿》，曰《章疏雜稿》。末附李太常之藻文數篇。夫公之傳於不朽固不賴斯編，然其信道之篤，經濟之洪，愛國憂民之切，學問藝術之精，亦於斯可見一斑，則此編之傳，爲不可少也已。宣統元年歲次己酉仲夏中旬第十一世孫允希敬敍。

## 徐允希增訂凡例

一、是書從《明史疇人傳上海縣志徐氏宗譜》勝國西教士函牘編次輯譯而成。事事率真，無稍穿鑿，閲者可據爲信史焉。

一、原集不分部類，茲編篇目倍增，以類分訂五卷。各卷篇次俱按年月，以便稽核。

一、《屯鹽疏稿》出諸家藏舊抄本，蛀蠹過半；《治曆疏稿》得諸泰西，殘缺字頁，無從考補。茲編悉仍其舊，以昭信實。

一、文定公練兵治曆，俱以各部推薦，奉敕而行，故以敕諭部奏冠於本卷首。李天經繼公治曆，完公之業，因附刊其疏稿數篇，以資考鏡。

一、李太常之藻與公交最善，譯有《名理探》、《圜容較義》、《渾蓋通憲圖説》、《同文算指》等書，其文雄勁，明世罕覯。茲集附録其文十篇，用明追慕先執至意。

一、文定公服官明代，依時言事，奏疏中未免有冒瀆國朝字樣，是書謹爲改易，用明崇敬聖清至意①。

一、明季海禁未弛，西商不得入内地，邦交約款悉未舉行，其時稱西人多用夷字，文定因之。書中一一删除，以免觸忌。

---

① 徐宗澤增訂本轉載此凡例時將此條删去。按：因避清諱而任意改竄徐光啓的遺文始於李杕，故徐允希此條亦出於李杕的原本凡例，而允希的改竄亦最甚。徐宗澤增訂本又作了回改，故删去此條。

五　增訂徐文定公集六卷卷首二卷〔卷六附李之藻文稿〕徐宗澤編，一九三三年上海徐家匯天主堂印本，一册，平裝

## 徐宗澤增訂徐文定公文集緣起

本集爲南沙李問漁司鐸所編輯，流傳至今已卅載。會今秋爲文定公逝世第三百週紀，正思有以紀念之，忽得陸公徵祥來書，建議將此集印巾箱本。澤重以文中富有民族思想，頗足爲現代借鑑，甚韙其言。遂將《屯田疏稿》、《治曆疏稿》並依據《皇明經世文編》、《文定公集》、《崇禎新法曆書》、《曆法緣起》，萃而增補之。又第一卷中《焦氏澹園續集序》諸篇，第二卷中《處置宗禄查核邊餉議》諸篇，第三卷中《復某中丞》諸篇，第四卷中《修改曆法請訪用湯若望疏》諸篇，第六卷中李之藻《請譯西洋曆法等書疏》諸篇，均爲此次增入者。而其工作多獲陳援庵先生之助，存殁均感焉。然仍嫌搜羅未盡，尚望同道表同情者，惠教之爲幸。民國二十有二年歲在昭陽作噩仲秋之月，第十二世孫宗澤謹識。

按徐宗澤在抗日戰爭期間又作了一次增訂，《上智編譯館館刊》第三卷第三、四合期（一九四八年三、四月）公佈了這次增訂本的詩文目，内有十五篇比較重要，但我没有找到。兹列其目以待訪：

吴孺人行略

平諸子五則

葩經嫡證序

兵法選練百字訣

火攻要略

製藥

練藝條格

束伍條格

形名條格

虜情第一 大征第二、器勝第三、服戎第四已有

邊備第五

禁旅第六

用人第七

財計第八

營田第九